溫絲黛·馬汀↓著

許恬寧↓譯

變身後媽

"打破壞皇后詛咒,
改寫伴侶關係與母親形象的新劇本"

STEPMONSTER:
A New Look at Why Real Stepmothers Think, Feel, and Act the Way We Do

Wednesday Martin, PhD.

目次

前言 005

第一部　繼母的劇本

1——自己的高牆：成為繼母 025

2——「她真是個心腸狠毒的女巫！」童話故事的歷史與繼母拿到的劇本 051

第二部　再婚的現實

3——「你又不是我媽！」：以及其他五種舉世皆然的繼母難為 081

4——「你又不是我孩子！」：憤怒、嫉妒、憎恨 111

5——他：弄懂你的丈夫在想什麼 135

6——你的婚姻 165

第三部　眾家觀點

7——社會生物學：鳥、蜜蜂、白額蜂虎傳授的繼母課程 217

8——全球各地的繼母：人類學、依附、情境 255

第四部 風險與獎勵

9——繼母的哀傷與憂鬱：了解風險因子 291

10——有成年繼子女的女性：「無期徒刑者」帶來的啟示 321

謝辭 361

注解 396

參考書目 377

前言

我的姻緣天註定，註定會失敗。事情是這樣的，我選了一個帶著孩子的男人。專家預估全美一半以上的成年女性，一生之中將有某段時期嫁給這樣的伴侶，但這樣的組合高達七成將以失敗收場。[1]從各種數據來看，在說出「我願意」的那一天，最好也順便挑好離婚律師。此外，最重要的離婚預測指標是伴侶先前的婚姻是否留下孩子。事實上，再婚時有前妻／前夫之子的組合，離婚率比沒有孩子的組合高五成。[2]幸好我在承諾相守一生前，完全沒意識到相關數據，按照統計數據來看，我的婚姻甚至是不妙中的不妙，因為我先生不只一個女兒正處於青春期，兩個都是。我們訂婚時，他帶著其中一個同住（我當時不曉得，但部分專家建議，如果對方有十至十六歲之間的孩子，最好晚一點再結婚，因為在孩子的那段特殊發展期，夫妻之間和家庭內部極易起衝突[3]）。最後一個高風險因子是，我嫁的男人有孩子，我自己則沒有（部分研究指出，成為繼母的女性如果自己也有孩子，婚姻維持下去的比例遠遠較高[4]，雖然她們在情緒上與實務等方面，依舊會面臨其他完全不同的挑戰）。總而言之，我和我先生婚姻能夠長久的可能性，只能說「理論上並非機率為零」。

一切的一切我一無所知，不是因為事事順利，其實從一開始就產生不少摩擦，但我把頭埋在沙子裡，希望能和男友開花結果、步入結婚禮堂，從此過著幸福快樂的日子，其他的事一律裝做不知道，看不見也聽不到。我一位同事本身是繼親家庭的小孩，他建議我快逃，因為我男友和前妻安排的共同扶養方式，實在不太理想，但我把他的忠告當成酸葡萄心理。其他朋友看見我未來繼女的照片，渾身散發出前青少年期的叛逆氣息，脫口而出「哇，這下可好！」，我也充耳不聞。要是恰巧看見談如何當繼母的書籍或文章標題，我就會翻白眼，視而不見。我正處於「每一件事都很完美」的早期階段，認為那種東西寫著各種往壞處想的無聊建議，那種事只會發生在別人身上，與我無關。我人好心美、幽默風趣、年紀又輕（勉強算啦），和孩子不會有代溝，只有惡毒的繼母才會碰上繼母地獄，我不會，直到墜入深淵。

我們要去挑結婚禮服。

兩個月以來，這還是我和未婚夫頭一次週末能獨處。我們決定不宴客，兩個人簡單辦一下結婚儀式就好，也昭告天下這個決定了，包括他的孩子。我們打算挑時髦的現代款式禮服，不要有公主的荷葉邊和蕾絲。未婚夫的女兒那週原本沒要跟去挑禮服，但突然也說想去。他沒事先徵求我同意，就答應女兒，結果我講出邪惡繼母會說的話。我承認，是我強烈堅持未婚夫那個週末不要帶女兒，我希望兩個人一起挑我的結婚禮服就好，不要有別人。但當我拒絕讓未來的繼女同行後，未婚夫不講話了，顯然在生悶氣。是我在無理取鬧嗎？我真的不曉得。每次碰上對方孩子的事，我多數時候不知道自己的立足點在哪裡，無法信任自己的判斷。

我沒有不喜歡未婚夫的孩子。那一天，以及後來許許多多的日子，我不斷替自己辯護，向未婚夫強調我並不討厭他的孩子。我真心**喜歡**他的女兒，甚至還特別期待和大女兒相處，因為她未來不會和我們同住，我希望抓住機會多了解大女兒一點，就像我了解二女兒一樣。然而那段時間，兩個女孩同時讓我感到「可愛、相處起來很有趣」，但也「令人精疲力竭、難以伺候」。雖然不想承認，但有時我甚至認為她們「很中二、很難搞」。補充說明一下，這不是她們的錯，完全不是。對她們來說，要習慣多了我這個外人，一定不容易。糟上加糟的是，我後來才知道，未婚夫在分居、離婚、恢復單身的那段期間，整整六年的週末，他都會帶女兒到處去玩，女兒想要什麼全都滿足，一切由女兒做主，包括去哪裡吃午餐，租哪部DVD，要買多少閃光筆、印度刺青貼紙、鞋子，還有幾點睡覺。套用我未來丈夫的話來說，「她們開始習慣自己何時要來都可以，只要她們在，我的生活全部照她們的意思走。」

當我和男友的感情愈來愈深、也和他女兒愈來愈熟後，我們兩人對於我比他更需要時間獨處這件事，意見自然並不總是一致。時常起爭執令人沮喪——電視一定都要開**那麼**大聲嗎？她不是應該去做功課了嗎？吃完飯不能把自己的碗盤放進洗碗機嗎？我男友的隱私權觀念與浪漫細胞到底去了哪？——我感覺得到，這類事情讓我們漸行漸遠，開始踏進繼母難為的地獄，但當時的我仍天真無知。

我寫這本書是為了談有繼子女的女性，這本書特別為她們而寫，因為擔任這個角色並不容易。心理學家E・馬薇思・哈瑟林頓博士（E. Mavis Hetherington）[5]執筆寫下「維吉尼亞縱貫性研究」（Virginia Longitudinal Study）報告。此一劃時代的研究為期三十年，一共研究一千四百個離婚後的再婚家庭。哈瑟林頓博士指出，孩子通常會感激多出一位繼父，尤其是如果繼父能帶來收入、陪伴母親，還能當孩子的朋友。「繼母的情形則較為棘手，繼子女的憎恨之情更為強烈」，而且這種狀況或多或少無法避免。哈瑟林頓寫道，「即使那些〔女性〕希望不要干預〔家務事〕，她們也很少有機會可以不介入。人們通常期待由她們負責照顧新家庭的孩子，但那些孩子原本就已經對新媽媽疑心重重、抱持敵意。此外，在家中出手維持某種秩序的責任，也落在繼母肩上，許多繼子女因而感到憤怒，心生不滿。」哈瑟林頓發現，先生若是不支持妻子在管教方面的努力，前妻又高度參與孩子的生活與孩子生父的家庭，把新任女主人當成敵人，「繼母會被貨真價實地妖魔化」。哈瑟林頓不無訝異地指出，許多研究對象說繼母「邪惡、壞心腸、惡毒，和妖怪一樣」，給她們取「大肥豬」、「母老虎」一類的綽號。哈瑟林頓的結論是，「繼父很少遭遇這種程度的惡意抨擊」。當然，還是有很多孩子沒給繼父好臉色看，某些人最後乾脆和母親的第二任（或第三任）配偶切斷關係。然而，邪惡繼母似乎是一種獨特的**女性**混合體，容易成為被憎恨的對象；她在文化裡無所不在（包括我們的集體潛意識）；我們害怕變成她，為了避免變成那種討厭的女人，戰戰兢兢、掏心掏肺，或在「只有惡毒的繼母才會那樣」的感受出現時，狠狠責備自己。也難怪多份研究都發現，繼母是「家庭」裡最棘手的角色，她們很難適應與調整自己。[6]

然而，不論是「繼親家庭生活」或「帶著孩子再婚」，人們看待這件事的角度，主要是再婚帶來的後果，重視孩子的情緒受到的影響。談論這主題的書籍告訴女性，她們的繼子女有什麼感受、她們的繼子女需要和想要什麼、她們如何協助繼子女調整與接受父親再婚。這一類建議的確幫上極大的忙——能夠了解男方孩子的情緒與動機、得知一切大都是正常的，這些建議絕對有利無弊。然而，到了某個時間點，我們不免也會問，談繼母的部分在哪裡？那我們的感受呢？那一類的討論更難找到。朋友就算很好心、很同情我們，也不一定能幫上什麼忙。舉例來說，我自己沒有任何朋友有繼子女，也因此她們給的建議，就像當事情惡化到我終於拿起來參考的入門指南一樣，通常讓我感到過分以孩子為中心、不切實際——甚至不可能做到，像是我怎麼可能隨時隨地都為孩子們著想？她們根本不是我的孩子，而且光是她們的存在，有時感覺就足以破壞我和先生的感情？繼女顯然對自己造成的不和幸災樂禍，我又怎麼可能不把她們的所做所為放在心上，像是傳話讓我知道親生母親指桑罵槐、故意嫌我煮的東西有夠難吃，或是聽到是我接電話就掛斷？我先生的女兒連正眼瞧我都不肯，我又怎麼可能變成更好的繼母？那些以孩子為主的勸世文、那些如何成為理想繼母的建議清單，根本不去提有繼子女的女性的遭遇和感受，其實就和任何人的一樣重要。

從再婚會如何影響孩子，改成探索孩子是如何威脅到婚姻、對婚姻造成壓力，這樣的新視角大概會令許多人感到不安。我們的社會同情孩子、從孩子的觀點出發，這種做法的確情有可原。父母決定離婚與再婚時，孩子事實上無能為力。在最基本、最至關重大的事情上，孩子沒有多少發言權，可能失去一切的卻是他們。不過，父母一旦再婚，那又是另一個世界。教育博士凱．帕斯里（Kay Pasley）[7]與瑪麗蓮．易辛格—塔曼博士（Marilyn Ihinger-Tallman）是再婚方面的專家，兩人指出在破壞再婚婚姻這件事情上，繼子女威力無窮。繼子女可能故意製造配偶之間、手足之間的對立，慫恿親生爸媽對付繼父繼母。此外，他們還可能隨意傳話，把不好聽的話講出來，或煽動另一邊的爸媽家族成員出面干涉，引發衝突與滿腔怨言。貝勒大學（Baylor University）的詹姆士．貝雷博士（James Bray）等繼親研究人員強調[8]，在繼親家庭裡，孩子的反應經常決定了全家的氣氛。貝雷、哈瑟林頓與「美國繼親家庭資源中心」（National Stepfamily Resource Center）的法蘭西斯卡．阿德勒—畢德博士（Francesca Adler-

Baeder）全都同意，孩子與繼父母之間的衝突，經常由前青少年期與青春期的孩子挑起。

繼子女有能力影響再婚的婚姻，再婚婚姻也的確受到影響，有時可能朝壞的方向走——可以說孩子是「被害人」，也是「加害者」。光是簡單承認這點，就能讓我們更加了解所謂的「繼母現實」，也就是有繼子女的女性所碰上的特定共同經歷。女性主義者、社會學者，甚至是專門書寫繼母與繼母教養的部分作家，大多不去提繼母現實。為什麼會這樣？我認為我們對於繼母遭遇的困境視若無睹的原因，在於我們不承認這種事的存在。繼母的痛苦、繼母的掙扎、繼母的失敗讓我們不舒服，我們把臉撇過去不想面對，因為那會讓人有罪惡感。繼母心中最大的痛苦是譴責——對她的譴責。我們承認的不是她不符合期待，而是認定她這個人本身有問題。我們以為自己懂，於是一下子斷言——「安娜的繼母是個壞人！」、「要是繼母人很好，就不會有這些事；如果出問題，一定是因為她還不夠努力。」——也因此我們對這一塊所知甚少。討厭繼母很簡單；我們往往自然而然就認定她們是一種可疑的生物。關心繼母、對她們的遭遇表達關懷、全盤考量她們碰上的現實——一切的一切，相當不容易。

就連有繼子女的女性本人也一樣。我開始研究對繼子女的教養感到棘手的女性，因為研究充分顯示，多數的繼母都會碰上一段難熬的時期，至少在形成繼親家庭的最初階段絕對會碰上，有時甚至斷斷續續數十年間，依舊走得跌跌撞撞。有繼子女的女性中，僅有屈指可數的人，堅持教養一點都不難。這群少數派認為當繼母是人生一大樂事。

研究顯示，這群女性不僅十分罕見，還是超級幸運兒。當繼母對這群少數派來講很輕鬆、很快樂，她們碰上成功的決定性因子——先生很支持、前妻很配合，先生和前妻都不是縱容型的家長；此外，孩子沒被迫選邊站，年齡還恰巧處於適切的發展階段，有辦法接受繼母。這樣的女性超級幸運。然而，多數的繼母不太可能走大運，碰上天時地利人和，也因此我感覺我訪問的許多女性，的確為了努力「做正確的事」，以孩子為優先，但事實上她們心力交瘁。許多人情緒上很疲憊，多年咬緊牙關，默默扮演一個沒人感激的角色，心中明白自己的感受相對不重要。我寫這本書的主要目的是對抗這類觀點的傾向，重新讓有繼子女的女性，再次成為自己人生的中心。本書探索繼母是誰、繼母做些什麼，本書問她想要什麼、需要什麼，為什麼事情會這樣。我處理這個太常被粉飾太平的主題時，試著採取直言不諱的方式，表達對於繼母的同情。從更大的層面來講，我希望能重塑我們的文化對於繼母的討論，終於真正去談有繼子女的女人，而不只是談理想版的她——心地善良，耐心十足，幽默風趣！——我們似乎愈來愈期待繼母要是這樣的完人。如果我們真的要了解我們是誰、當繼母是怎麼一回事，那麼我們比較不完美、較為人性的那一面，也必須被納入考量，包括連我們自己都會嚇到的刻薄念頭，以及面對繼子女、丈夫與我們扮演的角色時快要爆發的尖銳感受。繼母這個人們最「想當然耳」的角色所帶來的議題與情緒，有時可能讓我們變成自己都不認識的人，嫉妒、憤怒、「報復心強」，完完全全就是一個典型的邪惡繼母。我們做出自己想都想不到的事（我寫得出一整章的邪惡繼母行為。自從我受夠了拜託繼女整理她的房間，我就爆發了。我可以找出一百萬個藉口，例如：當時壓力很大、幾天前剛發生九一一恐怖攻擊事件、我兒子又才剛出生兩個月等等。但總而言之，我趁繼女出門，把她亂丟在地板上的所有東西，全部塞進垃圾袋，扔向前門）。該是時候以公正的態度，想一想繼母會碰上的事情中不美好、禁忌的那一面，而不是單純否認它們存在，或是堅持我們應該快點擺脫那些事，成為更理想的繼母，為了別人好好改善自己。

任何有經驗的繼母都知道，我們自身的感受與經歷，只不過是等式中的一個因子。繼母引發其他人心中什麼感受？不論是我們的先生、繼子女、親生的孩子、朋友、派對上認識的人，或是路上的陌生人，其他人怎麼看，不免影響到我們。這一類的看法通常慷慨激昂，不留餘地。許多人的回應出乎我的意料，「我後媽就是個老妖婆，沒什麼好講的。」然而，這種根深蒂固的看法需要進一步深究：你的繼母從你幾歲開始參與你的人生？你是什麼樣的青少年？在你們兩人之間目前這種不完美關係的成因上，你過去可能扮演著什麼樣的角色？——你現在可能依舊扮演著那個角色？

過去三十年間，碰上繼親家庭的問題時，我們會尋求心理治療師的協助。然而，最優秀的心理治療師也明白，繼母問題不單純關乎情緒上或心理上的層面。人類學、社會學、演化生物學、女性主義文獻、文化理論，也能協助我們努力理解為什麼有繼子女是如此不容易的事。了解繼母的歷史也能讓我們理解，當我們碰上問題時，經常感到超出個人能力所及，因為事實的確如此。某些時候，我們的繼母困境早在幾千年前就存在，知道這點令人大大鬆了一口氣。古羅馬女性有時會被刑求，因為有人懷疑她們下毒害死繼子女。法庭文件顯示，美洲殖民地的夫婦也經常為了管教繼子女爆發衝突。看著這些資料，現代有小孩的再婚婚姻生活，突然間不再那麼令人感到新奇或不正常。那些令人感到洩氣的數據，例如我在本章開頭列出的那堆數字，其實讓我們知道我們既不孤獨，也非特例。

我們很少聽到，許多最根本的繼母掙扎，事實上不是任何人的錯，沒人特別有義務要負責「解決」。然而，我從好幾位專家那都聽見這樣的論點。他們告訴我，數百年來，其實經濟、社會、心理，甚至是生物上的因子，全都讓女性與她們的繼子女處於對抗狀態。也難怪不論我們多有心、多努力，再婚家庭通常需要耗費數年才能穩固下來。繼親家庭發展專家派翠西亞・裴波饒教育博士（Patricia Papernow）估計[9]，多數的繼親家庭需要四到十二年才有辦法成形，某些家庭則從來不曾成功，而且大多也找不到單一禍首。人類學者與演化生物學家博士史蒂芬・喬瑟森（Steven Josephson），和我分享了一個人類行為生態學家教學時喜歡引用的比喻，「親緣（relatedness）的概念很重要，這點無庸置疑。想像一下，你要是在醫院告訴待產的人，『你出院的時候，隨便抱走嬰兒室一個已經出生的嬰兒就好，反正嬰兒全是一樣的。』我們會感到匪夷所思——這甚至是犯罪行為，**因為親緣的概念非常、非常重要。**」一般來說，我們與親生或領養的孩子之間的連結不一樣——強過我們與繼子女之間的關係。演化理論再加上心理學的洞見，或許能協助我們從宏觀的角度，理解我們的沮喪感從何而來，明白我們陷入的狀況其實沒那麼令人困惑、難以理解或獨特。

也因此是時候我們該徹底重新思考，對有繼子女的女性來說，關於她們的感受、想法與能做到的事，較為實際的期待究竟是什麼。舉例來說，不是所有的人都有辦法讓先生的孩子愛我們，甚或喜歡我們。有時這種感受是雙向的。此外，關於「女性的天性」與「如果是好女人，孩子自然就會接納」的看法，目前為止一直被強加在我們身上，令我們不知所措，如今也該揭去這種不符合事實說法的面紗。我們會感到被排擠、生氣或嫉妒嗎？有時會。雖然邪惡繼母的傳說有時言過其實，受到性別偏見扭曲，但我開始認為某部分不可避免的確是真的，甚至能帶來啟發。奧克拉荷馬大學（University of Oklahoma）的人類學家與家庭專家克米特・安德森（Kermyt Anderson）博士解釋，「在某些情況下，例如資源的分配、爭奪先生／父親的關愛等等，繼子女與繼母之間的利益衝突自古皆然，相當真實。」多方書寫繼親家庭的加拿大演化心理學家馬丁・戴利（Martin Daly）博士也同意這種說法。「我們就正視現實吧，」他告訴我，「在許多層面，繼子女與繼母**是**對手。」有時我們的確像敵人相見，那難道真有那麼令人意外，或那麼可悲嗎？說不定甚至是正常的？

挑婚紗的那天，我繼女還是來了。她一開始很興奮，但愈來愈不開心、愈來愈不耐煩，我也一樣。再怎麼說，挑婚紗是一件很累人的事，即便是簡單婚禮也一樣。她爸爸挑到一半的時候，大概是為了安撫女兒覺得被冷落的情緒，也幫她買了東西，結果她哀嚎，「她可以買貴得要死的漂亮禮服，我卻只拿到一條便宜爛皮帶？**怎麼會這樣？**」

我很想酸她一句，「**可能因為要結婚的那個人是我？**」當然，我沒說出口。我沒立場講話，等著她爸爸說點什麼，但一如往常，男人裝死。試穿完四號禮服要換五號禮服時，就在那一刻，我突然明白，我的確有可能是天底下另一個壞心繼母。不管我最後穿哪一件禮服，事情明擺在眼前，有我在的時候，繼女有時就是會拿出被寵壞的態度，發洩嫉妒的情緒；而她們的父親大概是因為內疚給了她們被寵壞與嫉妒的理由，什麼都不做，不去制止她們。在我頓悟這個難堪事實的那一刻，我恨他們父女三人，懷疑是否真的該結這個婚，接著又感到一陣強烈的不敢置信，我竟是如此壞心腸的女人。我變成以為自己永遠不會變成的人：一個邪惡繼母！**是我欸**。這怎麼可能？挑婚紗的那天，在上演連續劇、恨意與針鋒相對之中度過，雖然我沒意識到這件事，不過大部分的情緒是我自己挑起的。自從那天起，我又犯了更多、更多的錯誤，我和先生爭吵，讓繼女感到不受歡迎。這場原本應該由我當主角的旅程，我卻被擠到一旁。嚴格來說，這不是誰的錯；從某個角度來看，其實每一個人都很委屈。有孩子的再婚婚姻有時就是那樣。

然而，雖然機率極低，我的故事的確還是有幸福快樂的結尾。九年後，我和先生依舊婚姻美滿。我屬於典型的例子：隨著時間過去，再加上兒子出生，我的生活、我的心得到重組的機會。日子一天天過去，我的婚姻似乎變得更穩固、更牢靠；我專注在我的婚姻上，放開對繼女不切實際的期待，降低希望，更能理解繼女、欣賞繼女。至於我的繼女，她們如今已經長成迷人的年輕女性，把重心更放在自己的生活與目標上，不再忙著和爸爸的新伴侶爭寵。她們如今有自己的一片天，有她們在的時候，還通常是美好時光。我的研究對象中，許多人在進入有孩子的再婚婚姻大約五年後，也提到家人間的感情出現類似的轉變，文獻提到的大多數人也一樣。

然而，今日大量的研究顯示，出於後面的章節將解釋的數個原因，某些孩子與成人就是永遠都和繼母處不來。此外，儘管我們讀到一些東西、儘管我們有所懷疑、儘管人們經常那樣講，嫁給有孩子的男人八成會帶來鄉土連續劇，伴隨種種相關困難與沒人在乎你的處境，那些事並不能決定我們身為人、身為妻子、身為繼母的價值，一切不是眾人說了算。了解這點可以改變你的人生。我希望我們全都能學著不要再讓繼子女有情緒勒索的能力，別一直想著只要我們「好好做」，他們就會喜歡我們。這只會讓孩子有錯誤的心態，對所有人來說都不會有好結果。我發現有繼子女的女性中，還能保有原本的個性、還能尊敬自己的人，她們相當擅長協商調整自己的期許。此外，她們學到根本不必管不懂內情的人的意見。當然，女性這種生物的心底深處，極度想獲得認可——尤其是孩子方面的事。要抗拒那樣的渴望並不容易。或許那就是為什麼，一旦我們不再那麼在乎別人怎麼看我們、一旦我們在某種層面上決定不再不惜一切代價也要贏得男方孩子的心，改把力氣用在其他地方，我們有時會露出心知肚明的苦笑，坦然自嘲是「怪物繼母」。一位同時有親生子女與繼子女的醫生寫電子郵件給我，「我聽說你正為了一本叫《變身後媽》的書採訪女性，我絕對就是怪物繼母。」我很快就發現她不是。我一次又一次地訝異，繼親家庭的生活往往充滿波折，而我訪談的對象總覺得必須從自己著手想辦法，不曾想到這個問題涉及整個體系，她們只不過扮演著其中一個角色。

這本書不談我一路上是如何累積心得，也不談我是如何贏得繼女的心，或是什麼我因為嫁了有孩子的男人，於是變成更好的人等等。我的真實人生和我訪問到的女性一樣，不完美，也不簡單。這本書不談如何改變你自己，也不談怎麼做才能成為更好的繼母。我學到世上不存在當成功繼母的訣竅，沒有做下去保證「立即」見效的方法。我的目標是要為數個領域中較為艱澀的研究做摘要，整理專家提供的洞見。那一類內容通常刊登在學術與專業期刊上，或許不是對每一位最能從中獲益的女性來講都那麼好讀。此外，我也希望建議大眾從幾個不同的角度來看待繼母與當繼母這件事。我仰賴自己的文學與文化研究背景知識，試圖了解繼母捉摸難定、讓人害怕又引人入勝的特質，也試圖理解繼母身處的社會關係、情緒與文化關係所構成的力場。

我為了研究本書提到的內容，訪問了十八位有繼子女的女性、十二名成年的繼子女（六男六女）、數名離婚後帶孩子再婚的男性。此外，我與至少十幾位其他人士進行了較為非正式的對話。我用滾雪球法找到自願受訪的研究對象——先訪問嫁給有孩子的男性的朋友與熟人，接著由她們介紹同為繼母的朋友或熟人。社會科學家碰上提防「外人」的族群時，經常採取這種方法。我有兩位受訪對象同時是繼女也是繼母，她們帶來寶貴的「雙重視野」。我並未試著募集具備代表性的樣本，訪談對象包含繼子女處於各種年紀的女性，也與成年的繼子女對談，以求替本書帶來真實的聲音，以人們的真實說法呈現基本議題。不足之處，則輔以心理學家與社會科學家以「繼親家庭」為主題的全面縱貫性研究，也訪問專門研究繼母心路歷程的專家。

我訪問的女性全部回答相同的問題。值得一提的是，我告訴受訪者訪談預定將花一個半小時。全部的人之中，只有一名女性不希望訪談超過這個長度。同樣地，全部的人只有一位例外，其他人都以詳盡的方式，仔細回答我的問題。許多女性焦急要求一定得匿名，她們感到自己分享的事「充滿爭議」、「太醜陋」、「我講得太誠實，說出去很丟臉」。好幾位受訪者告訴我，她們感覺這場訪談「像是一種治療」。多位女性不留餘力大力協助我。為了保護她們的隱私，本書更動了她們的名字與身分細節。

我的訪談對象主要是中上階層的白人女性，住在美國三州地區（Tri-State Area，紐約州、紐澤西州、康乃狄克州），不過她們許多人的家鄉在全美其他地區，也因此帶來幾分地域上的多元性。此外，我也訪問了目前定居於加州、夏威夷、加勒比地區的人士。由於有幾位朋友在心理健康領域工作，他們分別是心理學家、精神分析師、精神科醫師、精神科護理師，這些朋友之中有幾位本身也是繼母或繼女，所以我的訪談對象包含從事相關專業的人士。這樣的觀點或許能帶來幫助，因為即使當事人是專家，面對繼親家庭的現實依舊不是易事。

最後要提的是，自願參與此一研究的人士中，我很難訪問到低收入與少數族裔的女性，因為她們工作時間不定、托兒選項不多、有空的時間也少。在拉丁裔、非裔美國人與低收入女性的繼母經歷這部分，我最後採取與專家對談、閱讀相關報告的方式研究。阿德勒—畢德、蘇珊·史都華（Susan Stewart）、瑪格麗特·克羅斯比—班奈特（Margaret Crosbie-Burnett）等人，協助彌補我的研究中很可惜但常見的缺口。與離婚母親處於伴侶關係的女同志，也是另一個人數正在增長但缺乏研究的族群，這樣的家庭類型可說是「不在雷達上」。不過，在我非正式的訪談樣本中，我和幾位這樣的女性聊過。我發現她們碰上的繼母議題，許多其實和接下來的章節將探討的一樣，只不過她們扮演的角色又更難定義，缺乏社會與制度的認可及支持，使她們的遭遇因而難上加難。在前述各類型的女性獲得進一步的研究之前，我們對於繼母的了解並不全面，在協助有繼子女的女性時，也因此有力有未逮之處。

那一天，我還是挑到了婚紗。真要說起來，功勞要歸給我先生。他說，「我們過來看看這一區，再多看幾件。」我原本已經準備好要頭也不回地離去，深感挫敗、愧疚、不滿。他的女兒顯然在鬧脾氣，那個孩子為我們出門挑婚紗而難過，所以「毀掉」我原本希望會是人生中重要的一天。然而，我先生堅持再看一下，接著相中一件小禮服。銷售小姐嘖了一聲，「擠不進去的。」然而，她錯了。那件洋裝很美，我很喜歡。今日我偶爾仍會穿上那件長度及膝、花樣大膽、色彩繽紛的Pucci結婚禮服。每一次穿上，心中感到新鮮、不從流俗，「這就是屬於我的東西」。我也還記得結婚的那一天有多完美——那天豔陽高照，天空蔚藍，沙漠布滿紅岩。這場婚禮並非只有爭吵、遭受背叛的感受，以及我對這場婚姻將有多艱難的憂愁頓悟。儘管困難重重，我和先生以及其他數百萬的女性，最後獲得不只是還過得去的生活。我希望這本書將能讓讀者感到欣慰，如果說連我這麼沒耐心又不完美的人，也有辦法撐過從統計數字看來最無望的種種繼母局面，人間依舊希望無窮。

第一部

繼母的劇本

PART I
The Stepmothering Script

Chapter 1

A Wall of One's Own: Becoming a Stepmother

自己的高牆：成為繼母

我踏上繼母之路後，頭一件事就是築牆，真的弄了一面牆出來。我和交往還不到一年的男友感情愈來愈好，不只一次談到要把生活結合在一起，家當也順便。男友問：為什麼你不乾脆搬過來一起住就好？

我為男友瘋狂——他性格溫和，事業有成，性感聰明，又靠得住。他的每一項特質我都很欣賞——愛做菜、冷面笑匠、成熟穩重，還對紐約市的歷史瞭若指掌。然而事情很複雜，我男友已經有兩個孩子，一個快十五歲，一個快十一歲。小的那一個，有著一頭蓬鬆金髮，異常早熟，跟著爸爸住；大的那一個，臉上帶著美麗的世故笑容，和她媽媽住在一起。我不是兩個孩子的父親離婚後頭一個認真交往的女友，也因此事情會容易一點，已經有前人闖過路了。然而，我也聽說過當繼母會發生什麼事。我讀過故事，看過電影，也聽過朋友講繼母的閒話。我心想：我當然不會變成**那樣**，但已經開始替自己的幸福擔憂。

為什麼我**不**乾脆搬進來？事情很複雜，想到要同住，想到他、我、他女兒要共處一室，我有著隱隱微微的擔憂，但很多事都放在心裡。我和男友坐在沙發上，我想著他的提議，委婉地輕聲提醒，「你有兩個女兒，有很多事要考慮。」男友的小女兒在樓上，我不希望她聽見我們討論這件事，欲言又止已經成為我的習慣。

「別擔心，」男友說，他摟住我，「沒問題的啦。」

沒問題的啦。這句話讓我僵在背後的靠墊上。男友一派輕鬆樂天，覺得一切都沒什麼，用避重就輕的答案，回答我沒說出口的問題——我感到那是在逃避。焦慮原本就已經逐漸占據我的內心，這下子更是不安。或許是我們避而不談的緣故，他和他女兒的關係、他和我之間的關係、我與他們父女的關係，一切糾結在一起，緩緩上升，覆蓋住他的房子。那棟房子從一開始就讓我心生防備。我第一次造訪時，男友讓我看二樓兩間裝潢得很漂亮的房間，解釋他是為了讓兩個女兒都能有自己的臥室，才搬來這間房子。男友嚴肅地告訴我，「我希望讓兩個女兒知道，她們隨時都能過來和爸爸住。」我發現自從那時起，我就不覺得這棟房子是給人生活、睡覺、吃飯的地方，比較像是一個舞台布景——安安靜靜、一切準備就緒、等著人生在裡頭上演。也或者這棟房子是用來膜拜過往的神龕？一間被封住的紀念館，用來追憶過往的歡樂時光，懷念當時他和孩子過著不那麼複雜的生活？我不確定哪一個比喻最像這個地方。

還有我男友的臥室。他的房間沒有門，甚至也沒有可以裝門的牆壁，只是樓梯盡頭的三樓開放式空間，毫無隱私可言——那裡一切的動靜，在一樓和二樓的任何人都能聽得一清二楚。我向女性朋友提到這個情形，大家不可思議地大喊，「**真的假的？**」每一次我人待在那，都感到缺乏界線，這棟房子讓人不管走到哪都逃不掉，渾身不自在。我和男友談了好幾個月的戀愛，後來的無數個週末、白天、夜晚，我們也在那棟房子和他女兒相處，但這棟房子的結構，依舊讓我感到不安與暴露。

雪上加霜的是，我在那棟房子裡找不到方向，真的像是無頭蒼蠅。那棟房子比我住的公寓大五、六倍，我不停地掉東西——我的鑰匙、行事曆、包包，我有一半的時間用在不停繞圈，瘋狂地往回走，試著找出不曉得擺去哪的東西。一天晚上，男友出門了，他每週花六小時送走一個女兒，再把另一個接過來。我為了找開罐器，整整找了快一小時。在許多時刻，我都感到自己是外人：沒事就撞到小腿，被地毯絆倒，門鎖打不開。這是一個美輪美奐的謐靜空間，幾乎所有參觀過的人都說，「哇，這裡好寧靜！」然而，待在這棟房子裡的時候，我幾乎永遠無法放鬆。也因此在那個冬日的早晨，男友聊起讓我搬進來的時候，我想了想未來，大聲宣布，「等你裝好門再說。」幾秒鐘後又補上一句，「還有等有**可以**裝門的地方，好嗎？」

我和許多成為繼母的女性一樣，試著把壓力擋在外頭，努力營造出一個平和的空間，因為繼親家庭的生活令人感到雞飛狗跳、彷徨失措，尤其是一開始。我認識的一位女性比喻，那就像是在狂風暴雨之中，被扔進海裡。她笑著說，「每一個人尖叫，『快游啊！』然後就離你而去。」另一位女性則說，當繼母讓人「如履薄冰」。[1]當繼母真的就像那樣，你努力不讓自己滅頂，或是腳步不穩地走在一直滑動、寸步難行的地上。女性要是和有孩子的男性在一起，身上有千斤重的壓力——她們得融入、得愛人、得合作、得修補、做出困難的正確抉擇、把男方的孩子擺第一。不斷把熱臉貼上冷屁股時，還得保持幽默感。或許我們身上最沉重的壓力，就是必須贏得男人孩子的心。我們的丈夫愛他們。我們也希望自己愛他們，還期望他們也會愛我們。然而，人人都知道，沒人想要有繼母。

沒人想要有繼母。另一個比較不常被想到、但影響同樣強大的事實——一個對外人來講無疑更令人不安的事實——則是**同樣也沒人想當繼母**。我們的繼子女沒選擇我們，我們也沒選擇他們。他們是附帶的，如果幸運的話，他們是好的附贈品，以某種方式替我們所愛的男人加分。我們告訴自己，我們會愛繼子女，耐心對待他們，當他們的朋友，我們的生活不太會受他們影響（如果繼子女已經成年），我們順其自然。不管許什麼願，我們與繼子女的關係，永遠始於雙方都沒得選擇。他們對我們來說，不是必要的人。我們對他們來說，也不是必要的人，甚至是不小心出現的人。這種故事的開頭聽起來不是很妙。當然，不一定都會以悲劇收場，然而對於大多數的女性而言，繼母生活如果令人頭痛，把繼母困境的醜陋事實攤在桌上會有幫助——甚至令人大大鬆了一口氣。「我們浪費太多時間責備彼此，認為自己是失敗者。」某位先生帶著前一段婚姻的孩子的女性告訴我，「要是有人能站出來說，『你知道嗎？其實每一個有繼子女的人都會碰上這種事』，那該有多好。」

要是一一列出繼母會碰上什麼樣的困境、為什麼繼母如此難為，正在考慮要不要嫁給有孩子的男人的女性，大概會落跑——或至少會再好好三思。不過，那些聽在他人耳裡令人卻步、甚至憂鬱沮喪的細節，對於我們這些已經處於此種伴侶關係的人來說，卻像是找到證據一樣。「啊哈！」我們想著，「所以其實繼親家庭**就是會這樣！**」對我們這些身旁沒有朋友是繼母的人來說，相關細節證明了我們沒瘋，我們不孤單，不是只有我們一個人處於這樣的困境，我們因此有信心撐下去。有時好幾年過去了，依舊有可能在苦海掙扎，究竟為什麼當繼母感覺這麼難？探索背後的理由，也能讓我們不再把自己和男方孩子之間的不合，全都當成是對於我們個人的攻擊，增加挽回或建立某些事的機率，像是友誼，或甚至只要雙方能夠客客氣氣，維持疏遠但客套的禮貌，就要謝天謝地。

繼母與孩子被湊在一起時，不論我們的出發點有多美好，還是免不了某些衝突。這點雖然令人洩氣，其實也沒什麼好意外的。繼親家庭研究的第一把交椅裴波饒博士解釋，「孩子與自己的爸媽發展出極為親密的關係，此時的挑戰是把原本一起做決定、相依為命的親子組，改成把決策權與親密關係移交給配偶組，這樣的轉換需要耗費極大的工夫。」[2]我先生的房子在我出現之前，沒有家規、也沒有隱私，週末都用在找女兒想買東西的商店、女兒想吃大餐的餐廳，這對離婚後的爸爸來講是很常見的模式。此外，這種週末的親子慣例，很難與爸爸要談戀愛協調。未來的繼母光是出現在原本以孩子為中心的生活，她就已經改變了事情，註定承受發自心底的討厭。如果事情繼續走下去（一切順利的話），如同裴波饒博士說的那樣朝健康的形態轉變，丈夫與妻子（或伴侶）的組合，如今才是家中的中心，那麼爸媽的優先順序顯然變了，整體的家庭文化也變了。我第二個繼女近日對我說的話，其實也是世上各角落繼子女的心聲，「你出現的時候我十一歲，我不想要爸爸跟別人在一起。我覺得他不該交女朋友！」爸爸和孩子原本終於適應了離婚的事實，好好相依為命；不論你人有多好，孩子不免感到你的出現帶走了一切，破壞了他們原本和樂的生活。

「原本爸爸是我一個人的，但你出現了，我覺得我失去了他。」我的繼女坦白說出當年的感受，「就好像你偷走了他。」你想談戀愛，孩子想要爸媽把注意力全放在自己身上，誰都沒錯，但很難取得平衡。「每週五，爸爸和孩子按照慣例，舉辦披薩睡衣派對之夜。未來的繼母加入後，她坐在男友身旁一起看電視。男友的小女兒跑過來，一屁股坐下來，插在兩人之間，把她推開。」裴波饒博士向我解釋，「這場誰是這個家的人、誰是外人的戰鬥」，在最早期的新家庭凝聚階段（如果真的稱得上是凝聚的話）是典型的互動情形。

從有繼子女的女性觀點來看，她們很難無視於被八次、十次或一百次推到一旁。如果另一半又裝作什麼事都沒發生，久而久之，雖然她明白孩子的心情，她會心生恨意。每一個離婚後找到伴侶的父親，他們很容易犯的毛病，就是不去處理孩子的行為，無視孩子適應不良的問題，讓女方去承受一切。此時女方能做的事，同樣都不是什麼愉快的選項：她可以自立自強，孤軍奮戰；她可以和男方談孩子的行為，但男方可能覺得她在講孩子的壞話；此外，女方也可能選擇默默吞下一切。凱莉告訴我，「老實講，我常常生悶氣。」凱莉嫁的男人有一個十歲大的女兒，「那孩子做的事讓我傷心或沒禮貌，但都是一些微不足道的小事。要是說出來，感覺我這個人很小鼻子小眼睛，所以我都算了。」凱莉默默承受一切的結果，就是感到憤怒、受傷、孤獨。這樣的互動對伴侶關係來講很致命，後文第六章會再討論。

和有孩子的男人認真談起戀愛的女人，不論手法高不高明，遲早都得推動家中的改變。就算她要求的事很合理，離婚的父親出了名地寵孩子，幾乎免不了鬧得雞飛狗跳。我和其他數百萬名繼母一樣，一個不小心就掉進這種陷阱。我和男友一訂婚後，時間全用在和他們父女相處，我得處理小孩睡覺時間、做功課時間、看電視時間、用電腦時間，全都沒立下規矩的問題。未婚夫覺得這些事沒什麼，但我需要隱私與秩序，尤其是我需要睡眠。我開始推動訂定家裡的規矩，一開始輕輕地推，後來用力硬推。我沒試著自己執行新規矩——我知道小孩不會接受的——我要求未婚夫出面。然而，未婚夫不習慣要求女兒做不喜歡的事，我們變成雙頭馬車。他不肯設定界線，我因此更加覺得他女兒是被寵壞的孩子。在我心中，自己只不過是在努力讓這個家有樣子，更像她媽媽打理的家，好讓所有人晚上都能好好睡個覺。

然而，雖然我認為自己嘗試推動的改變都很合理，卻在她和我、他和我之間引發軒然大波。我晚上出門前會催促未婚夫提醒孩子，「功課做完才能看電視，記得嗎？」孩子開始鬧脾氣，電視會關掉；但我事後發現，我前腳才出門，未婚夫立刻允許女兒再次開電視。我告訴未婚夫：沒錯，孩子明天早上**應該**去上學；他卻告訴女兒，她想要的話可以待在家。這種事一再發生，我不確定到底該不該採取強硬的態度。有時我會鐵了心要「贏」，即便我根本不確定怎樣叫「贏了」。我們永遠在爭吵，在堅持己見，在協商——和彼此，也和她。三個人衝突不斷，前青少年期的鬧脾氣與眼淚不時出現，整間房子成天吵吵鬧鬧。承包商也果然就是承包商，三催四請東拖西拖，早就請他們過來施工，但在我們開始形成家庭的前期，大多數時候牆壁依舊只是個概念，讓事情每況愈下。

「求求你告訴她該上床睡覺了。」我哀求。某幾個晚上，我很焦躁，很崩潰，樓下一直傳來吵雜的電視聲。我沒辦法關門，牆還沒砌，沒地方裝門。

男人會回答，「你放輕鬆一點就沒事了。」這是在暗示我反應過度。

然後就開始吵架。

繼母一下子成為家庭制度中的壞人。我們指出問題，所以我們**變成**問題。幾乎是在一夜間，我們的形象變成要是不順我們的意，我們就大吼大叫的老古板。與採取放任態度的父親比起來，我們是最掃興的討厭鬼。我們為了另一半孩子的行為，與他們爭吵，被討厭我們的孩子惹惱（有可能是彼此憎恨），瞬間被家中所有人當成壞人，連我們都感到自己像壞人。我們是如此努力要做好，卻還是變成刻板印象中的邪惡繼母。看見自己居然變成這樣，有可能大大打擊到我們的自尊。大家提到自己成為繼母的早期歲月時，至少有十幾個人告訴我，「我覺得自己是個很糟糕的人。」

對孩子來講，新家規、新成員改變了平日的生活作息——一切的一切似乎很容易引發孩子的困擾、不安與敵意。改變讓孩子覺得有威脅感，孩子的反應自然是大聲宣布**你**才是外人，**你**是闖入者，**他們**才屬於這裡，爸爸是他們的。專家指出，畢竟對男方的孩子來講，他們的人生有沒有繼母都沒差，也因此把怒氣發洩繼母身上，抱怨繼母造成改變，遠比和心愛的爸爸起衝突，意識到自己也在氣父親，還要容易許多。家中這種極端的對立（第六章會再詳談），讓人感覺父親是可憐的被動受害者，兩面不是人，一邊是妻子，一邊是孩子。然而事實上，問題其實出在男人沒和孩子說清楚，繼母以後會一直留下來，他會和她結合。繼親家庭形成期最初的紛紛擾擾，有很大一部分父親才是始作俑者（這部分第五章會再詳談）。某些父親／丈夫還會不自覺地享受這種左右逢源，每個人都把注意力放在他身上，每個人都要搶他。一位女性告訴我，每天晚上她下班回家，和未婚夫打招呼，走過去親他，未婚夫十歲的女兒就會衝過去坐在爸爸腿上。女兒的動作是在宣示：**爸爸是我的，你給我滾**。這位女性的未婚夫從來沒出聲講過任何話，覺得未婚妻的感受是在「無事生非」，未婚妻的不滿因此日益加深。這位女性解釋，「有一股沉默的緊繃氣氛，但我連提都不能提。」

雖然事情很明顯，這是孩子在宣示，「爸爸是我的」、「這是我家，不是你家」，女性為了要適應新伴侶、適應男方的孩子，感到精疲力竭，尤其如果伴侶之間不曾把事情攤開來講，也不曾努力緩和這種氣氛。如果女方自己沒孩子，事情更不容易，很難不感覺到男方和孩子是一個家庭，自己是一個闖入者。此外，通常是無子女的女性搬進男方家，和前一段婚姻留下的孩子住在一起，女方在各方面都處於不熟悉的環境，情況因而變本加厲。

女性即便沒犯下我犯的錯、即便她很聰明，或是自制力強大到能夠壓抑，有辦法配合，有辦法忍耐一陣子，先照那個家的方法做事，接著才想出合理的戰略計劃，慢慢推動改變——在成為繼母的頭幾年，在紛紛擾擾之中，她依舊可能是被痛恨的對象。繼母是現成的代罪羔羊，孩子為父親改變生活秩序而憤怒，但又不能氣父親，只能氣繼母。密蘇里大學的梅諾琳·柯曼教育博士（Marilyn Coleman）與羅倫斯·嘉諾博士（Lawrence Ganong）是著名的繼親家庭研究人員[3]，他們和其他許多學者都提到，孩子的人生出現繼父繼母時（尤其是出現繼母），他們會感到被撕裂，不知道心該向著誰。柯曼與嘉諾解釋，「喜歡繼母會讓孩子感到高度焦躁，心中產生罪惡感，覺得對〔親生母親〕不忠。」萬一親生母親還有意無意間告訴孩子，父親再婚讓她很痛苦（也就是說繼母讓母親痛苦），孩子更是會罪惡感十足。如果繼母認為光是靠喜歡繼子女，對他們好，給他們一點時間回心轉意，就能克服這個難題，那就錯了。柯曼與嘉諾等專家都發現，孩子愈是覺得繼母人很好、很想向繼母靠近、好喜歡繼母，就會更不知所措，不曉得要選誰，反而更想推開繼母，出現違反直覺的現象：我們對孩子好，反而出現反作用。「我愈努力嘗試，他愈後退。」雷妮提到自己和九歲繼子泰迪的關係時嘆氣，「他如果和我玩得很開心，就會出現罪惡感。」孩子的心向著親生父母時，努力拉攏他們很辛苦，標準的做到流汗，嫌到流涎。

三十八歲的布蘭達談到她最初預料和先生兒子的關係將如何開展，「我朋友的孩子喜歡我。我年輕幽默，親和力十足，從事滑翔翼等孩子覺得很酷的活動。此外，我沒想要取代（繼子）的媽媽，只想當他的朋友，所以他會喜歡我，我也會喜歡他。」然而，一起生活整整十年後，布蘭達的繼子依舊尚未敞開心扉，布蘭達已經厭倦被一次次推開。她認為背後的主因是，「繼子認為如果喜歡我，這樣對他媽媽不公平。此外，我的繼子正處於討厭所有長輩的年齡。我再也不試著與他建立任何關係。」布蘭達碰上的情形特別棘手，因為她面對的是青少年。心理學家哈瑟林頓等專家指出，我們這些繼母進入繼子女的生活時，如果孩子正處於前青少年期或青春期，我們將碰上最棘手的情形，但不一定是因為我們做了什麼。探討繼親家庭的研究人員指出，青春期的重要發展任務，就是要有能力脫離父母；然而繼母與父親卻感到有必要整合一個家，也因此新家庭如果恰巧在孩子的這個人生階段成形，所謂的「左右為難」有了新意義

（請見第三章）。「孩子在人生的這個階段，盡一切努力證明他們不需要父母。」曼哈頓的精神分析師史蒂芬妮・紐曼博士（Stephanie Newman）告訴我，「連他們最愛的人都感到這時期的他們令人束手無策，你能想像他們又會怎麼對待**繼父繼母**？」這件事布蘭達最清楚。她一言以蔽之，「這輩子從來沒人用這麼惡劣的態度對待過我。」

即便繼子女並未處於青春期，依舊有另一個因素讓繼母與（未來的）繼子女處於對立的角色。繼母的幸福來自她的愛情，然而對於幻想爸媽會復合的孩子來講，繼母的愛情是喪鐘。專家告訴我們，孩子愛看迪士尼的《天生一對》（*The Parent Trap*）等電影是有原因的。在那部電影裡，一對聰明機智的雙胞胎女兒趕走了即將嫁給爸爸的新女人，成功讓媽媽和爸爸復合。這種破鏡重圓的幻想不只存在於虛構的故事，而是深植於孩子心中（孩子本人可能也沒意識到），就算成年了還是可能抱有這種心願。英國的心理治療師莎拉・柯瑞（Sarah Corrie）[4]平日治療有繼父母的成人，她表示自己的病患即便到了中年，如果太遲才面對父母永遠不可能複合的現實，有時仍會深受打擊。繼母的出現證實那場美夢不會成真了，而繼母通常是被怨恨的對象。如果父親是鰥夫，繼母出現證明了父親已經放下母親往前走。不管繼子女是小孩或已長大成人，明白這個事實依舊會帶來巨大的傷痛與埋怨。

那我們呢？我們很可能不知所措。碰上這個男人是我們人生中最重要的大事，我們可能感到沒有這段感情就活不下去，但我們的幸福卻打碎了另一人的夢。四十歲的辛蒂告訴我，「我們告訴我先生的兩個女兒，我們要結婚了，她們開始歇斯底里大哭。」、「接下來，她們鬧了好幾週。她們一個九歲，一個十三歲。我非常努力與她們相處，也度過不少快樂的時光，但我同樣也得忍受她們對我不禮貌和發脾氣。我還記得心裡想著：**就不能放過我一次嗎？**」

講得委婉一點，婚禮當天「讓人擔心會發生事情」。我聽過好多故事，已經成年的孩子哭完整場婚禮。年齡大到知道要乖的孩子，也依舊忍不住在錯誤的時刻鬧了起來。我自己成為繼母前，從沒想到孩子的哭哭啼啼與亂發脾氣，或甚至只是興趣缺缺的模樣，對一個女人來講有多麼讓人心煩意亂與受傷。在那場美麗的儀式上，她原本該是全場的焦點，她已經期盼那一天的到來數十年了。

簡單與複雜的繼親家庭

帶著前一段關係留下的孩子的男男女女，以不同的方式整合自己的生活，不過沒有一種是容易的。「簡單的繼親家庭」（simple stepfamily，這個名字真是誤導人）是指本身無子女的女性，與帶著孩子的男性結婚；男方的年齡通常比女方大。一般由女方搬進男方家；由於美國的監護權一般判給母親，新妻子比較會是男方孩子的「非全時繼母」（part-time或「非同住」〔nonresidential〕）而非「全時繼母」（full-time或「同住」〔residential〕）。聽起來很「單純」，其實一點也不簡單。研究證實[5]非全時繼母違反直覺，反而是最不好處理的狀況。首先，由於是非全時的緣故，你的角色令人困惑。你是週末的媽媽嗎？你是每隔一個假日會出現的朋友？平衡「朋友」與「獲得尊重的大人」兩種角色已經夠困難，你又只有偶爾或每次過了不可預期的一段時間後才出現，更是令人搞不清楚。一位女性和我談她的繼子，「我們不曾培養出真正的模式，因為孩子們不常在家。他們現在又已經進入青少年期，更難拿捏了。」

幾乎每一個繼母都會抓不準到底該怎麼做，但沒同住的繼母更是感到不確定。專家甚至替她們在面對繼子女的無所適從，給了「角色模糊」（role ambiguity）這個專有名詞。到底是要把自己想成另一個家長，還是一個朋友，還是比較像一個阿姨，各種建議五花八門。也難怪繼母手足無措，不曉得該怎麼做，不知道要扮演什麼角色。

非全時的安排，讓女性沒有太多時間與男方的孩子建立關係。平日沒相處，只密集共度週末，只讓壓力雪上加霜——**我只有兩天時間！**令人精疲力竭。四十五歲的霍普提到她和先生、先生的一對七歲雙胞胎第一年的關係，「我們永遠一下子做這個、一下子做那個，永遠在哄孩子開心，永遠在陪他們玩，因為我未婚夫讓他們習慣了那樣的生活。」、「我真的很關心他的孩子，但週末都要繞著孩子轉，真的累死我了。」專家所說的「尋求好感的行為」（affinity-seeking behavior）[6]——也就是努力讓繼子女喜歡我們，的確可能榨乾精力。如果我們自己沒孩子，更是可能奉上全部的精神，樂觀想著只要努力就會有好結果。「在我執業的過程中，我見到繼母為了讓人們喜歡她們，赴湯蹈火，在所不辭。」精神分析師紐曼博士告訴我，「過度付出自己很耗神。碰上孩子以各種相當正常的方式排斥你的時候，還可能導致你深深仇視他們。」太早就試著要管教繼子女可能帶來災難，但一直被踩在腳底下也不好受。若繼子女只會偶爾出現，人們通常比較會期待繼母「別那麼計較——孩子又不是天天在家」。意思就是說，這些女性得吞下她們的感受，多年忍受繼子女講難聽的話或針鋒相對，沒人會去制止。

整體而言，簡單型繼親家庭的夥伴關係，特徵經常是權力不對等。教育博士傑咪·克倫·凱薛（Jamie Kelem Keshet）同時身兼繼母、作家、心理治療師，在麻州牛頓市（Newton）的私人診所執業。凱薛指出：

> 年紀較長的丈夫通常比妻子成功[7]，也通常會期待女方搬進他的家，因為那是他的房子，比她的公寓大，自己的孩子也已經習慣待在那個地方。好幾位處於這種情況的妻子表示，她們感到先生只不過是想要讓她們填補他們生活中的空缺，不是真的想一起從頭建立新生活。妻子如果要求改變家中的事或生活方式，她們會感覺受阻。

如同和凱薛談過的女性，我最終也開始感到不高興，覺得我什麼事都得照著我先生的生活走。我把我的家具送人，賣掉車，搬去和他們父女同住，感到自己的人生起了非常大的變化，他卻連一個抱枕都不必換。雪上加霜的是，我先生和家族住得很近，我卻遠離自己的家人。每次有大型的家族晚餐，或是待在家族的度假別墅，儘管我的姻親人很好（他們人**真的**很好），有時也會感到像是附在珊瑚礁上的藤壺：我是額外多出來的、加在上方的東西，被海水淹沒。我常常感到舊的我被吞噬，消失得無影無蹤。和朋友一起出去，起了很大的平衡作用，朋友像是我的家人，待在他們之中，令我感到再次處於熟悉、友善的地方。

我先生的房子則是另一回事。那棟房子變成敵意重重的環境。我先生為了協助我感到那更像個家，同意我小小重新裝潢一下。很多情況和我們一樣的伴侶都會這樣做，好讓雙方都得重啟新生活。然而，我先生的女兒無法接受變動——那些變動的確不只是房子變了，背後還代表著更為深遠的意義。「看起來**有夠怪的**。」她看見我們更動過的客廳後，大聲譏笑，「我比較喜歡我媽挑的窗簾。」

大繼女走進我和先生的臥室後告訴我，「我討厭這間房間，我討厭你的床罩，我討厭你的燈。」我當時已經受不了兩個孩子故意針對我，直接回答，「你討厭也沒差，反正這也不是你的房間。」我還想加上一句：**你不想來就不要來**。

很不幸，我們是不必要的外人，我們被排擠，繼子女想趕我們走，他們想拆散我們和另一半，這種感覺有可能持續好幾年。裴波饒博士用「親密外人」（intimate outsider）一詞來解釋我們處境的矛盾本質：繼母不免同時感到被排擠、疏離，但又逃脫不了「他們」。最有害的是，我們的外人處境可能讓我們逐漸認為自己不好、不可愛、不值得愛，就連最自信的人都會感到不安、失去平衡，有時甚至懷恨在心。對於本身沒孩子、嫁到先生家的女性來講，這種外人的角色是她們特有的負擔。

然而，即便男女雙方都有孩子，許多我碰過的困境，女方照樣會碰上，而且還會再加上其他挑戰。她們面臨的艱巨任務是整合兩個家的文化，當男方、女方、雙方的孩子試著協調許多不同的儀式（晚餐幾點開飯？逾越節晚餐要從簡還是吃大餐？哪一天開始擺聖誕樹？）、期待（「為什麼我得跟別人睡同一個房間？」、「就因為繼父和他的孩子每年都會去佛羅里達度假，我們就一定得跟著去？」）、處事哲學（「你嚴格管教我們，繼父的孩子你卻都不罵他們！」、「我們得做家事，繼父的孩子卻不用。」），繼母得處理不免會出現的衝突，更別提必須決定誰要住在哪裡的痛苦地盤之爭。個別的孩子改變心意、住處一再變動時（研究顯示，這在有孩子的再婚婚姻是常見的情形[8]），夫妻之間也會產生諸多摩擦。

這種事不只是生活該怎麼安排的問題，同時也是情緒議題。許多嫁給帶著孩子的男性的媽媽告訴我，她們認為對她們自己的孩子來講，先生缺乏管教的孩子是不好的影響，甚至會欺負女方的孩子。莎莉告訴我，她先生的孩子「非常會發脾氣、很壞，不珍惜玩具和其他東西。我的孩子是乖乖牌，某些時候會被推倒，我有罪惡感！」雙方都有孩子的重組家庭好處，同時也是壞處。女方如果也有孩子，她們會感到自己是凱薛博士所說的「迷你家庭」（mini-family）的一分子，不會只有一個人孤孤單單，被男方的迷你家庭排擠在外。女方因此有歸屬感，但也會帶來要保護親生孩子的壓力。當孩子們吵起來，雙方各自支持自己的孩子，還會造成家庭的分裂（見第六章）。

幸好，還是有好消息。曼哈頓的心理治療師與教育博士瑪麗・安・費斯坦（Mary Ann Feldstein）和有繼子女的夫婦合作過。費斯坦博士告訴我，有孩子的男人如果離了婚又再婚，「有很大的機率這次是為了正確的理由結婚，也有心想要做好。」我訪問過的許多人感到很幸運，她們的先生經歷過先前失敗的婚姻後，已經學到溝通的價值，也學到必須在婚姻中付出努力，而第一次結婚的男人身上則很少見到這樣的特質。一位男性告訴我，「我第一次的婚姻是悲劇，接著我得到第二次機會。如果沒打算要好好維護婚姻，讓家庭成為我人生中最重要的事，幹嘛要再結一次？」數據也證實這位男性的說法。雖然頭三年的時候，有孩子的再婚離婚率遠比沒孩子的高[9]，但如果能撐過三年，能夠一直走下去的機率其實比第一次的婚姻高。事實上，研究人員發現大約經過五年後，有孩子的再婚比其他所有類型的婚姻都更可能成功。看來夫妻要是加倍努力走過繼親家庭通常會碰上的風風雨雨，沒有一開始就屈服於壓力，將更是情比金堅。最後抵達成功彼岸的受訪者一再告訴我，通過這場考驗絕對是值得的。某天吃午飯時，一名快七十歲的繼母告訴我，「婚姻很難，但有繼子女的婚姻難上加難。」那位繼母接著把自身的經驗，描述成──「撐過去後讓你更快樂、更堅強的地獄。我和先生因為這些年來他孩子製造的鬧劇，走過雙方的爭執後，兩個人變得親密許多。」

你是哪一種繼母？

當繼母不只一種方法，也沒有所謂「對的」方法。某些女性全心全意扮演繼母這個角色，把所有的力氣都花在和先生的孩子建立關係；某些女性（例如前文提到的雷妮）則認為當繼母「是我不想碰的事。我因為感到對先生和他兒子有責任，所以想要做好，但當繼母不是我人生的重心。」此外，女性當繼母時碰上的遭遇，以及她們當繼母時的面貌，將隨著歲月改變。艾拉告訴我，「孩子還小時很好辦，但他們現在即將進入情緒激動的前青少年期，所以我試著達成平衡，我得當一個媽咪，也得當可靠的朋友。」

光是「當繼母的方法有很多」這個簡單的事實，我們就可能得花一段時間才能消化，因為我們一直告訴自己，一定有一個「最好」的方法。我剛結婚的時候，有一次在電話上告訴朋友，「我女兒」會和我們一起過週末，因為我感到叫「繼女」太生疏了。我朋友聽得一頭霧水——你突然有孩子了嗎？此外，我把「女兒」兩個字說出口的時候，我和大繼女都抖了一下：我猜我繼女會震一下，是因為認為這個繼母太僭越，我則是因為自己很虛偽。母親與繼母的界限模糊不清的「繼母也是媽媽模式」，不適合我們兩個人。不過，小隻的有時會說她爸爸和我是「我爸媽」，有時則會介紹這是「我爸爸和我繼母」，或是只講「爸跟溫絲黛」。碰上不同的孩子，在不同天、不同時期，你將扮演不同的角色。到底該怎麼當繼母沒有一定的方法。

認定有一個所有人都適用的方法，覺得那麼做「才是對的」，只會帶給繼親家庭更多的壓力。每當被認定沒用「正確方法」做事，或是沒能讓家裡像個「真正的家」（原本的第一個家），就會更加令人感覺努力不足、加深怨言。如何和有孩子的男人處於婚姻關係，其實有好多條路可走。某些會帶來比較好的結果，某些其實與繼母風格無關，要看你個人如何應對特定的情境與遭遇。不過整體來講，研究人員似乎發現，我們是什麼樣的人、男方的孩子是什麼樣的人，以及再婚婚姻中其他相關的人，全都左右著我們將成為什麼樣的繼母，以及我們又會怎麼當繼母。如同我們無法選擇自己的眼珠顏色，我們也無法簡單從選單中「挑」一種繼母風格。不過，當我們感到迷失或手足無措，找到方向的好方法，將是在「完全不當繼母」一直到「就像是孩子的另一個母親」的光譜上，了解一下我們自認是什麼類型的繼母。好幾項研究都提供了大略的繼母「地圖」。

心理學家安．歐曲德博士（Ann Orchard）[10]與肯尼斯．索伯格博士（Kenneth Solberg），請兩百六十五位女性描述與繼子女的關係，二五%的人選擇「尊重／禮貌」（respectful/polite）。緊接在後的人數選擇了「友善／關心」（friendly/caring），稍微再少一點的人說雙方的關係「疏遠」（distant）。選項彼此之間並不互斥；許多女性總結自身的感受時，圈選了一個以上的敘述，甚至三個都選了。被問到「你會如何描述自己扮演的角色」，受訪者的答案顯示，在缺乏該如何當個繼母的明確準則時，我們充滿創意。三三%的人認為自己的角色是「另一個類似於家長／母親的人」。三一%說自己是「朋友／從旁支持的大人」，這三一%的人之中，又有二分之一感到扮演著「爸爸的妻子／爸爸的賢內助」（Dad's wife/support to Dad）。可惜的是，一三％的人認為自己的角色是「外人」（outsider），一〇％選了聽起來十分疏離的「整理家務的人」（household organizer）。歐曲德與索伯格和其他研究人員一樣，發現「友誼型」的繼母是「最實在」的模式——此類繼母的特徵，與其說是雙向的友誼，似乎不如說比較接近不干預、不存在衝突或不參與管教。一名叫貝琳達的繼母，向我描述她和目前是年輕成人的繼女之間的關係，「我想當阿姨型的繼母，支持你，當你生活中的助力，一個你可以求助的人。我不想要管教她們。」

華盛頓大學的研究人員寶琳．艾瑞拉—魏澤里博士（Pauline Erera-Weatherley）做過另一項三十二對以色列夫婦的研究[11]，一共發現四種繼母風格：超好型繼母（super-good stepmom）、疏離型繼母（detached stepmom）、不確定型繼母（uncertain stepmom）、朋友型繼母（friend）。「超好型繼母」是在回應刻板印象。她們害怕被當成傳說中的邪惡繼母，拚命證明自己是好人，但依舊可能被排斥，容易感到繼子女、丈夫、姻親都不懂得感謝她們。不難想像這一類的女性會感到付出努力不值得，乾脆不想再接觸任何人，對於「家人」和婚姻感到憤怒與挫敗。我做凱莎的訪談時，親眼見證原本樂觀開朗的她朝這個方向走。她全心全意照顧和先生同住的青春期繼女，努力當個好媽媽，但她告訴我，經過這些年的挫敗，她已經準備好認輸。「我不認為有任何人明白我有多努力嘗試。」她表示，「事實上，我認為他們甚至根本沒發現我的付出。」

艾瑞拉—魏澤里博士發現，「疏離型繼母」極少參與繼子女的生活。女性如果一開始努力當繼子女的朋友或媽媽，但感到被推開、被拒絕，就會走向這個預設模式。「我真的受夠了，」一名資深繼母告訴我，「我受夠了嘗試要對他們好，結果沒得到任何一絲溫情，再也不想那麼努力。」其他好幾位繼母受訪人也說出類似的感想（請見第四章與第十章的討論）。

在艾瑞拉—魏澤里博士的研究中，「不確定型繼母」說自己感到疑惑、困擾、苦惱、混亂。她們之中許多人和我一樣，成為繼母前沒有當媽媽的經驗。一位女性表示，「我感到孤單[12]，不曉得究竟該做什麼。〔繼子女做出挑釁的事情時，〕我應該回應嗎？還是不應該？」這種類型的女性對於批評繼子女、與繼子女對質與爭吵，感到強烈不安。不難理解她們的繼子女最終會「大權在握」，如同繼親家庭專家貝雷博士形容的那樣，由繼子女主導著繼親家庭生活的情緒走向。[13]

最後一項的「朋友型繼母」顯然「不當家長」，但特徵是關心孩子，有必要時願意伸出援手。艾瑞拉—魏澤里博士指出，採取這種風格的女性接納繼子女，但看來也接受自己不一定會愛繼子女，繼子女也不一定會愛她們，「我們彼此友好[14]……他會擁抱我……〔然而〕我們之間沒有真正的愛。我沒表現得像是親生母親，但我照顧〔我的繼子〕。我關心我的繼子，也試著協助丈夫和他兒子建立關係。」

「朋友型」似乎是最有效、最成功的繼母風格[15]，然而努力改善繼親家庭關係時，這種風格不是女性想選就能選。繼母會採取什麼風格，的確會受到她們本身的性格、她們對於教養與當繼母這件事所抱持的態度影響，然而事情的走向與繼母將扮演的角色，更重要的決定因素其實通常是繼子女、父親、親生母親所抱持的期待與表現出來的行為。舉例來說，我和一位叫黛娜的繼母聊過。她的繼女譚雅九歲時，親生母親搬到美國另一頭，默默把做母親的責任，全部移交給黛娜。不久後，譚雅的父親和黛娜離婚，結果黛娜接手譚雅的監護權。不用說，黛娜自認是譚雅的「媽咪」，譚雅也把黛娜當成自己的母親。另一位繼母蓋比則被先生的前妻當成壞人，當著孩子的面，明講或暗示如果孩子和蓋比友好，那就是在背叛母親。蓋比釋出善意要當孩子的朋友，但她的努力受到她無法控制的其他狀況與外力阻撓。

「當繼母」這件事，必然牽涉到其他人，受其他人際關係形成的力場影響。繼母本身的偏好與努力，只是大拼圖中的一塊，僅為當中的一個決定性因子，可能還是最不重要的一個。我們了解這點後，在先生的孩子最後究竟會怎麼做的這一點上，或許就能開始對自己寬容一點，不把所有的責任都扛在肩上。

我搬去和未婚夫同住幾個月後，牆壁終於砌好了。未婚夫的女兒看起來不太高興，小的那個悶悶不樂，更常從我身邊生氣跑走，似乎非常想刺激我，而我太常讓她成功。我已經幾乎放棄要讓繼女喜歡我的計劃，感覺成效不彰。此外，繼女對我愈不友善，我就更不想繼續嘗試。我們生活在同一個屋簷下，但處於不同的世界，處於某種永恆的對峙。我下降到繼女的層次，因此在心情最糟的時刻恨她、恨未婚夫。然而，我心中依舊有一部分關心著她。我們以前有過快樂時光，現在也偶爾還有。看到她如此無法接受家中的變化，我也感到難過。

我經常在想：**為什麼要搞成這樣？為什麼她不喜歡我？我做錯什麼？**接著我就跟許多嫁給有孩子的男人、問過相同問題的女人一樣，聽見耳邊傳來聲音：

> 不然你以為呢？忍耐一下就好。
>
> 你擺脫不了他們，你選了這個男人，就得接受他的孩子，不要抱怨了。
>
> 在這件事情上，你不重要，孩子才重要。別再那麼自私。

我碰上的繼母現實充滿著壓力、競爭、批判、矛盾、不確定性與排擠。我的反應是躲進掩體，築起碉堡，挖起某種壕溝。我築起牆。實情就是當了幾年的繼母後，我不是那種會告訴孩子「隨時想來都可以，想待多久都可以，這是你的家！」的繼母，也不打算變成那種繼母。我劃出界限，設定楚河漢界，做出確定自己絕不會那麼做的事。我不懂這究竟是怎麼一回事，因為我真心喜歡繼女，而且每一個人都告訴我：

他女兒一定會愛死你。

你不會碰上任何有關於邪惡繼母的胡說八道。你不是那種人。

那兩個女孩好幸運，真希望你是我繼母！

你是世上最好、最風趣的繼母。

我築起了一道牆。我寫下這句話的時候，感到可真典型，你這個壞心腸的繼母。然而對我來說，這道牆不砌不行，決定著我有沒有辦法撐下去。我是新手繼母。儘管聽說過一切關於繼母的事，就算我們確信自己知道繼母是怎麼一回事，我仍感到無力、脆弱、惶恐。緊繃的新關係引發各種感受與矛盾情緒，帶出我心中醜陋的一面，我感到恐慌。我立起一道牆——事實上，我立了很多道牆——因為我需要有地方可躲、有地方可以想起自己真正的面貌，找出自己變成了什麼樣的人。我認為不管是哪一種類型的繼母，新手繼母都需要有自己的牆，有可以做自己的天地。

Chapter 2

"She's Such a Witch!" Fairy Tale History and the Stepmothering Script

「她真是個心腸狠毒的女巫！」童話故事的歷史與繼母拿到的劇本

我們是誰？我們來自何方？

過去，我們是真實存在的普通人，和其他每一個人一起在正常的時間線，住在大家都一樣的世界。下一秒，我們嫁給有孩子的男人後，突然就變身，成為和自己的認知完全不同的人。我們成為繼母後——即便我們不曾想過要用「繼母」這個角色來定義自己，即便我們先前撫養親生孩子時是慈愛的母親，就算新任老公的孩子已經成人——在某種程度上，我們仍不免化身成另一個人。如同灰姑娘被仙女教母的魔杖輕輕一點後變身，儘管今日是史上繼母與繼親家庭最常見的年代，不論我們從前是什麼樣的人，一旦結婚，我們就被無形的巫術變身，大家用完全不同的眼光看待我們。**那女人只是我爸爸娶的人。她太急著討好，沒心要做好，偏袒自己的孩子，不讓我接近爸爸。淘金女，冷酷無情，善妒，自私，缺乏母愛。**路人甲悄聲告訴路人乙，「那個女的對他孩子很不好。」言下之意很清楚：**如果她對那些孩子好，孩子自然也會立刻開心接納她。如果有問題，問題出在她身上。**

聰慧又有魅力的布蘭達，有一個兩歲、一個三歲的親生子女，外加一個青春期繼子。我請布蘭達接受本書訪談時，她告訴我，「噢，你不會想和我聊的，我是個邪惡繼母，我這個人**很糟糕**。」布蘭達語帶幽默，然而繼子對她的看法與其他人八成帶有的偏見，顯然令布蘭達感到痛苦和憤怒。她不願意當那樣的人，然而別人卻那樣認定。我發現布蘭達之所以講反話，為的是抗拒強加在自己身上的看法。在那個瞬間，我完全明白布蘭達的心情，因為我也一樣，我搖身一變，從好幾個我認識的青少女心中的女中豪傑，成為某兩個特定女孩偶爾的眼中釘。我的繼女讓我變身；她們的猜忌與厭惡，影響了我的身分認同。我知道她們討厭我，其實是討厭我的繼母角色，不是真的討厭我這個人，然而明白那點並沒有讓我舒服多少，況且她們似乎也沒真的區分這兩者。大部分的時候，她們怨恨我、責怪我——也不是討厭繼母，單純就是看我不順眼。我有時感到自己承受不了這種不白之冤。我和布蘭達一樣，時常想要澄清真相，覺得繼女怎麼可以這樣，讓我變成我不是的人，我才不是那樣的邪惡繼母。

我和成為繼母的女性聊，即便她們是天底下最深知自己是誰的人，就算有著最幸福美滿的婚姻，事業頂尖，孩子也是天底下最可愛的——換句話說，就算是最不可能內化他人批評與難聽話的人，我發現人們對繼母的負面看法，依舊很可能滲透、扭曲，甚至決定我們如何看待自己。研究人員大量記錄下成為繼母是如何影響著女性的自尊[1]，而且這影響並非朝好的方向走。我們碰上繼親家庭生活的難題時，例如：繼子女不接納我們，丈夫不支持我們，朋友或甚至是連治療師都一樣，外人太常無法理解我們碰上的事，種種問題讓我們感到自己是失敗者，內化繼母就是殘忍無情、不關心孩子、對孩子不理不睬的看法。不論我們是什麼樣的人，一旦嫁給有孩子的男人，我們一定會注意到，別人突然間總是把我們想得很壞，不再假設我們無辜、善良、仁慈、充滿母愛，一切正好相反。如同許多女性告訴我，我們感到自己的行為，尤其是涉及繼子女的事，突然間被拿著放大鏡檢視、受到猜疑，就連與孩子無關的事，我們也成為嫌疑犯：

現在每當我煩惱我先生孩子的管教問題，朋友就會說，「你有沒有試過對他們好一點？」這種話很傷人，因為那是在暗示孩子會不乖，是因為我虐待他們。「人好」絕對無法解決問題。拜託，事情比那複雜太多了！

我的繼子對我先生講了難聽話，拒絕在約定好的時間過來我們這邊，但我先生那邊的親戚讓我感到，他們認為孩子會這樣，不是因為孩子的媽媽講我們壞話，也不是因為我先生太寵孩子，而是因為我的緣故。有一次，我婆婆說，「這孩子以前從來不會這樣。」——我知道她的意思其實是「在你這個女人出現之前」。有時這種話真的讓我很難過，我不想再嘗試了。

我先生平日會氣他女兒，私底下破口大罵，不停對我抱怨，講那個孩子有多不聽話、多麼不懂得感恩。然而，要是他女兒做了什麼或說了什麼，我只不過是翻了個白眼，我先生就會一副我捅了他孩子一刀的樣子。

美國威克森林大學（Wake Forest University）的社會學家琳達・尼爾森博士（Linda Nielsen）指出，當人們對扮演某種角色的某個人做出評估時，他逃脫不了成見。「我們一般會提防與記住某一類的人就是如何如何的傳言。」[2]尼爾森解釋，「不論是繼母或賣二手車的人，我們通常會尋找蛛絲馬跡，虛構事實，記住符合我們對那種人的認知的事。」

繼母很常令人感覺是一種固定的人物設定，因為的確就是，隨之而來的放大檢視也是一樣。心理學家安・C・瓊斯（Anne C. Jones）博士比喻[3]，繼母的處境就像是「活在社會的放大鏡之下」，不斷被檢視、不斷被批判，壓力很大，身心俱疲。繼子女舉出的「繼母原罪」，包山包海的程度令人瞠目結舌。我聽過成年的繼子女怪繼母不夠努力、太過努力、太冷漠、太熱情。我則聽過和繼母疏遠的人士談起繼母時，總是講同樣的話，「我繼母對每一個人都很好，只對我一個人不好。」或「每個人都喜歡她，但我曉得她的真面目。」我們得捫心自問，所有的女人一旦成為繼母，就會「無緣無故」變成糟糕透頂的人，而且完完全全只針對繼子女，這種事的可能性到底有多大？

誰是那些當繼母的人？當然是真實存在的人。我們通常是處於棘手情境的女性，盡最大的努力，和痛恨我們的繼子女相處。我們的另一半雖然沒惡意，卻經常小看我們碰上的問題，甚至扯我們的後腿。然而，我們也不只處於那樣的情境，遠遠不只。身為繼母的意思是說，我們是人，但也是某種符號，同時活在令人無所適從的想像與真實之中。我們跟一般人一樣上街買菜，但我們也是歷史與神話裡威力強大、令人害怕的象徵性符號。在流言蜚語、電影、神話、集體的文化史中，繼母一再以多種面貌出現——淘金女、殺人兇手、女巫、賤女人。在一八〇〇年代晚期[4]，光是灰姑娘的故事，民俗學者就找到近三百五十種版本。法國、中國、印度、日本，世界各地不同的國家，全都有類似的故事。邪惡繼母感覺就像是人類的亂倫禁忌，或是對蛇的恐懼，在文化上是共通的現象，到處都有，理所當然被厭惡。

如同邪惡繼母的角色與繼母製造的故事，繼母史通常重複發生一樣的事，一再重演，不斷循環。再婚的美國第一夫人賈姬（Jackie，譯註：賈桂琳·甘迺迪〔Jacqueline Lee Bouvier Kennedy Onassis〕）與繼女克里斯蒂娜（Christina Onassis），為了爭奪後夫希臘船王歐納西斯（Ari Onassis）的寵愛、關注與財產，兩個女人上演一場大戰。克里斯蒂娜向記者談起繼母，留下一句名言，「我沒有不喜歡她，只是瞧不起她。」披頭四成員保羅·麥卡尼（Paul

McCartney）的第二任妻子海瑟・米爾斯（Heather Mills）與繼女史黛拉（Stella McCartney）之間赤裸裸的敵意也一樣。史黛拉曾公開表示不滿父親再婚，據說這樁再婚婚姻最後離異，也是這個女兒從中作梗。邪惡繼母的故事五花八門，每一個世代都有相關的故事。名人之子西恩・威爾希（Sean Wilsey）近日出版的回憶錄《全能的榮耀》（*Oh the Glory of It All*）[5]，提到繼母寡廉鮮恥，偏愛兩個親生的兒子，要什麼給什麼，花錢如流水，卻逼繼子（灰姑娘？）睡在沒暖氣的閣樓。迪士尼《白雪公主》（*Snow White*）中的邪惡皇后，穿著耀眼奪目的緊身黑色禮服，水蛇腰，紅唇鮮豔，令人想起十七世紀法國劇作家拉辛（Racine）筆下的繼母費德爾（Phèdre）——費德爾年紀比繼子大、好色、喜愛勾引男人，引誘繼子不成便痛下毒手。而費德爾的形象，又有如剛才提到的威爾希真實人生中的繼母娣蒂（Dede），這個繼母看著繼子望著鏡中站著的她，臉上帶著魅惑的笑容，身上除了絲襪、吊帶襪，幾乎一絲不掛。

繼母是每個年代都有的人，存在於事實與小說、神話與歷史之間，讓人分不清真真假假、虛虛實實。我們的文化對於繼母與繼母如何對待孩子的成見，最昭然若揭、繪聲繪影的例子，非艾德娜・芒布羅（Edna Mumbulo）的故事莫屬。她的故事突顯出我們是如何身處於幻想與事實之間。

無火不生煙，無風不起浪，「一九三〇年的火把殺人魔」

艾德娜．芒布羅是誰？她是否在一九三〇年三月的某個早上，活活燒死十一歲的繼女，或者她其實沒幹下那件令人髮指的罪行？艾德娜曾經惡名昭彰，她被指控的罪行，如今沉入我們的集體記憶，在幾乎無法穿透的層層文化沉積物中，形成化石。賓州愛丁波羅大學（Edinboro University of Pennsylvania）的犯罪歷史學家喬瑟夫．雷斯（Joseph Laythe）[6]，曾仔細挖掘艾德娜．芒布羅的謎團，於二〇〇二年寫下〈邪惡繼母？一九三〇年的艾德娜．芒布羅案〉（The Wicked Stepmother? The Edna Mumbulo Case of 1930）一文，讓世人重新想起艾德娜，替她的遭遇增添血肉，把當年民眾認定就是她殺了繼女的看法，連結至數個世紀以來人們心中對於母親、育兒與繼母的成見和樣板。

雷斯旁徵博引指出，艾德娜被貼上兇手與繼母的標籤前，只是一個普通人，然而她的確有一些見不得光的過往。她的過去在多年後被挖掘出來，讓人感到果然十分可疑。雷斯指出，在一九〇二年的匹茲堡，與父母同住的艾德娜．狄旬（Edna DeShunk）在十六歲那年未婚生子，產下一對雙胞胎，沒多久就把孩子送去姊姊那裡。艾德娜嫁給孩子的生父，但先生不到一年就過世，艾德娜不得不外出工作養家，最後和身體日漸孱弱的父親定居紐約上州，在新柏林（New Berlin）的製絲廠找到裁縫工作，與羅夫．芒布羅（Ralph Mumbulo）成為同事。艾德娜和已婚的羅夫產生婚外情，不久後，羅夫的妻子伊迪斯（Edith）突然過世，八歲的女兒希爾達（Hilda）因此繼承六千美元左右的遺產。

羅夫與艾德娜似乎很快就過起一般的家庭生活，艾德娜接手所有的妻子與母親責任，也繼續在工廠裡工作。然而，美國遇上經濟大恐慌，製絲廠倒閉，艾德娜與羅夫把艾德娜的父親，交給她的兄弟姊妹照顧，兩人帶著年幼的希爾達，前往賓州的伊利（Erie），租下一間據說狹小又陰暗的廉價公寓。羅夫在鍛造廠找到工作，艾德娜繼續當裁縫，過起僅夠餬口的生活。鄰居覺得這家人（大家都以為他們是帶著親生孩子的已婚夫婦）討人喜歡，也信任艾德娜，毫不猶豫地把孩子交給她帶。沒人想過艾德娜有可能不是希爾達的母親，艾德娜利用當保姆賺到的錢養家，帶希爾達去看電影和吃冰淇淋。

羅夫、艾德娜、希爾達的確過著有壓力的生活。他們住的公寓十分窄小，幾乎可說是貼在一起生活，那絕對是一種令人感到窒息、壓力很大的生活方式。艾德娜早在多年前，就把親生的孩子送給家境較好的人家收養，如今卻得照顧十一歲的繼女。按照學者雷斯的說法，艾德娜的父親健康情形持續惡化，愈來愈需要接受昂貴的醫療照顧，艾德娜痛恨羅夫不知節制地把錢花在女兒身上。

是否這樣的憎恨之情，替接下來的悲劇架好了布景，甚至提供了謀殺的動機？也或者那根本只是不相關的日常瑣事，事後被挖出來才顯得重要？不論真相是什麼，一九三〇年三月二十一日的早上，就在羅夫出門工作後不久，他們住的公寓起火。就在這一刻，艾德娜從一個人，變成一個角色、一個原型、一個陰險的典型壞女人。她的故事急轉直下，撲朔迷離，走向猜測與幻想。唯一可以確定的是，當天早上七點多的時候，希爾達人在臥室角落，身上衣物著火，早上十一點死亡。

羅夫在女兒垂死之際，沒守在她床邊。屍體被送到太平間時也沒跟去。據說他當時人在伊利保險公司（Erie Insurance Company）索賠，申請接收女兒的遺產。希爾達的喪禮在新柏林舉行，親友回想當時艾德娜形跡可疑，面無表情，一滴淚也沒流。鄰居開始說閒話，其中一人指證歷歷，據說希爾達全身是致命的燒傷，躺在小床上痛苦呻吟，艾德娜卻一遍又一遍大喊，「我的皮草外套在哪裡？」另一名女鄰居說，羅夫應該要照顧垂死的女兒，她卻看見他翻箱倒櫃找著文件。同一名鄰居還說，艾德娜曾在樓梯上與她錯身而過，但不肯回答怎麼會起火，只大喊，「滾開，要不然我會給你的下巴來一拳！」

希爾達和羅夫的鄰居覺得太可疑，跑去密報。有關當局檢視此案的檔案後，發現艾德娜對事發經過有兩種不同說法。她的第一種說法是希爾達大概是想要點燃瓦斯爐，才會發生意外。第二種說法是她原本在用汽油清潔衣服，裝著汽油的平底鍋著火了，原本想把鍋子丟到窗外，但一個不小心掉到希爾達身上，孩子身上才會著火。

伊利當局要艾德娜與羅夫進一步到案說明，但人去樓空，警方開始尋人。伊利的民眾立刻群情激奮，高喊「搜捕逃犯」！艾德娜與羅夫不見蹤影，原來是跑回紐約結婚，婚後僅三天，就在親戚家被捕，拘留在紐約諾威奇（Norwich）的郡監獄五天。法官說他們有「逃亡之虞」，駁回兩人的釋放申請。艾德娜在無數小時的審訊過程中，沒有律師在場，不斷高呼自己是無辜的。史料說她經常淚眼汪汪，有時會在牢房裡踱步，有時似乎快崩潰了。官方的說法是艾德娜通常處於陰鬱狀態，情緒自制，一動也不動。據說她拿到晚上助眠的安眠藥後，就開始在白天也要求鴉片類的鎮定劑。沒多久，報紙的報導開始把艾德娜描寫成怯懦的藥物成癮者，她的形象愈來愈壞，和羅夫截然不同。

記者蜂擁至伊利，大家都想看艾德娜與羅夫的審判。兩人搭乘的火車駛入車站，被數十名攝影師與記者團團包圍。從那時起，新聞報導不再稱艾德娜為「媽媽」，改稱她為「繼母」。雷斯指出，當時的民眾原本覺得這件事是誤傳與亂報，做母親的人不可能殺害自己的孩子，但一旦身分換成血緣隔閡的繼母，這種喪盡天良的事就不是不可能了。新聞頭條吶喊著艾德娜是「邪惡繼母」與「伊利本地的火把殺人魔」（Erie's Own Torch Killer）。

法庭審理的現場人山人海。從第一天起，檢方的策略直接了當：檢察官描述艾德娜惡毒、「貧窮」、「善妒」，暗示她想獨占羅夫這個男人，還想獨吞兩人賺的錢與希爾達的遺產。在檢察官嘴裡，艾德娜是標準的邪惡繼母——冷酷無情、缺乏母愛、唯利是圖。辯護律師抗議，指控艾德娜有罪的證據都只是旁證，真正的證據在哪裡？他們傳喚專家證人作證：是的，汽油有可能摩擦起火，雖然艾德娜的手沒燒傷也沒疤痕，但她有可能用圍裙拿著裝汽油的平底鍋，圍裙上的燒焦痕跡吻合艾德娜敘述的事件經過。辯方的另一位專家證人也指出，如果有人要殺人，怎麼會和艾德娜一樣，只用半罐汽油？他指出，「殺人犯不會省著用犯罪的工具或媒介。」另一名專家證人也表示，「女性處於〔艾德娜〕的情境時，對於起火的當下發生什麼事有矛盾的說法，再自然不過。」

法院進入審理程序幾天後，出現了連續劇般的發展。一名年輕女子走進法庭，哭到歇斯底里，抱住顯然嚇了一大跳的艾德娜。那個人是艾德娜的女兒，雙方已經好多年沒見過面，兩個人相擁而泣。每當艾德娜被問到，希爾達死的那天究竟發生什麼事，她總是像念經一樣，一遍又一遍回答，「我把她當成親生女兒對待。」艾德娜堅稱如果能再有一次機會，她會犧牲自己的性命救希爾達。然而，旁觀的民眾對於艾德娜說的話置之不理，對於她做了什麼——或是沒做什麼——比較感興趣。雷斯指出，依據報紙的報導來看，艾德娜雖然眼眶盈滿淚水，不曾真的掉下任何一滴。她提到繼女是怎麼死的時候，情緒不外露，沒流淚，相當鎮定，不曾啜泣，講話也不曾破音，甚至連顫抖都沒有，不同於幾天前和親生女兒在法庭上激動團聚。陪審團考慮超過二十四小時，最後唯一抱持異議的陪審員被說服，改投同意票，艾德娜·芒布羅被判有罪。

艾德娜被判處十至二十年徒刑，在賓州曼西女子監獄（Muncy Institute for Women）服刑八年，期間表現良好。一九三八年時，當年負責艾德娜案子的法官建議特赦，指出自己向來懷疑艾德娜是否真的有罪。艾德娜出獄後與羅夫團聚（羅夫不曾被起訴），兩人搬到紐約的羅徹斯特（Rochester）。一九九〇年時，被世人遺忘的「一九三〇年火把殺人魔」艾德娜．芒布羅，在伊利郡老人中心（Erie County Geriatric Center）過世。

艾德娜．芒布羅究竟有沒有殺人？我們永遠不會知道了，但這則故事中最重要的細節與分析的起點，正好也是「不得而知」這點。為什麼明明無法證明[7]，民眾卻這麼肯定艾德娜犯了罪？為什麼從頭到尾只有間接證據，她就被定罪？此外，一件根本無法證明的事，民眾怎麼會狂熱相信絕對是艾德娜幹的？

以艾德娜的案子來看，在無法判定的狀況下，繼母身分帶來一定程度的「想也知道」。人們開始懷疑她、對這個「火把殺人魔」瘋狂感興趣的時間點，始於新聞報導不再說她是死者的媽媽，而是「繼母」。事實上，依據最初嗤之以鼻的人數來看——「做媽的人哪可能殺害自己的孩子！」——可以說要是當初艾德娜沒被描述成一個繼母，她原本根本不會被起訴。一旦母親身分帶來的保護光環被打破，艾德娜就被困在天羅地網中，那張網由超越個人的文化故事、繼母與繼子女的故事，以及我們所處文化中「每個人都有的邪惡繼母故事」所織成。雷斯指出，艾德娜的罪行模糊不清，僅有推測與旁證，卻因身分而具體起來。人們一口咬定，講得頭頭是道，因為陪審團與大眾「將已知的事實，放進邪惡繼母的架構」。[8]

如果要了解可能是什麼樣的想法、感受與潛意識的聯想，影響了判定艾德娜有罪的陪審團與譴責她的民眾，我們得先走訪一下黝黑的森林、深不可測的人心，以及吃人者與無辜受害者居住的薑餅屋。

童話故事與艾德娜的命運

羅夫．芒布羅最初也被指控謀殺，但不曾被起訴，更別說是定罪。的確，起火時羅夫不在家，然而他是殺人從犯的指控（他數度前往保險公司，看起來十分可疑），很快就不了了之。事實上，艾德娜一旦被公開起訴後，人們就不承認羅夫有可能是共犯，甚至不願意考慮這種可能性。為什麼會這樣？為什麼羅夫突然間感覺如此無辜？羅夫是孩子的親生父親這點，讓人們從根本上排除他的嫌疑。不過也可以說，還有一件事比血親關係，更讓人感到他是無罪的。從許多層面來說，大眾不願意追究羅夫有沒有問題，心照不宣地原諒他（或至少忽視他是共犯）的心態其來有自，在有數百年歷史的童話故事中有跡可循[9]，尤其是格林兄弟版的《白雪公主》、《糖果屋》（*Hansel and Gretel*）、《杜松樹》（*The Juniper Tree*）等故事，以及這類故事在古希臘羅馬時代更早的歷史原型。事實上，艾德娜、羅夫、希爾達的故事，在故事的中心結構與主題等各方面，皆與歷史上的文本相似，再次重複，故事中存在作惡多端的繼母、受騙的父親，以及無辜的受害者。在我們小時候，童話故事可能嚇到我們，令我們感到緊張刺激，不過我們大概不熟悉更早、更原始的版本。早期的版本被修改成適合孩子聽的故事。值得一提的是，在死亡率奇高的歷史時期，相關的童話故事被一再重述：孩子能不能長大在未定之天，女性通常會在分娩時死亡，全家人也都可能死於疾病、收成不佳與饑餓。相關故事的早期版本充滿令人觸目驚心的暴力，貪婪的母親、兇惡的繼母、漠不關心的父親，那樣的人物不是警世故事，也不是脫離現實的幻想，而是日常生活中真正可能碰到的可怕風險。父母無力在重重危機之中保護孩子，故事只不過是又多添幾層渲染。

真正的《白雪公主》：自戀與吃人，被動與無辜

格林童話一八一〇年後的《白雪公主》版本，故事的開頭就先「殺掉」一個角色：早期的版本是女孩有邪惡**母親**，結果改成女孩的母親**死去**，邪惡的人是**繼母**（日後還有更多的改動）。我們全都熟悉這個故事的情節是如何開展：魔鏡告訴邪惡的皇后，白雪公主是世上最美的人，帶出數百年來我們著迷的主題——繼母是自戀狂，與我們文化中理想的無私母愛，形成鮮明對比。皇后勃然大怒，要獵人把白雪公主帶到林子裡殺掉，回來交差時要呈上肺與肝，證明真的殺掉公主了。然而，獵人不忍心下手，要公主快逃，回宮時用野豬的內臟蒙混過關。皇后用鹽水燙熟內臟，吃了下去。這個舉動是試圖讓白雪公主消失，不但要殺掉她，還要攝取她的精華與美貌。白雪公主闖進七個小矮人的家，小矮人邀請她留下，代價是做家務與煮飯。此

時，以及在故事的其他段情節，我們都忍不住要問，白雪公主的父親在哪裡？敘事裡少了他；他的缺席是一個裂縫，所有的壞事都從那個缺口滲進故事。

真糟糕，白雪公主的新家也不是安全的避風港。不久後，魔鏡告訴皇后，白雪公主還活著，皇后立刻採取行動，喬裝成老太婆，先用蕾絲衣領試圖殺掉這個天真無邪的女孩，再來是毒梳子，最後靠毒蘋果成功。小矮人曾多次要白雪公主小心，但回家時發現她還是躲不過，把她放進一口水晶棺材，停放在山坡上。白雪公主就躺在那裡，直到王子發現她。王子哀求小矮人讓自己把公主帶回家，他將凝視她，「當成深愛的人珍惜」。白雪公主成為受害人這點，與她處於被動的狀態分不開：她靜止不動，象徵著她承受著他人的所作所為，沒有主動採取行動，而這點是她善良的必要元素。棺材被搬下山時，卡在白雪公主喉嚨裡的毒蘋果鬆動。白雪公主醒了，和王子陷入愛河。邪惡的皇后受邀參加兩人的婚禮，沒料到新娘竟是自己的繼女。在典禮上，皇后被迫（故事沒明確交代是誰做的）穿上一雙在火上加熱過的鐵鞋，不斷跳舞，直到倒地而死。皇后就和艾德娜一樣，嫉妒心強又自戀，繼女已經垂死躺在床上，還在高喊自己的皮草外套去哪了，最終被公開羞辱，全部的人都看見她的內心有多麼狠毒，顏面盡失地在眾目睽睽之下死去。作惡多端的繼母被打敗，但打敗她的，不是被動、無辜的白雪公主（白雪公主不曾「做」過一件事），而是繼母對女孩充滿惡意，多行不義必自斃。10

《糖果屋》與《杜松樹》：詭計、眼淚與令人毛骨悚然的大餐

如果說白雪公主自戀的繼母嫉妒的是年輕女孩的美貌，那麼其他的格林童話繼母嫉妒的事物則更基礎、更毒辣。她們嫉妒丈夫的孩子有得吃、有得住，甚至是嫉妒他們呼吸的空氣。《糖果屋》與《杜松樹》重複許多《白雪公主》內含的主題，把繼母的自戀，替換成物質欲望與貪婪，也就是某種原始的「飢渴」：殺人，吃人，完全無法把繼子女擺第一。

《糖果屋》設定在饑荒的年代，對於故事寫成的年代來講，太貼近真實生活。到了一八四〇年的版本，故事中的生母再次被改成繼母。某天晚上，家中櫥櫃不剩任何食物，繼母告訴先生一定得扔掉孩子，少掉兩張要餵的嘴。丈夫一開始不肯，後來還是同意了。漢賽爾與葛麗特人在隔壁房間，因為肚子太餓睡不著，偷聽到父母的討論。兩個孩子嚇壞了，葛麗特開始哭，但漢賽爾開始想法子，偷偷跑到屋外，在口袋裡裝滿小石頭。隔天，繼母宣布全家人要到森林裡砍柴，一路上漢賽爾在林間留下小石子做記號。一段時間後，兩個孩子被遺棄在森林裡，葛麗特發現他們被留下來等死，哭到傷心欲絕，但漢賽爾先前留下了回家的記號。兩個孩子等到月亮升起，循著小石子，一路回到家。父親看見他們開心極了，繼母虛情假意，也裝作慶幸，「你們這兩個孩子怎麼這麼貪玩，在林子裡待那麼久？我們還以為你們永遠不會回來了！」

可想而知，兩個孩子回家後，繼母又想了一個趕走他們的新計策。漢賽爾聽見繼母竊竊私語，又想到屋外撿石頭，但繼母老謀深算，這一次鎖上門。隔天早上，繼母給兩個孩子一人

一塊麵包尾，叫他們到森林深處「砍更多柴」。漢賽爾撕下麵包屑，沿途撒在路上。然而，這次夫妻二人偷溜後，孩子發現小鳥吃掉了他們做記號的麵包屑，葛麗特再次哭個不停。失去爸媽、肚子又很餓的兩個孩子，在森林裡遊蕩了三天，看見一間神奇的糖果屋。屋裡的女巫和兩人的繼母一樣，假裝是好人，用令人流口水的大餐和乾淨的床鋪，誘騙兩個孩子進屋。然而，女巫很快就露出邪惡的真面目，把漢賽爾關進柴房，強迫葛麗特替自己工作，還咯咯大笑，打算把小男孩養肥了吃掉。葛麗特又開始哭，但漢賽爾很聰明，每次視力不好的巫婆來檢查他吃胖沒，他都用樹枝假裝成自己的手指，一直破壞女巫的計策。最後，葛麗特把女巫推進烤爐，救出漢賽爾。兩個孩子回到父親身邊，父親欣喜若狂，鬆了一口氣。故事講到這，父親的新妻子已經死了，暗示著她和被烤死的女巫之間的關聯。《白雪公主》裡的父親完全不見蹤影，漢賽爾和葛麗特的父親則雖是共犯，依舊是無辜的。

在《糖果屋》的故事裡，吃人肉的女巫與繼母是分開的角色，不過形象也連在一起。在《杜松樹》這個故事，兩個角色則直接合而為一。《杜松樹》是現存的格林童話中，最瘋狂、最暴力、畫面感也最強的故事，藍本是德國藝術家菲利普．奧托．龍格（Philipp Otto Runge）在十八世紀末寫下的故事。[11]在格林兄弟一八五七年的版本中，故事的開頭是一對無子夫婦乞求上蒼賜給他們孩子。不久後，妻子發現自己懷孕了，大喜過望，吃下許多象徵長壽的杜松子，卻開始生病。她交代丈夫，「萬一我死了，把我埋在杜松樹下。」妻子後來健康好轉，生下孩子，是一個兒子。然而，她第一次見到新生兒時，因欣喜過度而亡。不久後，男人再娶，有了第二個孩子，新妻子生下的是女兒。她看著自己的女兒瑪琳時，「心中充滿著愛」；但每次看見繼子，心中滿是恨意。

有一天，繼母說要給兒子吃蘋果，要他從沉重的木箱裡拿。小男孩彎身拿水果時，繼母「啪」一聲闔上木箱蓋子，夾斷男孩的頭。雖然這個奪命的繼母是一時起意才殺死繼子，但她跟《白雪公主》、《糖果屋》裡的邪惡繼母一樣，是個有心機的女人。殺人後，想了一條聰明計策，用一條手帕把男孩的頭固定回脖子上，又在他手裡放一顆蘋果。接下來，她告訴女兒瑪琳，「你去跟哥哥要蘋果。如果他沒回你，你就打他一巴掌。」女兒照做，男孩的頭掉下來。瑪琳嚇壞了，哭到歇斯底里，令讀者想起葛麗特。瑪琳的母親聽到女兒在哭，這個裝成慈愛母親的女人假意要保護孩子，告訴女兒，「你做了這麼恐怖的事，千萬不能讓任何人知道！」接下來，在恐怖的故事氛圍中，繼母剁開男孩的屍體，把他燉成一鍋湯。女兒瑪琳繼續嚎啕大哭，就好像她的哭聲是情節開展的配樂，她的哭聲一再一再被提及。

丈夫回家後，妻子告訴他，兒子去親戚家了，端出恐怖的人肉湯給先生喝。瑪琳一直哭，一直哭，用絲手帕包起同父異母哥哥的骨頭，放在杜松樹下，接著神奇的事發生了。一陣亮光中，樹頂飛出一隻鳥兒，瑪琳的心中充滿喜悅。她回到屋內前，鳥兒對她唱起歌：

媽媽殺了我
爸爸吃了我
妹妹瑪琳
撿起我的骨頭
收在絲巾裡
放在杜松樹下
啾啾啾，我真是一隻漂亮的小鳥兒！

小鳥接著在不同村民面前，同樣唱起這首歌，村民感謝牠唱得這麼好聽，送了三樣東西（童話故事一直重複「三」這個數字）：一條金鏈子、一雙童鞋、一塊磨石。小鳥飛回家，仍然唱著歌，直到男孩的父親從屋裡走出來，小鳥便把金鏈子套進父親的脖子。男孩的同父異母妹妹走出來，小鳥把鞋子丟給她。繼母聽見丈夫和女兒大喊，有一隻漂亮的鳥兒送大家好禮物，也走了出來。這次小鳥扔下第三樣東西，磨石擊中繼母的頭，繼母死去。她一死，小鳥瞬間變回小男孩，一家人重新團聚，成為正確的組合，進屋一起吃吃喝喝。這一次，聰明的小鳥和漢賽爾一樣，在死去母親的神奇協助下，用計對付繼母，趕走她，也讓自己起死回生。此外，和《糖果屋》一樣，《杜松樹》的小鳥／男孩最後從主動想出計策的人，變回無辜的受害者，和家人團圓。

怎麼會這樣？故事裡的父親，任由自己被邪惡的繼母欺騙，或更糟的是，如同在《糖果屋》中，父親也參與了繼母的計謀，但為什麼父親都沒罪？在童話故事世界的邏輯裡，被擊敗的繼母蓋掉父親是共犯的事實，一切全是繼母的錯，父親的一切都是好的，這是一種可能。心理學家布魯諾．貝特罕（Bruno Bettelheim）在《童話的魅力》（*The Uses of Enchantment*）則提出一個著名的說法，他說童話故事裡的這種「分裂」，正好能讓孩子有辦法處理內心的矛盾之情。孩童與真實生活中的父母有著複雜的關係，他們同時是「好爸媽」，也是「壞爸媽」，在子女的心中同時引發無比強烈的愛恨情仇。

童話故事的視角：艾德娜與沒血沒淚的陰險女人

正是因為童話故事裡這樣的分裂，造成艾德娜．芒布羅得為人們覺得可能發生過的犯罪付出代價，她先生則不用——首先是母親和父親不一樣，再來是繼母和母親不一樣，一個全是壞的，一個全是好的。艾德娜的故事就跟典型的童話風格一樣，開頭是大方無私的母親（六千美元遺產）死了，留下一個漂亮的孩子。艾德娜就和格林童話中的邪惡繼母一樣，被認定嫉妒、貪婪、自戀，因而做壞事，原始的飢渴導致她把個人的欲望，置於其他所有人的需求之上，就算對方是最弱小無助的人也不顧。艾德娜和童話故事中吃人肉的妻子一樣，被原始的邏輯驅使

（孩子「吃掉」原本該屬於她的東西，所以她要真的吃掉孩子），她認定不必分享的東西，她要一個人獨占——以這個例子來說，艾德娜要獨占她和先生的薪水，此外還要遺產。童話故事裡那些被動、無辜的女孩（葛麗特和瑪琳），她們流不完的眼淚證明了她們是善良的、她們是受害者。艾德娜和那些女孩不同，一滴淚都沒流，也因此按照童話故事的邏輯，從她必須遵守的法則來看，她是「反受害者」（anti-victim，譯註：與被動的、需要被保護的「受害者」對立），甚至至惡行就是她犯下的。[12]

此外，在所有的童話故事裡，「三」這個數字都相當重要。艾德娜的故事很不幸也有「三」。她活在三之中，是三人行的一部分——她的「家」裡有三個人，但並不是真的爸爸、媽媽和孩子——這對希爾達來講是致命的設定。艾德娜如同《杜松樹》中的繼母，儘管聲稱視希爾達如己出，其實最愛親生的孩子。按照童話的邏輯，她看到希爾達時，心中「只有恨意」。沒錯，我們讀者的確會起疑，艾德娜的第一任丈夫和羅夫的第一任老婆，竟然都是意外過世。陪審員八成也注意到相關事實，不免想到，該不會這不是艾德娜第一次殺人，而是第三次。此外，如同《白雪公主》和《杜松樹》，艾德娜是在眾目睽睽下、在飽受羞辱的公共論壇中被定罪。殺人陰謀在家中被策劃與執行，可怕的人肉大餐是在家中吃的；但到了外頭，在光天化日之下，陰謀詭計在公共的領域暴露在所有人眼前，替孩子報了仇。艾德娜的故事簡直是量身打造，滿足了我們預期故事應有的開展：害人的奸計、殺人的繼母、死有餘辜的報應。

或許最重要的是，如同童話故事裡的邪惡繼母，人們認為艾德娜滿肚子壞水，假扮成好人，一個親自動手做了某些事的女人。她的形象與被動的孩子／受害者形成對比。孩子／受害者是承受他人作為的那一方，是被對付的對象。父親也一樣。父親雖是共犯，基本上是無辜的，只是被哄騙或欺騙，才會配合謀害他人的詭計。從這個角度來看，艾德娜和其他每一個邪惡的繼母一樣，故事要精彩好聽，絕對少不了她，她無法不被放進故事。她的邪惡、她的計策，以及最重要的是她的力量，直接導致了犯罪與她的有罪身分。要是少了她，情節就沒法往前走，就不會發生事情，根本不會有故事。哈佛民俗學家瑪利亞・塔塔（Maria Tatar）描述迪士尼版本的白雪公主繼母，可以套用在艾德娜身上，「令人移不開視線的人物……作惡多端、令人不安、製造分裂……讓這部影片在我們的文化中有著不可動搖的地位。」[13]艾德娜推動著情節，大眾感到既興奮又害怕。她會被宣判有罪，起因可說是數個世紀以來根深蒂固的聯想：駭人聽聞的陰謀、無辜受害的孩子，以及在背後搞鬼的**有罪**繼母。

古老的繼母，古老的偏見

芒布羅一案的陪審員，有可能在不自覺的情況下，依據能一路回溯至西方文學傳統源頭的文化邏輯，判定艾德娜有罪。民眾對於艾德娜報導的反應，背後受童話故事影響，而那些童話故事本身，又受更古老的文本與看法影響。古典學者派翠西亞・華生（Patricia Watson）

指出[14]，「邪惡繼母」（*saeva noverca*）是古羅馬神話與文學中的固定角色，尤其是羅馬人似乎特別喜歡描寫繼母毒害繼子、搶奪遺產，或是試圖色誘繼子的故事。古希臘詩人海希奧德（Hesiod）也在《工作與時日》（*Works and Days*）中，用「母親日」與「繼母日」來比喻生活中有好日子與壞日子。「*noverca*」（繼母）這個字在拉丁文中的其他用法，把繼母和「危險」、「欺騙」、「背叛」連在一起，例如在軍隊術語中，「noverca」被用來形容一個地方過於危險，不適合士兵紮營，很容易被敵人發現。

華生指出，古希臘人也把「繼母」和「危險」連在一起。哲學家柏拉圖（Plato）建議禁止有孩子的鰥夫再婚。劇作家歐里庇得斯（Euripides）筆下的悲劇《阿爾克斯提斯》（*Alcestis*）中，主角阿爾克斯提斯也哀求丈夫在自己死後別再娶，「不要再結婚，硬是讓這幾個孩子有繼母。繼母是一種存心不良的女人，不像我這個生母。她們將因為嫉妒，對你我兩人共同的孩子下手。請別這麼做，求求你。繼母會對付前一段婚姻留下的孩子，跟蛇蝎一樣狠毒。」[15]

繼母即便在死後，依舊被視為有能力作惡。在〈菲利普的花環〉（Garland of Philip）中，古希臘詩人寫道，「男孩在繼母的墓碑前〔致意〕[16]，一塊小石柱／他想著繼母走過生死後，改變了她的／性格。／然而石碑倒下，砸死彎身在墳墓上的男孩。／世間的繼子啊，就連繼母的墳也別去！」古羅馬哲學家塞內卡（Seneca）也提過一則繼母的故事。那個繼母因為毒害繼子，被判有罪。在嚴刑拷打下，供出女兒也是共犯。塞內卡評論這個女人「令人義憤填膺，就連對待親生的女兒，也像繼母一樣，臨死前還要再害一條命」。[17]

幾百年、幾千年後，艾德娜是某種具備多重意義的象徵，混合了數個世紀以來的典型人物與成見。艾德娜的女巫殺人工具不是毒藥，而是火。她不只要奪取丈夫全部的愛、關懷與收入，還和邪惡繼母一樣，連繼女的遺產也要一併接收。和艾德娜同時代的民眾大概認為，艾德娜殺人，只是為了滿足內心深處壓抑不了的惡意，「惡人總是免不了作惡」，就跟那個刑求時供出親生女兒的女人一樣，就跟死後還要用墓碑殺了繼子的女人一樣，她們控制不了想害人的本性。

從許多方面來講，艾德娜的故事到了今日，依舊是我們的故事。雖然歷史上「真」有其人，但艾德娜已在人們心中經過神話的投射。她同時被粗略與精細的筆觸描繪，人們用來自數個世紀前、數千里遠的地方的調色盤，加以渲染。如同塞內卡的演說與柏拉圖的社會批判中提到的邪惡繼母，艾德娜遊走於幻想與現實、史實與戲劇之中。如同格林童話中的食人魔、自戀狂與女性殺人犯，艾德娜同時吸引著我們，也令我們厭惡，所以一定是她做的，**她有罪**。艾德娜同時由神話與世俗交織而成，令人惱火地觸不可及。一旦我們不再言之鑿鑿，以為自己知道她的真面目，一旦我們放棄希望，不再認為真的可能找出她究竟做了什麼，她便超出我們的理解範圍。

新的童話故事、舊的文化邏輯：希督

很久很久以前，我們認為繼母是壞人。現在，本身不是繼母的人，以及少數的繼母，有可能堅持今日事情已經好轉。難道沒有嗎？畢竟統計上來說，繼親家庭與繼母如今是新常態。繼母的形象難道不會跟著平衡一點，更接近真實情況？人口的組成如今正在經歷重大轉變，老生常談中的邪惡繼母，難道沒和昔日的方格圍裙與手工蘋果派一起消失嗎？簡而言之，沒有。

我們之中的許多人以第一手經驗得知，邪惡繼母的迷思一直存在，持續影響著我們身為繼母（與家有繼母）的經歷。此外，新常態的出現，也帶來新的陳腔濫調。邪惡繼母迷思的另一面（新版的、徹底「現代化」後的另一面）是同樣不切實際的刻板印象，我常在心中稱為「繼母烈士」。跟無聊、可靠的老派母親比起來，這種流行文化中的繼母通常比較年輕、「比較酷」、比較萬能，她是繼子女的朋友，不是民間故事中的敵人。從原本的自私自利幡然悔悟，轉而能為繼子女放棄一切，實在是天底下最幸運的事。（茱莉亞．羅勃茲〔Julia Roberts〕主演的《親親小媽》〔*Stepmom*〕與莎莉．布傑森〔Sally Bjornsen〕[18]的《嫁給男人、他的孩子與他的前妻的單身女孩指南》〔*The Single Girl's guide to Marrying a Man, His Kids, and His Ex-Wife*〕都是走這個路線）。大眾文化中，改頭換面的新型繼母熱情洋溢，真心誠意，奮不顧身，好好善待繼子女，只求得到繼子女的愛。

當然，今日的媒體塑造的繼母形象，人比較和善、比較慈愛，這點值得稱讚。毫無疑問的是，也的確有繼母真的成為繼子女最好的閨蜜或好麻吉（主要是因為她們碰上很幸運的狀況）。這種結果對所有相關人士來說，絕對都健康又有益。然而，繼親家庭專家伊麗莎白・喬齊博士（Elizabeth Church）主張[19]，在關於繼母的假設中，許多表面上看似新式的想法，像是「即便孩子不是你親生的，也不管他們是否對你不友善，你應該永遠以孩子優先」，其實反映出一則相當古老的神話。喬齊指出，在冰島流傳了數個世紀的希督（Hildur）故事中，一名女子同意嫁給國王，但條件是她想要先和國王的女兒英博格（Ingebjorg）單獨生活三年。在那段期間，她照顧那個孩子，努力解開英博格去世的母后對女兒下的三個邪惡咒語。喬齊指出，現代給兒童看的故事，例如《好繼母》（*The Good Stepmother*）、雙胞胎姐妹花瑪莉凱特與艾希莉・歐森（Mary-Kate and Ashley Olsen）主演的電影《天生一對》（*It Takes Two*），也有類似的情節：孩子替父親選好新妻子、繼母以繼子女為優先，認為自己和孩子的關係，比和先生的關係還重要、繼母以繼子女為天。如果說格林童話讓孩子沉溺於幻想，認為繼母是全然的壞人、父親是百分百的好人；現代版本的大量希督故事，則讓孩子相信「父親和繼母彼此之間怎麼樣不重要，**我**才是世界的中心」。

在原本的希督神話與現代的孿生版本中，繼子女高高在上，左右著一切。喬齊指出，「不再是灰姑娘服侍繼母，而是善良繼母努力討好繼子女」[20]，就好像希督的神話，是在替先前世世代代的邪惡繼母贖罪。儘管道理站不住腳，許多女性的確努力當繼子女的希督，竭盡所能表現出好人的樣子，以求被愛。此外，她們害怕自己有可能是邪惡繼母，為了不被當成邪惡繼母，不惜一切代價都要避免那個惡名。在一次又一次的訪談中，女性受訪者反覆提到相同的心情：

> 我不敢要繼子女收拾他們製造的髒亂，他們可能覺得我是巫婆。我女兒要是不乖，我吼她不會有心理負擔，有時會罵罵她。但我繼子呢？永遠沒有這種事。不管要我怎樣都可以，只要他不會生氣或難過就好。
>
> 這樣很不好，但我在〔成年的繼子女〕身旁，有點提心吊膽。我對別人有話直說，但碰上繼子女的時候，就算不喜歡他們做的事或說的話，也不敢直接講出來。已經好幾年了，但在他們身旁，我依舊會閉上嘴。

喬齊指出，壞繼母的標籤有效讓人閉嘴。許多繼母每天都不敢張嘴。我們成為出於恐懼而做到極致的希督。

我們的文化用來描述繼母與身為繼母的詞彙或許擴充了，但依舊不切實際，未能體諒我們真正的需求、感受與自我。在「全然犧牲自我、立刻愛上繼子女」與「極度自戀的惡魔」兩種迷思之間[21]，我們面前的選項是兩種截然不同、有著天壤之別的繼母。我們可以把繼母從無惡不作變成百般討好，當成一種「進步」，然而這兩種繼母幾乎都不符合現實狀況，也很難找到中庸之道。有時我們會感到，要當一個繼母，我們得擁有神奇的力量。

第二部

再婚的現實

PART II
Remarriage Realities

Chapter 3

“You’re Not My Mother!”: And Five Other Universal Step-Dilemmas

「你又不是我媽！」：以及其他五種舉世皆然的繼母難為

你又不是我媽。你又不是我媽。你又不是我媽。

「你又不是我媽」是繼子女口中最強大的咒語——同時具備拒絕、挑釁與嘲弄的功能。**走開，離我遠一點，我不必聽你的話。**這幾句是繼子女發出的警告、處罰、威脅。理論上，你應該小心呵護，輕輕搧風，好讓「混合式家庭」（blended family）的小火苗，燒成亮眼溫暖的火光；但**你這個破壞別人家庭的人，你是多出來的，你又不是真的媽媽，**通常是最後的汙辱——打你一巴掌，潑下一盆冷水，澆熄剩餘的灰燼。**你又不是我媽。**不管先前怎麼了，不管以後會怎麼樣，**你又不是我媽**是重點中的重點，其他的不重要，原本在爭什麼，你們之間關係如何，全都不重要了。**你又不是我媽**是一切的起點與終點，那是事實。

我和有繼子女的女性聊，也閱讀心理學家做

的研究，訪問專家，那些關於繼親家庭的事實，很快就開始聚焦：繼親家庭不同於初婚的家庭。所謂繼母與繼子女應該要有辦法和平共處，彼此分享，愛著彼此，或即使只是（有時）喜愛著彼此而心中毫無芥蒂（那種有時似乎要將我們一分為二的矛盾），其實不只是奢望而已。研究顯示，這種期待甚至是錯誤的。多項研究都顯示[1]，對有繼子女的女性來講，有一件事再明顯不過，但幾乎沒人會去提：繼親家庭的感情或凝聚力不如核心家庭。繼親家庭的連結，不同於我們預期的樣子[2]，我們把對於傳統家庭的期待，強加在繼親家庭上；繼父母與繼子女的關係，情感上的親密度不如親生父母與孩子的組合。事實上，繼父母與繼子女的關係特徵，通常充滿高度衝突。這種情形的源頭是繼子女感到失去親生父母，出於對父母的忠誠感，他們排斥我們、憎恨我們。其他的問題則涉及繼親專家裴波饒談的「繼親家庭架構」（stepfamily architecture）[3]——某個人對家庭結構來說是外來者的事實，繼父母是外人。不論我們是否與繼子女同住，不論自己是否有孩子，也或者是一個女人孤身前往男方的家，我們可能得耗費多年時間，對抗繼親家庭的不同之處，感到有義務讓全家人更親近，不該是現在這個樣子。然而，臨床心理師與繼親專家哈瑟林頓劃時代的縱貫性研究指出，僅兩成的成年子女感到與繼母關係親近。[4]類似的數據還有心理學家康斯坦絲・艾榮絲博士（Constance Ahrons）做過一百七十三名成人的綜合性研究[5]，研究對象的父母當年離婚後再婚，其中不到三分之一的人把繼母視為母親，但超過一半把繼父視為家長。五成的研究對象對母親再婚感到開心，但開心父親再婚的人則不到三成。把枯燥的事實，加上真實的人情感受與反應，想像背後的生活經歷，就會了解一件事：雖然對每一個人來說，繼親家庭的生活都不容易，但繼母是最難扮演的角色。

三十四歲的社工艾拉感到內外交困。她和先生生了三個孩子，先生另外還有前一段關係留下的兩個孩子，全都不到十歲。「他的孩子住在鎮上另一頭。他們週末過來和我們團聚，如果有東西忘在這裡，我先生會想要開車送過去，但當他想出門時，我的孩子想要和爸爸玩摔角。我會說，『等等，東西明天再還就好，或是我們直接幫他們送到學校。』我想讓每一個人，全都公平得到和家人相處的時間。」此外，艾拉希望請專業攝影師拍攝全家福，但成員只有她先生、她本人、兩個人一起生的三個孩子。「問題出在這感覺對我先生其他兩個孩子來講很殘忍。」艾拉告訴我，「我們不能這麼做，還是可以？我是說，不算進那兩個孩子，我們自己也是一個家庭，對吧？」身為繼母的我們問自己，我們究竟有多「混合」，又該努力混合到什麼程度？要多親近？

繼母會碰上的幾項基本的兩難，替有繼子女的女性帶來了衝突。本章只討論五項困境（雖然實際數量絕不只如此），我和繼母受訪者與專家聊過後，發現這五點幾乎大家都一樣。光是了解這些「繼母困境」，讀到白紙黑字，就能破解迷思，不再那麼不知所措、孤立無援。在繼母議題快讓我們滅頂時，不再把錯都攬到自己身上。

繼母困境一：混合式家庭的迷思

今年三十八歲的安妮，母親十年前過世，父親後來再婚。我們聊到一半時，先前談話中語氣溫和、侃侃而談的她，為了設法讓我明白她的感受，幾乎是用吼的說出，「拜託，我們根本**不像**那樣。」另一名女性則大笑，「**屁勒**，混你媽的頭。」這句話總結了我的繼母主題受訪者的整體共識：所謂的「混合式家庭」，不論是這個詞彙，或是這整個概念，是個彌天大謊。我為了本書而訪談的人士，不分男女，幾乎每一個人都告訴我，他們討厭媒體很愛用「混合式家庭」這個詞彙。對於有親生孩子的我們來講，不論是和現任丈夫生的，或是前一段婚姻留下的，繼子女又沒同住，才沒有「混合式家庭」這回事。對其他人來講，「混合式家庭」這個詞彙可以用來假裝大下太平，弭平繼親家庭生活中非常真實的一切顛簸與困難，暗示一切的不合都被撫平了——或是應該要撫平，或甚至是**可以**撫平。整體而言，說出「我們的混合式家庭」幾個字，假裝渴望和樂融融，可以短暫做到或許是繼親家庭最傲人的成就：儘管有那麼多的不和諧與不一致，那麼多的障礙，我們撐過去了。然而，繼親家庭的生活絕不平順。

「美國繼親家庭資源中心」（NSRC，更名自「美國繼親家庭協會」〔Stepfamily Association of America〕）平日召集各界的繼親家庭專家，提供實用的繼親家庭資訊。該中心甚至呼籲繼親領域的治療師及其他專業人士，不要使用「混合式家庭」一詞，因為那帶來相當不切實際的期待，做不到的時候會引發罪惡感，自認是失敗者。中心的共同主任阿德勒—畢德向我解釋，「混合式家庭」這個詞彙，不符合繼親家庭生活的現實。「『混合式家庭』描繪出的繼親家庭景象，是一個凝聚在一起的實體。」她表示，「然而，對有兩個家的孩子來講，那是什麼意思？他們得選其中一個家嗎？此外，研究顯示，繼親家庭即便凝聚力相當低，依舊可以順利運轉。繼親家庭的成員以不同的方式彼此連結，有不同程度的依附。繼親家庭實際上就是不一樣，硬把融合當成標準，只會帶來挫敗感。」

繼親家庭發展專家裴波饒執業與寫作時，也不使用「混合式家庭」一詞。她表示，「繼親家庭『混合』時，有人會被壓成爛泥。『家庭』套用舊式的親子模式時，繼父母得削足適履。另一種可能則是大人設定全新的一大套期待與規定，一下子就要逼孩子適應，孩子適應不良。」裴波饒指出，最基本的是要記住，早期的凝聚或融合，其實象徵著問題被藏起，但問題還在那裡。裴波饒強調，「那些問題會反噬。」

然而，許多人仍期待**能夠成功**混合。就連我們這些繼母，天天（或是假日和隔週得面對）生活在不可能的任務之中，也依舊懷有這樣的美夢。為什麼？這大概可說是人之常情。我們的先生想要維持完美的「家庭冰沙」幻想——如果我們的生活，真的就像一杯令人心花怒放、輕鬆就能入口的滑順冰沙，就能大幅降低男人的罪惡感。治療師的任務是帶給大家希望，讓我們心情好轉，協助我們接受自己的感受。或許那就是為什麼很多治療師稱自己的工作是「混合式家庭治療」。寫給繼父繼母的書想要鼓勵我們，讓我們感到樂觀。某些時候，為了達到那個值得讚揚的目的，那些書使用了「混合式家庭」這個不太適用、不切實際的詞彙，讓同樣不太適用、不切實際的迷思，一直持續下去。但我們這些當繼母的人呢？理論上與實際上，我們才是真正了解實情的人，我們該怎麼做？為什麼**我們**要持續回到混合式家庭？不只使用這個詞彙，還接受背後的意涵，覺得每一件事都能完美，**應該**要完美，即便這樣的概念，時常讓我們感到沮喪挫敗、憤世嫉俗、傷心難過，自認是失敗者？五十多歲性格開朗的蓋比，有三名成年的繼子女，混合式家庭的概念令她吃足苦頭。蓋比告訴我，「我心裡盤算者必須邀請先生所有的孩子，再次過來度過猶太節日。先前大家聚過一次，氣氛很好。隔年我再次邀請他們，但繼女告訴我先生，『我們已經去過了。』我繼子也問爸爸，『為什麼又要再做一次**那件事**？』我難過地哭了起來，覺得被否定了。我還是想邀他們一起過節。我不知道為什麼！」蓋比說完又哭了。

或許混合式家庭的概念會一直存在，原因是我們和蓋比一樣，渴望那樣的家庭的確成真，我們需要真的能有那樣的家（畢竟想到我們這麼多人放手一搏冒的險，其實非常容易事與願違，實在太嚇人）。我問蓋比，她的繼子女顯然不想一起過節，為什麼非得一起過，為什麼這件事對她來講這麼重要？為什麼要一直嘗試？蓋比想了想後回答，「我先生不年輕了。在他年紀很大的時候，我們才生下〔我們的女兒〕蘇琪，我自己也不年輕了。我希望蘇琪除了爸媽，還能有別的家人，有可以協助她、愛護她的人，讓她覺得世上不只有我們三個人，她是家族的一部分。我希望等我們夫妻老了，也需要別人照顧時，我的繼子女能在蘇琪身旁幫她。我不希望我女兒感到太孤單，要一個人負擔我們兩個老人，一切只能靠她自己。」蓋比起初談到非常細節的事——她先生的年紀比較大。然而，蓋比講到最後，又回到家庭與家人要在一起的簡單概念，不能孤單，想要有能夠傳承的東西。這感覺上才是她真正想要的。不管為了追逐全家人和樂融融的幻影，她的自尊與快樂必須付出什麼樣的代價，蓋比願意一直嘗試。

當然，每個家庭的文化都不一樣，家中的每一個人也都不一樣，我們各自的期待與盼望也因此有所不同。某些繼母和蓋比不同，男方的孩子如果不接受一起過節的邀請，或是週末不會過來，反而會鬆了一口氣，反正以後有的是機會，可以享受一點小小的隱私太好了。不過，許多人無法完全放棄混合式家庭的美夢。這個夢既使我們憤怒，也讓我們安心。我們或許太憤世嫉俗，無法完全相信這個美夢承諾會帶來的東西；但又過於樂觀，無法放棄這個可能性。

繼母困境二：關於繼母的母愛迷思

混合式家庭的迷思之所以歷久不衰，源頭是另一個同樣被廣為接受的迷思。那個看法是一個幻影，但人們緊抓著不放：大家認為，所有的女性都應該一視同仁永遠愛著所有的孩子。即便你的繼子女已經成年，有忙碌的生活與事業，本身也有另一半了；就算你嫁的男人，他的他兒子是血氣方剛的衝動年輕人，堅持要孤立繼母，或是他的女兒嫉妒你、痛恨你、希望你消失——人們依舊無情地期待你、鞭策你，要你慈愛包容，不允許任何例外。感覺上，我們從讚美與重視女性為了自己的孩子犧牲一切，變成期待女性即使面對的**不是**自己的孩子，同樣也得和聖母一樣。多數寫給繼母的書，把我們不是繼子女的母親這件事，當成一個缺陷，一個哀傷、困難的事實，必須認命接受。我們常會從朋友、治療師、媒體那裡聽見類似的建議，「不要把他們想成『你的』孩子，也千萬不要在對話中說他們是你的孩子。」或是，「他們已經**有**媽媽，你要記住那點。」然而整體而言，我們的文化在高喊我們不是孩子的媽的同時，又拒絕承認這種事是一體兩面，不願意面對那個醜陋、不夠溫情的繼母事實，一個同時讓人鬆了一口氣但又殘酷的事實：我們就**不是**繼子女的母親。我們沒生下他們，很多繼母也沒在孩子還是嬰兒或甚至是幼兒時期，就進入他們的人生，並未感到繼子女就像自己的孩子，也因此很多人面對繼子女時，自然不可避免地心中並未充滿母愛——就是辦不到。我們的確是選了有孩子的男人，但對大多數的繼母而言，說我們也選了孩子，就是在說假話了。我們選了男人，孩子是附帶的，但我們抱怨男方的孩子很難相處時，不抱同情的聽眾會說，「當初是你自己選的，這件事你早就知道，不然你以為呢？」

繼母這個議題感覺是別人家的事，但人們也不是完全不熟悉。舉例來說，冷言冷語評論我們的「選擇」的那些人，很多也身處他們「自己選的」、但不是那麼完美、有時會產生衝突的關係——例如我第一個想到的就是婆媳關係。試想有人說這種話，「是你自己要嫁給有媽媽的男人，你早就知道會這樣，不然呢？」或是我們深愛的先生，受不了我們親愛的娘家姊妹。

儘管婚姻裡通常會出現其他不完美的關係與緊張時刻，繼母與孩子之間如果有衝突，或甚至只是丁點瑕疵，人們便會焦慮不安，因為劇本早就寫好了：一個女人居然會不喜歡孩子，一點都「不自然」，就算不是親生的也一樣。

我們為此極度困惑，罪惡感十足，因為我們面對繼子女的感受，有時竟如此缺乏母愛。一位繼母又羞又惱地告訴我，她繼女身上的氣味（也不是特別難聞，只是特殊），還有那女孩笨手笨腳的模樣，有時幾乎令她反胃。「在某些日子，我就是忍受不了。」她焦急地吐露心聲，確信那是自己的靈魂汙點。繼子女搞得一團亂時，某些繼母幾乎要抓狂——這裡的「亂」，同時是貼近事實的凌亂，也象徵著繼母無法輕易忍受或忽視的每一件事。繼母通常會抓住那些細節，那些特別令她們受不了的細節，就好像那些事解釋了一切。從某個角度來看，的確如此；那些事總結了我們就是無法像個母親般容忍，也以曲折的方式說出我們無法原諒自己。我們感到噁心的事，一定只是那孩子奇怪的小動作、習慣、氣味，或那堆她留在客廳的髒衣服，不可能是孩子本身不討喜。討厭孩子本人，讓我們感到自己很糟糕，我們希望自己不是那種人，我們必須相信自己不是那種人。

一名女性告訴我，她興奮期待繼子不會過來的週末。那位女性顯然對自己的竊喜有罪惡感，搖了搖頭說，「我想我一定是少了某種東西，我不是當媽的那塊料。」我感覺她沒發現，這個解釋什麼都沒解釋。她不可能依據自己對於**繼子女**的反應，判斷自己是不是少了「媽咪基因」——母性衝動、母性情懷，不管她說的「當母親的料」是什麼意思。如果真有媽咪基因這種東西，那是當**媽咪**的時候用的。這個事實太明顯了，我們一直視若無睹，尋找著更複雜、更不直接、更自虐的原因來解釋，為什麼我們對繼子女抱有矛盾的情緒。繼子女沒像愛他們的媽媽一樣愛著我們，理論上我們應該心如刀割，我們沒說出口，但其實心中無數次想著：**別擔心，我也不想當你的媽媽。**

繼母困境三：棘手的發展階段

媽媽知道孩子會走過不同的階段，有時可愛，有時不可愛。她們對孩子的感受起起伏伏，有時很愛他們，有時很想抓狂，每一天情況都不一樣。做母親的人，很習慣感到頭疼、沮喪、快要受不了，常常向彼此抱怨，「為什麼從來沒人告訴我，我兒子四歲的時候，會比兩歲還難帶？我受不了他了！」或「我們把所有的青少女集中起來，送到一座小島上，讓那群死小孩嚐嚐和彼此相處的滋味。」然而，當我們的身分是繼母時，這樣的念頭感覺是驚天動地的禁忌，更不要說真的說出口。一名有青春期繼女的女性大笑告訴我，「如果我告訴你，在不順的日子裡我真正的想法與感受，你得叫兒童保護局來抓我。」親媽有發洩壓力的管道，但繼母就不行了。這點或許稍微解釋了專家指出的現象：即便繼母本身是有經驗的母親，碰上和繼子女有關的挑戰時，她們仍常會感到問題沒完沒了，快被壓垮，沒有結束的一天。舉個例子來說，繼親家庭治療師凱薛指出，她的繼母病患可能會認定，另一半的孩子「抱持的看法與態度是永久的，不是一時發洩情緒而已」。[6]如果繼子女大吼，「我不想跟你講話——離我遠一點！」繼母有可能不只是當下暫時走開，還非常有可能把一時的氣話，當成永久的事實。除了連續多日躲著孩子，害怕被進一步推開，暗自生著悶氣（這是人之常情），她還會把孩子的話當真。凱薛稱這種現象為「把孩子的話，用字面上的意思來做長期性的解讀」。這種情形除了會讓繼父母與孩子出現隔閡，也可能讓配偶產生嫌隙。

繼母與繼子女之間的關係，如果不是從小看到大的孩子，或是關係尚未穩定建立起來，和男方桀驁不遜的孩子相處，有可能特別難熬，因為在我們的記憶裡，沒有眼前這個青少年好可愛、好貼心、討抱抱的時期。好消息是，這種針鋒相對的互動方式，有可能像我們祖母那一輩說的一樣，只是「一個時期」。相關研究與第一手的經驗顯示，女性進入繼子女的生命時，如果恰巧碰上西方人說的「恐怖的兩歲」（terrible two）、四歲、或尤其是青春期，日子將特別不順。在這幾個時期，繼子女正在掙扎成為獨立的個體，排斥身邊的大人與權威型人物，處於最疏離的發展期。

恐怖的兩歲娃鬧起脾氣時，每個人都招架不住，但相較於其他人，繼母大概最容易往心裡去，感到孩子是在排斥她本人。繼母很容易胡思亂想：該不會孩子光是看到自己在，就會被刺激，就會有壓力。即便如此，等孩子從兩歲變成三歲，就會再度惹人疼愛。等到孩子四歲，有辦法靠講話表達意思，生活也比較能自理，他們的沮喪與鬧脾氣的情況會好很多。然而，在這段發展時期，孩子也可能變得口無遮攔，童言無忌到令人受不了。你男友或先生各方面都很可愛的學齡前孩子，可能說出令你難受的「我不喜歡你！」此外，四歲也是依戀異性父母的年齡。男孩會愛上自己的母親，對母親產生性好奇，擔心父親會報復，所以躲著父親。在小男孩眼中，父親成為最大的對手。女孩也一樣，她們會依戀父親，有可能和我年紀最大的繼女一樣，據說她四歲時告訴爸爸，「現在輪到我和你結婚了！」父母變成孩子想要占有的對象時，他們通常會感到有趣，沾沾自喜。被孩子「同性相斥」的那一方苦笑一下，也能安然度過這個被當成壞人的時期。然而，對繼父繼母而言，事情就沒那麼簡單。三十四歲的羅里告訴我，「我四歲半的繼女會走向先生和我，硬是把我們牽著的手扒開，換成她和爸爸牽手。每個人都覺得她那麼做好可愛，我得提醒自己她只是個小朋友！」

紐約心理治療師尼可拉斯．山塔格博士（Nicholas Samstag）告訴我，繼母一般「特別容易焦慮自己的合法地位」。繼母心裡可能會想：**我牽他的手，和他在一起，其實沒那麼名正言順；他的女兒才有這個資格**。山塔格指出，「孩子這種非常正常的依戀，讓繼母感到特別脆弱，甚至是受到威脅。」雖然四歲大的孩子會蠻橫不講理，覺得父母是自己一個人的，但他們通常也對人際互動感興趣，願意培養感情，霸道的舉止有可能在一、兩年內，或甚至幾個月內，就自行消失。統計數字告訴我們，一樣是嫁給有孩子的男人，繼子女如果是幼兒或學齡前的兒童，這種婚姻的成功率最高。雖然的確很累人，但若女方有幸能經歷是可愛討喜的小不點或學齡前時期，等孩子長到眾所皆知的棘手前青少年期與青春期，以及通常會出乎意料混亂的二十歲上下的時期，繼母將比較容易把那些時期，當成孩子的人生必經階段。

然而，我在繼女的青春期，才出現在她們的人生，這種繼母碰上的混亂，有可能是我們想像不到的滔天巨浪。從前我自認是某種青少女專家（我在廣告界工作，對這個年齡的族群特別感興趣；日後又成為市場調查公司的共同創辦人，繼續深入研究青少女），然而我經常感到繼女拒人於千里之外，甚至令人瞠目結舌。

事實上，繼女讓我想起自己國中的樣子——反覆無常（「我愛你！我恨你！」）、愛嚼舌根、惹是生非。青春期的特徵是自我中心與自私，光是要忍受親生子女那副德性就已經夠難，如果又不是你的孩子，真的很磨人。四十歲的朵拉告訴我：

結婚的第一年，我不知道我們是如何撐過十八歲繼女的拜訪。她永遠都會突然大哭，永遠在搬弄是非，講一些有的沒有的話，占據所有人的注意力，讓我看起來像壞人。她會告訴她爸，「你變了；自從你和朵拉結婚，你就變得好兇。你變了好多！」接著就開始哭。這種事永遠發生在她開口討東西、〔我們〕拒絕的時候，例如：伸手拿錢、要求延後門禁時間、想買一雙很貴的鞋。每次繼女像那樣把錯怪到我頭上，我就會大怒。

朵拉的故事各種元素都到齊了——繼子女試圖離間夫婦的感情、情緒爆炸，讓一整天或整個節日的氣氛都很不好、青少女典型的自我中心與上演連續劇。剛成形的婚姻很脆弱，再碰上這種壓力，自然會鬧到要離婚。事實上，很難想像比和非親生的青少女同住壓力還大的事[7]，大量研究也證實的確不容易。此外，雖然相較起來，青春期的繼子比較不會公開說出心裡的話，表達妒意，但繼子也不一定就比較好相處。研究人員指出[8]，男孩子比較容易把敵意、叛逆、怒氣發洩在他人身上。[9]此外，威克森林大學社會學家尼爾森還指出，「相較於告訴女兒」，離婚的母親似乎「更可能對著兒子講貶低他父親的壞話。這對男孩的心理尤其不好。對父親抱持負面看法的男孩，容易對自己也抱持負面的看法。這樣的自尊問題[10]，不免導致孩子在父親與繼母身旁時發洩情緒，連帶引發其他種種問題」。

青春期與伴隨這個時期而來的混亂，在美國是一門不小的生意。市面上有成千上萬探討這個主題的書，無數的談話性節目聊這件事，教養雜誌刊出一篇又一篇相關的文章。有青春期繼子女的再婚婚姻，最危險的就是繼子或繼女，會讓我們無法把重心擺在自己的生活上，分散我們的注意力，耗掉我們的精力，讓我們沒能好好照顧自己與另一半的關係，最後被榨乾。而青少年忙著打造與整合他們的自我認同，這個重大的人生任務，幾乎必須用上他們全部的注意力。此外，社會學家已經指出[11]，在美國這樣的後工業社會，青春期不斷延長，造成繼子女即便到了三十歲出頭，套用許多繼母的話來講，有他們在，依舊容易「令人感到窒息」。

專家建議，如果是與青少年同住的再婚婚姻，可以採取幾種策略，讓自己更可能撐過這段混亂又累人的時期。哈瑟林頓建議再婚的時機，最好是「在孩子十歲生日之前，或是十六歲之後」。[12]她建議不要錯過這兩個甜蜜點，要不然後果自負；你的婚姻將「跌跌撞撞，剛好碰上青春期的人格發展任務」，也就是孩子會推開大人、試圖成為獨立個體的時期。然而，對於許多另一半有孩子的女性來講，那個建議不切實際，或是太犧牲了。成人有權按照自身的意願，決定關係要怎麼走下去，許多人其實撐過了時機不佳的有青少年的再婚。萬一還是決定結婚，自救法是你可以降低期待，不停默念「這是正常的」，接受你的「家」大概會比較像「宿舍生活」的情形，不會像大家庭喜劇影集《脫線家族》（*The Brady Bunch*）那麼歡樂。如此一來，你將比較能調適心情。

紐約阿伯尼（Albany）專門治療青少年的臨床心理師蘿倫．艾爾絲博士（Lauren Ayers）建議[13]，更重要的是你要關注自己的大人生活，例如：不要把一天十六小時的精力都放在青少年身上，即便他們似乎需要你花那麼多時間。碰上青少年時，你要限制你投入的情感。區分你自己與繼子女的感受，不要把自己的快樂，押寶在青少年今天會心情好。艾爾絲強調，你自己的生活，就跟青春期繼子女的生活一樣重要。艾爾絲知道，碰上永遠有很多需求、一下這樣一下那樣、很難搞定的青少年時，我們這些做繼母的人，很容易被牽著鼻子走。從這個角度來看，繼母可以成為先生的榜樣，協助另一半掙脫「被令人苦惱的青春期孩子綁住症候群」。當繼子女處於不是很可愛的發展時期，在心理上脫離我們的繼子女（甚至偶爾不喜歡他們），這種事反過來看，就是我們能夠樹立榜樣，在關心與放手之間取得平衡。舉例來說，我年紀比較小的那個繼女，她當年想上寄宿學校時，知道要向誰討救兵，請我協助她說服爸爸媽媽。我感到這個選項，可以讓繼女不必左右為難，避開要跟媽媽住、還是跟爸爸住的緊張議題。我的判斷力不會被為人父母的分離傷感或罪惡感蒙蔽，有辦法看出乾脆分開住，保持一點小小的距離，其實對**所有人**都好。我的繼女在寄宿學校蛻變成獨立自主的年輕人，我的婚姻也獲得喘息，不再近距離受到青少女無理取鬧的摧殘。我相信我和繼女關係能變好，就是因為當年的這個決定。

裴波饒博士還提供了額外的建議，協助大家度過有青春期繼子女的再婚。我訪問她時，她介紹了幾點建議。第一，盡量和青少年進行一對一的活動（「爸爸和孩子」或「繼母與繼子女」），因為團體活動一定會讓青少年急著選擇不參加或發脾氣，以強調出自家人／外人的區別。就算你希望能像大家庭連續劇《華頓一家》（*The Waltons*）那樣，大家都是一家人，請想辦法避免「我們全部人一起」的活動。第二，盡量讓活動的進行方式是「肩對肩」，不要「視線對視線」。拼圖、電影、烘焙，讓你能和青春期的繼子女共處一室，但注意力可以放在其他事情上，不必大眼瞪小眼。最後要記住的是，對於有繼子女處於青春期的女性，以及她的另一半而言，夫妻更是一定得有獨處的時間——光是晚上躲進你們的臥室不算。每週舉辦約會之夜，可以讓夫婦有機會鬆一口氣，讓感情回溫。

很可惜，這樣的實用步驟有時可能不太夠，也可能為時已晚。哈瑟林頓提醒我們，父母離婚的青少年出現嚴重的社交與情緒障礙，可能性是兩倍以上。[14]如果和同住的青少年繼子女不合的情況無法紓解，值得考慮是否該讓他們跟著母親或安排其他的居住方式。不要只因覺得這麼做將證明你是失敗或邪惡的繼母，就不把其他選項納入考量。你需要保護你的婚姻免於青少年通常會帶來的緊張與壓力。

繼母不再和十幾歲的青少年繼子女同住時，或是繼子女已經往前走了（進入青壯年期、上大學、出社會工作、戀愛結婚了），原本的重擔會消失，關係通常會好轉。我們一次只需要忍受繼子女一、兩天時，他們製造的混亂與敵意，就不再那麼令人煩躁。當孩子改變注意力的重心，從處處針對你，改成跑去談戀愛或煩惱大學要主修什麼，他們推開你的舉動就會減少。我們甚至可能出乎意料成為繼子女講心事的重要對象。蓋比告訴我，繼子請教她安全性愛的事。蓋比解釋，「我猜我能幫上忙，原因是我不是家長。」或許我們不必恐慌，不必被捲進孩子人生道路中的雲霄飛車，也還是有辦法以自己的一套辦法來關心他們。

繼母困境四：競爭

競爭似乎經常是繼母與繼子女關係的中心，一切的一切，都可以用競爭來解釋。爭奪金錢，爭奪另一半／爸爸，爭奪男人的時間。爭誰的影響力大、誰比較占上風——繼母的武器是「現在」，人總是要活在現在，現在才重要；孩子手裡的武器同樣強大，他們喚醒懷舊感，美好的從前令人悠然神往，歷歷在目，放不下的情感在憂傷地呼喚。大家假裝不存在競爭，那塊討厭的巨大擋路石，每一個人都該視若無睹。然而，不去理會不愉快的現實，並不會讓不愉快消失。四十三歲的安琪嫁給有兩名成年子女的男人，她告訴我的故事，點出典型的繼親家庭互動情形：

> 在我出現在他們的生命前，全部的人一起去滑雪是他們家的傳統，可是我不會滑雪。儘管如此，他們每一年還是會說，「我們去滑雪度假吧！我們以前玩得好開心！」我感到傷心又困擾，他們明知道我不會滑，還一直邀請。上一個冬天，我告訴我先生，他們應該週末一起去滑雪，我待在家就好。我覺得這是皆大歡喜的做法。他們還真的自己去了——我沒如同預期那樣，享受到寧靜的週末，覺得自己被拋棄。他們回來時，孩子又一直講這次多好玩又多好玩，我氣得半死。

安琪的故事說出了我們許多人的心聲。我們的繼子女永遠都在那裡，占據時間、空間、精力，要東要西，需要什麼，想要什麼，要求什麼，請求什麼，陰魂不散，把我們排除在外。生活是一塊大餅，繼子女在，我們能分到的就少了。一旦得共享，我們心中最醜陋的那一面被引出來，感覺像是我們腦中最幼稚、最原始的那部分被啟動。有時我們會去爭，不過比較常見的情形是我們會和安琪一樣，悶悶不樂退到一旁，偷偷舔拭傷口。我們甚至可能用沒表現出來的憤怒，用那股咬牙切齒的力量，培養那些傷口，助長傷口變大。就算我們自己有孩子（理論上這點可以轉變我們，讓事情好轉），當男方的孩子出現時，我們依舊可能感覺被擠到一旁。事實上，男方的孩子也可能有相同的感受。專家異口同聲表示，繼親家庭生活必須面對的挑戰，在於營造出沒人感到自己是外人的情境。

安琪是水肺潛水專家，或許下一次放假，他們可以一起造訪適合水肺潛水的地方。安琪可以教繼子女自己知道的事，而不是在又一次的滑雪出遊中，當那個被排除在外的外人。只需要做這樣的簡單轉換，就能立刻改變看似無藥可救的不健康互動。你會過著什麼樣的生活，端看你是否採取行動。你可以過著每當繼子女在，就忍不住要爆發、就算他們不在也很緊繃的生活；也或者你可以一直過著幸福美滿的婚姻生活，即便另一半的孩子出現時，一路上不免有一點小顛簸。

其他類型的競爭則比較難解決，例如涉及金錢與搶爸爸時。此時的挑戰是做到盡人事聽天命就好，把力氣用在別的地方：

金錢爭奪戰

在再婚家庭裡，金錢這個元素最會讓一個家四分五裂，造成衝突浮上檯面——或是引發新的對立。有繼子女的女性，一邊把薪水存入戶頭，一邊開孩子贍養費的支票，忿忿不平地抱怨，「要不是因為那些孩子，我們手頭會有比較多閒錢。」孩子聽見爸爸要再娶年輕女人，一下子爆發，「這下子遺產泡湯了。」這類老掉牙的事我們聽多了，然而繼母和繼子女都一樣，究竟為什麼我們想要拿出風度，公平公正，不想要一臉貪婪相，卻還是很難打破刻板印象——繼子女以為全世界都欠他們，壞繼母則貪得無厭？

或許最明顯的答案是錢很真實，錢是有限的。能分給每個人的，就那麼多而已。冒出一個繼母，的確每一個人都可能因此喪失非常多東西，假裝天下太平於事無補。繼母帶來的改變威脅感有多強，得看幾件事，包括再婚的類型、財務狀況、性格與脾氣、每個當事人的焦慮感等等。

舉例來說，如果是「無子女性」加「有子男性」的組合，再加上女方自己有錢或有工作，夫妻之間可能會爭執女方是否該負擔孩子的生活費、該出多少錢。不過整體而言，此時女方和男方的孩子，相對而言很少會出現有關於錢的爭執。如果男女雙方再婚時都有孩子，感覺兩個人情況對等，更是比較不會吵財務的事，不會一直介意到底公不公平。許多屬於這種情況的夫妻，似乎是採取「大部分整合」的財務策略[15]（例如：夫妻各自替自己的孩子存大學學費，但公平分擔其他支出——水電費、房貸、伙食費、所有孩子都有份的事等等）。

相較之下，如果是沒錢或沒工作的女性[16]，嫁給有孩子的男性，或是婚後女方辭掉工作，統計數據顯示發生各種衝突的可能性較高。這種組合似乎會引發我們心中所有想要劃清界線的衝動，我們才是一國的，「我先生和我」對上「**他們**」，他們是入侵者。或是「爸爸和我們」，我們是**真正的**血親，一起對抗「**她**」，她才是入侵者。金錢太真實了，錢的價值明擺在眼前，我們忘掉錢也具備象徵意義——我們不自知的下意識欲望會被激發，金錢成為戰場：我們想要公平，想要翻舊帳，想要證明自己的重要性——我才是重要的那一個。甚至把自己當成受害者，到處發洩情緒：**那些孩子是黑洞！因為他們，我和老公將永遠無法退休！看來我們別想念研究所了——討厭的繼母要重新裝潢房子！**

菲爾・麥克斯（Phil Michaels）是任教於紐約法學院（New York Law School）的信託財產律師。他指出金錢除了非常真實，也非常具備象徵意義，而女性與成年的繼子女之間會有摩擦，還有第三個原因。麥克斯告訴我，「一個世代之前，美國人不期待能繼承遺產，如果有的話那就太好了。」今日不一樣，成人通常期待能繼承遺產，而且已經想好拿到後要做什麼。「也因此如果父親再婚，買新房子、重新裝潢、和新老婆跑去享受昂貴假期……他的孩子（或許會感到）：**完了**，**這下**我的**孩子不能念大學了**。」

不知不覺間，美國的世代文化起了非常大的變化，人們開始期待接收父母的資產，這點造成了兩代間的沮喪、不信任與恐懼。不只一名女性告訴我，她們的成年繼子女為了保護「自己應得的」財產，要求父親逼她們在舉行婚禮前，簽署婚前協議。不用說，父親如果放任子女的這種心態與越線的行為，未來將有多年的雞犬不寧。五十九歲的茱莉有一名成年的繼子，她告訴我，「我晚上會做惡夢，我先生要是先死，﹝我的繼子﹞會拖我上法院。錢不是很多……只是……我猜只要我分到**任何一毛錢**，﹝他就會不高興﹞。我繼子似乎感到雖然父親再婚了……事情也**應該要**跟從前一樣，他的就是他的。」

許多繼母和茱莉一樣，希望被以某種方式認同她們在婚姻中的犧牲奉獻，但又不會對男方的孩子不公平。我們如果自己也有孩子的話，更是希望能兩全其美。有孩子的再婚夫婦，可以找信託遺產律師聊一聊，花這個錢和時間，或許是值得的。麥克斯告訴我，「流行的做法，不一定是把每一樣東西平均分配給兩段婚姻所有的孩子，也不是全部的孩子與妻子平分。」、「夫婦走進我的辦公室時，他們會說：﹝男方的﹞孩子年齡比較大，該付的都付了。萬一我們其中一個人或兩個人明天就走了，男方孩子需要的錢，比我們的女兒少。她現在才兩歲。」標準的公平做法有很多種，某些做法是每一個人分到的一樣多，某些夫婦則決定死前自己把錢花完。

麥克斯提供一個非常簡單又普遍的觀察，「太多人﹝孩子、妻子、丈夫﹞認為，物質上的遺產是唯一真正能夠證明心意的方法，是最終的證明。」許多家庭治療師也提出相同的觀察：有孩子的男人再婚時，**每一個人**，不只是繼母，對於什麼是自己「應得的」，大家的心態都必須做出困難或甚至是痛苦的調整。葛蕾絲・蓋比醫學博士（Grace Gabe）與珍・李普曼—布魯門博士（Jean Lipman-Blumen）在《繼親戰爭》（*Step Wars*）這本書中提到，多數的成人孩子會自行認定父母有安排。[17]要是父母其中一個人先過世，還活著的那一方，將有錢活下去。也就是說，孩子知道要是母親還在世，自己不會繼承父親的錢，但如果還活著的是繼父繼母，孩子可能就不會這樣看。如果繼母的另一半一開始就說清楚打算怎麼做（「我打算在我死後，也要繼續給蘇珊生活費，就像我相信你們一定也打算留錢給自己的另一半。」），起初可能會怨聲載道，但醜話先說在前頭，就不那麼醜（更別提可以降低跑法院的可能性）。不管男方的孩子有什麼期待，每一對夫妻要先想好自己認為怎樣才叫公平。等過了幾年，男方的孩子大了，第三代出生了，可以重新考慮分配方式，修正先前的決定。總而言之，財務的事會引發衝突與勾心鬥角，金錢是一種象徵，也是很實在的東西。光是做好心理準備，知道會有爭議是正常的，就能不必那麼焦慮。

丈夫／爸爸爭奪戰

丈夫和金錢一樣，是有限的資源，就只有一個他，他的時間與精力也就那麼多。你的繼子女想要，你也想要。解決方法似乎很明顯，繼母被期待要優雅退讓，然而現實中的你爭我奪是史詩級的戰爭，人仰馬翻。不只是小朋友會希望爸爸是自己一個人的，我碰過已經四十幾、五十幾歲的人，他們全都事業有成，感覺上是非常成熟的大人，但我很訝異地發現他們顯然痛恨父親再娶，不再有那麼多時間陪他們，甚至完全不能接受父親再婚的事實。裴波饒博士分享過一則小故事，這名病患五十多歲了，自己也曾離婚又再娶，但他暴跳如雷，因為他八十五歲的父親和繼母第一次共度聖誕節時，到歐洲來了一場浪漫之旅。裴波饒博士告訴我，「老先生喪偶多年，現在終於找到幸福……可以理解新妻子不想跟老先生的六個孩子與**那些孩子所有的**孩子一起共度佳節——壓力太大了。」儘管如此，裴波饒博士的病患氣壞了，不敢相信父親居然「拋棄家族」。裴波饒博士表示，看到五十幾歲的男人還有那樣的舉動，「顯示出我們心中的幻想有多強大（我想加上有「多不合理」）」，「我們幻想繼親家庭會跟原本的家庭一模一樣」。

精神科護理師瑪格麗特試著解釋，她和繼母之間有著「良好關係」，然而雖然她開心父親再婚，她心中仍有一個過不去的結。「部分的你接受了這件事，」瑪格麗特說，「我繼母人很好，萬分用心照顧我父親，但我大腦中有一塊很原始的部分，那塊大腦看見爸爸時會說，『噢，爸在那，那媽呢？』我知道媽媽和爸爸已經……分開了，但我有時依舊感到他們還在一起，期待他們還在一起，就像是幻肢一樣。」

繼子女自覺的程度，如果沒有瑪格麗特那麼高，試圖「讓事情回歸正軌」，回到他們眼中應有的秩序，他們見到父親時，就可能還一直活在過去，此時繼母會感到被刻意排擠。有一陣子，我的繼女似乎忍不住一直回想，述說著在我這個繼母出現前，她、爸爸、爸爸的前女友，三個人一起去旅行，一起冒險，某次旅程是多麼好玩。我的繼女通常會在車上講以前的美好時光，也就是我無法逃離現場的時候。她們可能言者無心，真的只是在懷念從前，也可能是有意無意間故意刺激我。我承認，我這個新繼母臉皮很薄。

不管怎麼說，女孩特別容易和繼母搶爸爸的關注。就算自己交了男友、甚至是結婚了，也不一定就會停止搶爸爸。許多父母離婚的女兒，一輩子都忍不住要占據父親生活的重心，也太常成功，父親大概是因為有罪惡感，也或者是很享受女兒這麼在意自己，允許女兒那麼做（詳細討論請見第五章）。

某個夏日午後，當時十六歲的繼女用「我就是故意要激怒你」的聲音，喜滋滋地建議，「或許爸爸可以買一艘船，他、小貝比和我可以搭船出去玩，你留在家，因為你不喜歡坐船。」我可以回她，「但你爸爸喜歡和我在一起」，或「我知道你感到被冷落，那就是為什麼你想要排擠我」，但我只是翻了個白眼，沒說什麼。我告訴先生他女兒講了什麼，模仿著，「爸爸，或許你可以離開你老婆，然後娶我，和我一起在船上生活，我們可以生自己的孩子！」先生頗有幽默感，我們開始大開玩笑，講女兒顯然想要甩掉我。靠著講笑話，我們把女兒故意要離間我們兩人，當成正常又好笑的事。我和先生找到一種語言（俏皮話），承認繼親家庭的醜陋真相，不小題大作。就我自己的經驗來看，在有孩子的再婚婚姻中，這一類的問題不曾真正消失，不會完全沒問題。只要男方的孩子對自己的地位感到不安，他們八成永遠都會試圖排擠繼母。不過，雖然聽起來可能有點過於簡化問題，只要你和另一半都把你們的關係當成最重要的事，你們情比金堅，繼子女的排擠，就不會讓你那麼嚥不下那口氣。

繼母困境五：繼母產業提供錯誤資訊

談繼母的書籍，一般會一直延續某些迷思。最明顯的例子是混合式家庭的迷思，以及繼母的母愛迷思。這些書的語調永遠樂觀向上，繼母會覺得，只有惡魔才會偶爾對繼子女有負面情緒或不耐煩。其他繼母書籍的筆調也輕鬆愉快，堅持要我們幽默以對，把一切當成好玩的事。讀那種書令人不免懷疑，它們其實是在告訴我們，我們擔心的事不重要，放輕鬆就沒事了。然而，許多談繼母的書真正的問題，不在於暗示了些什麼，而在於它們實際上是在說：

記住，他的孩子永遠優先。

把管教的事留給男方就好。

如果你失控，對繼子女說出難聽的話，你將後悔一輩子。也因此不管你做什麼，絕對不要口出惡言。

只要有耐心，好好愛繼子女，他們的態度就會轉變。

這一類的建議在今日有如座右銘，被奉為繼母的最高指導原則，但不代表就是正確的。舉例來說，好幾位繼親家庭專家都同意，在有孩子的再婚婚姻中，維繫關鍵是把夫妻倆的關係，當成最優先的事（請見第六章）。我們可能會訝異，「孩子最重要」居然是誤導人的想法，甚至會破壞伴侶關係。人們根深蒂固的想法是繼母應該居次、你應該接受自己不是最重要的，男方的孩子才是先來的，也因此在男人心中，孩子被放在第一順位。把孩子當成最重要的人、事事以孩子為重的男人，才是好人。然而這一類的想法，全都會對有孩子的再婚婚姻，帶來致命的打擊，甚至連對孩子來講都不是好事。若給孩子過多的力量，心思全放在他們身上，連帶壓力也會移轉到他們身上。

安德魯・高齊斯醫學博士（Andrew Gotzis）是紐約市的伴侶精神科醫師與治療師。他的看法和好幾位婚姻諮商師一樣，告訴我，「在有孩子的再婚婚姻中，必須盡快建立明確的家庭階層。孩子必須知道，夫妻的位階最高，夫妻是一體的。」高齊斯博士提醒，如果不這麼做，孩子將有能力拆散伴侶，在婚姻中製造無止盡的緊張關係。有一種情況太常見了：在有孩子的再婚夫婦關係中，孩子會鑽縫子，如果繼母說不行，就去找爸爸，或是爸爸說不行，就去找繼母。有繼子女的女性會為了處理這種情境，焦頭爛額。也因此社會學家尼爾森指出[18]，繼母採取的態度如果是，「我的主要目標與我主要的心力，放在和先生建立美滿的親密關係，好好照顧自己的需求，不求能和繼子女建立密切的關係，或是贏得繼子女的認可」，成功率會比較高。尼爾森提醒，只有女性一個人努力推動改變沒用，另一半也得一起努力才行。尼爾森強調，婚姻要成功的話，「女方的先生必須致力於建立〔伴侶關係〕，他的孩子繞著婚姻轉，而不是婚姻繞著孩子轉。」萬一男方的孩子不喜歡繼母，做父親的人尤其得清楚表明，不會放任孩子破壞婚姻，也不會把孩子擺在自己的婚姻前面。

一位剛再婚時經歷過驚濤駭浪的男性表示，「事情一直沒改善，直到我讓女兒知道，雖然我愛她，我最終會站在我妻子那邊。」[19]這句話引發的家庭戰爭可想而知，最後卻帶來更穩固的婚姻。這位男性的女兒因此明白，婚姻有可能持久。她也終於明白自己在家裡的地位，但依舊有安心的歸屬感。

至於「把管教的事留給男方」這條建議，不管是誰說的，這個人一定不曾在另一半不在時，單獨和繼子女在家。當然，這裡的意思絕對不是你們才相處幾天、幾週，你就擺出發號施令的女主人模樣，命令繼子女做事——很少有人敢指揮繼子女，原因是害怕被當成邪惡繼母。然而，所謂的你應該無限期地不要插手，這樣才不會看起來像壞人，你要支持先生，但不要親自出馬，理論上行得通的事，實際生活中則不一定。萬一繼子女越線了，但先生不在家怎麼辦？你要忍氣吞聲，什麼都不做，還是要堅定地明講，「不可以那樣，你知道的」？此外，第一手經驗顯示，有繼子女的女性等得愈久，通常就愈難劃出界線，或是不會被當成有權威的長輩。關於這一點，我可以作證，因為我在婚後第一年，有時像是容易受驚的小貓。接下來的兩、三年，不得不變成母老虎，因為我的繼女依舊偶爾會試圖欺負我，測試一下底線。這幾乎算不得她們的錯，因為我等得太久才堅定立場，例如規定不能講話尖酸刻薄、不能把行李丟在地板中間、不准把我當空氣。

有時，假裝沒看到繼子女令人惱火的習慣，不參加她充滿情緒起伏的甜蜜十六歲派對討論，或是在她籌備婚禮時，不去當理性的提醒聲音，**的確**比較省事，也比較聰明。然而，好幾位有繼子女的女性發現，「不插手」有時遠遠稱不上最理想的策略（詳情請見第四章）。某些時候，不去處理不良行為，只會感到被踩在腳底下，心中滋生出更多怨氣。然後呢？

整體而言，我們的文化急著粉飾太平，假裝女人的憤怒不存在。這個社會給女人的建議，尤其是給繼母的建議，處處在警告我們，要是說出不滿，後果會很可怕，覆水難收。我覺得這種事很荒謬。很少有繼子女從來不曾經歷過想要挑釁繼母的時期，我們自然會有發脾氣的時候。雖然感覺後果會很可怕——萬一他們討厭我怎麼辦？萬一他們覺得我很邪惡怎麼辦？我認為，我們應該趁早表達我們的憤怒，不要拖，否則我們會替每一個人設下太崇高的道德標準，還讓處於孩童時期、青少年時期，甚至是已經成年的繼子女，永遠故意踩線，測試我們究竟什麼時候會受不了。最重要的是，我們需要盡快學會——以第一手的方式體驗——被討厭是繼母的職業傷害，不代表眾人對我們的價值評價。我剛認識繼女的時候，某次她嚴肅地告訴我，「爸爸的女朋友蘿拉，有一次在車上吼我們。」我不清楚繼女到底為什麼要告訴我這件事，但我懂蘿拉的感受，我欣賞她有勇氣讓孩子們知道，她認為她們越線了。

你又不是我媽！不管是大聲說話、管教孩子、動怒、人不夠好、不夠有耐心，還是不夠無私，多數的繼母會恐懼，萬一我們怎樣了，先生的孩子就會不接納我們，或是疏遠我們。如果我們都是自控能力滿分的聖人，當然沒問題。然而，一個重新排列組合的家庭團體，究竟會如何凝聚（或是不會凝聚），不論是對混合式家庭與母愛不切實際的期待、性格彆扭的人生發展階段、大體而言不可避免與躲不了的競爭、有關如何當繼母的錯誤資訊，以及其他種種大量的因素，全都扮演著重要的角色。我們就不是他們的媽媽，這是事實。永遠幸福快樂的日子與歡樂滿人間是理想——不太可能成真的理想，就連傳統的核心家庭，也不一定做得到。終有一天，我們或許會和丈夫的孩子輕鬆自在地相處，熟悉彼此，真心喜悅。然而，如果我們的快樂，建立在男方的孩子是否祝福我們、是否認可我們、是否喜愛我們，我們等於是拱手讓出最大的掌控權，令一切搖搖欲墜。

Chapter 4

"You're Not My Child!": Anger, Jealousy, and Resentment

「你又不是我孩子！」：憤怒、嫉妒、憎恨

壞心繼母的故事，令我們反感、憤怒、豎起耳朵聽。趕走並迫害丈夫孩子的繼母，同時令我們不安又放心：那個女人怎麼會這麼邪惡，果然如同我們想的一樣。我研究所的朋友用不屑的口氣講著，「我爸的老婆……」——我朋友通常那樣叫對方。我覺得好刺激，聽起來既成熟又疏遠、叛逆，就好像在說：**她不是我媽媽，甚至不是我繼母；她對我來說什麼都不是**——「……她有夠討厭的，就跟人們講得一樣，有夠壞。」朋友繼續講她大學的時候，她父親和這位妻子，這個第二任老婆，搬到鎮上的另一頭，結果沒給女兒新家鑰匙。我感到不可思議，怎麼會如此把繼女「拒於門外」。那可是她爸爸的房子，不也就等於我朋友的房子？我朋友難道不該有這個權利自由進出？怎麼會有繼母如此厚顏無恥，還真的就跟傳說中的邪惡繼母一樣——吃醋、冷血、小心眼，不肯讓繼女上門？**她連鑰匙都**

不肯給你？你爸也就真的聽她的？多年前，我朋友和她們的繼母故事讓我感興趣的地方，在於這些事件令我難以理解。我有好多問題想問：**你的繼母怎麼那麼壞？她怎麼會那樣啊？**

二十年後，我的感受不同了。現在我明白朋友的繼母做的事，不是為了把別人鎖在外面，而是想把自己關在安全的地方。外人眼中最疏離的繼母，通常正處於最脆弱疲憊的時刻。經歷了多年沒人感謝、甚至是被攻擊的日子後，她們是在採取行動保護自己。我發現，令人感到把每個人拒於門外、憤怒、嫉妒、怨恨，或單純就是冷酷繼母的想法，實情可能正好與此相反。多年聽見繼子女明示暗示冷嘲熱諷「你不是我媽」後，我們可能會採取你怎麼對我，我就怎麼對你的模式，**你又不是我孩子**，並做出符合這種態度的行為。我們的動機，比單純的以牙還牙還複雜得多。

從某方面來講，所有不快樂的繼母都是一樣的。我們的性別似乎扮演著很重要的角色。女性想與人連結，想當「工匠」，修補好功能失調的繼親家庭荒廢的房子，我們想「修補關係」，把「前孩子」帶回家照顧。我們想當好人，感化不聽話的叛逆繼子女，讓他們浪子回頭，雙方成為一輩子最要好的朋友。對女性來說，我們不只很想這麼做，這種要對抗現實的事，甚至令我們感到不做不行。到底為什麼要接下這種難如登天、吃力不討好的差事，即使理智勸我們不要？因為我們就是一定得做。專家告訴我們，女性的自我價值，以及她最根本的身分認同，與她的人際關係成不成功密切相關，甚至分割不了。社會學家與家庭專家維吉尼亞・施瓦茲博士（Virginia Rutter）的結論是[1]，「大量的研究顯示，女性的自尊與人際關係是否融洽息息相關，繼親家庭也是一樣的情況。」簡單來說，我們女性需要喜歡別人，也需要被別人喜歡，缺一不可，否則我們會感到自己沒做好，是一個失敗者。

我們認為需要解決繼親家庭碰上的問題，把問題當成自己的責任。這種看法根深蒂固（數十年來，父母與社會都是那樣告訴我們），幾乎不可能抗拒。伊麗莎白・卡特（Elizabeth Carter）是美國威徹斯特郡家庭治療學會（Family Institute of Westchester）的創辦人與榮譽主任，以及《無形的網：家庭關係中的性別模式》（*The Invisible Web: Gender Patterns in Family Relationships*）的共同作者。她指出，「女性被教養成認為必須替每一個人負責。[2]繼母要是看見孩子不開心，或是丈夫無能……她就會過去幫忙。女性會想辦法解決問題——不論那究竟該不該由她們想辦法。」我們知道繼親家庭有大量問題，有著人際關係的障礙與煩心事；我們有大量的理由懷疑自己、責怪自己，覺得自己沒做好。事實上，貝勒大學的貝雷博士發現，在再婚家庭裡，繼母是所有家庭成員中最會批評與責怪自己的人。[3]

在這一點上，我們和男性有著天壤之別。研究顯示[4]，繼父參與繼子女事務的程度低非常多——內心也沒那麼多的衝突、壓力、罪惡感。此外，我們的先生不論本身是不是繼父，對我們認為必須把每個人團結在一起的想法，以及我們心底深處深深的挫敗感，皆感到相當困惑不解。女性與男性看待繼親家庭問題的性別差異，有可能讓夫妻之間無法同心，增加妻子的疏離感與挫敗感。我們全都能明白繼母布蘭達的感受。布蘭達有兩個小小孩，還有一個青春期繼子，她告訴我，「有時我會恨自己不能做得更好，無法讓我們成為一個家，永遠在和先生吵他兒子的事。」

女性有時會對無法建立連結、無法解決問題，感到耿耿於懷。或許那解釋了為什麼在我的訪談過程中，好幾位有繼子女的女性，告訴我相同的故事，或是某種版本類似的故事，以相似到出奇的方式，談彼此共同的憂慮。我們努力溝通，但無法溝通，誤會與誤解產生，我們一再感受到挫敗與怨念——必須面對男方的孩子時，他們有時會引發我們心中醜陋的情緒，那些我們覺得自己不該有的禁忌情緒。那種感覺就像某位繼母告訴我的話，「救命啊！我困在電影裡！」

某位女性的繼子女每週（或是一個月幾次）打電話回家，每次都在電話答錄機上留下相同的留言，「嗨，爸爸，是我。希望你一切平安。我想你。打電話給我。掰掰，爸爸。」數十通留言，從來不曾有一通向爸爸的妻子打招呼。答錄機上的錄音是繼母的聲音，平日也是她在聽留言（好吧，繼子不知道這件事，但還是一樣⋯⋯）。更糟的情況是，繼母可能得和繼子女同住一段時間，在隔週的週末到火車站接送，還寄給繼子生日卡，或是協助繼女籌備婚禮，不斷重新安排自己的生活和優先順序，投入多年光陰，努力建立關係，因為現實就是她嫁的人有孩子。

告訴我電話答錄機故事的女性，不認為自己過分敏感，但坦承繼子的留言令她不舒服。繼子一再假裝她不存在，她怎麼可能沒留意到？最糟的是，光是想到這件事、光是有不舒服的情緒（先生的孩子從不在留言中向自己打招呼），她就覺得自己很小心眼。這是典型的邪惡繼母困境——其實不是任何人的錯，但因為她不舒服，所以這件事變成她的問題。她可以想像，要是下次繼子女打電話過來，她告訴他們，「嗨，近來好嗎？太好了，是這樣的，我想講一件事，我不知道你有沒有注意到，但你每次打電話過來留言，從來沒跟我說嗨，只和你爸爸打招呼，我有一點……傷心。我相信你不是故意的。」她知道自己永遠無法把這些話說出口，要是說了，也只不過是節外生枝。她原本就察覺繼子女在說她的閒話，這下子更是被抓到把柄——繼母是個控制狂、情緒緊繃、管東管西、不懂得放手、她在嫉妒。

女人心想：還是算了，別跟繼子女提那些話，順口提醒先生一下就好。她不想鬧出什麼事，只是暗示一下，希望告知情況後，先生就會懂她的意思，「好奇怪，每次提姆打電話過來，雖然他聽到答錄機上是我的聲音，他都會說，『嗨，爸。』不曾說過，『嗨，琴。』」然而，先生點點頭，看起來心不在焉，或是覺得有點煩，接著就改變話題。繼子繼續留一樣的電話留言。幾個月後，或是一年後，女性再也不試圖暗示先生。當然，她平常不是那麼畏畏縮縮的人——我的訪談對象用急促、防衛心強的語調，講出故事的這個部分。她害怕就算同為繼母，我仍會在心中想，你這個女人怎麼會那樣。她怕我批評她居然有這麼典型的邪惡念頭，即便只是一閃而過的想法。

她心慌意亂，受到傷害。沒錯，只是一些小事，但成為一家人都已經這麼久了，她仍不免感到，繼子女的這類作為是在故意無視她，拒絕承認她這個人的存在（即便只是無意間）。然而，她**是**大人了，她決定要當個情緒成熟的人，正大光明地面對，不要偷偷懷恨在心。她不要生悶氣，讓傷口化膿，讓小事不必要地鬧大，她要再次提醒先生這件事。她告訴自己：先生一定會理解的，一定會告訴他的孩子，這樣的「不小心漏掉」有點奇怪。聽到電話答錄機上是繼母的聲音時，有禮貌的做法是同時向雙方打招呼，「嗨，爸。嗨，琴。我是提姆。」

然而，先生一下子惱羞成怒，「為什麼又要提這件事？根本從頭到尾就沒什麼，你為什麼要這樣。」先生替兒子說話，「他已經盡量不出現在你眼前了，你卻還是有辦法挑他的毛病。你太**敏感**了。為什麼就是不能放過這件事？」

女人跳腳，「我只是說出你兒子做了什麼。為什麼要把矛頭指向**我**？」她嚇了一跳，失望又茫然。她真的太過分了嗎？她還以為，自己只是在說出心中的感受，請先生幫忙。為什麼她只是說出他的孩子做了什麼，夫妻間就有了裂痕？難道她的感受不重要？是她太蠻橫了？難道說她要求的事不合理嗎？她覺得沒有啊，可是她也不確定。她不懂，憑什麼要她忍氣吞聲。他的孩子的確做了沒禮貌或傷人的事，為什麼要她視若無睹，為什麼要裝沒事？

這一類的爭執就算一下子就過去，仍令人感覺破壞力十足。那是夫妻倆最早開始吵的事，但吵了也沒用，一遍又一遍，問題永遠沒解決。怎麼又來了，他們又回到原點？成為繼母的女人開始驚慌。她覺得被誤解，被視為理所當然，氣急敗壞，氣丈夫，也氣他的孩子。又來了。又來了！這是一場無望的戰爭，再次回到最苦澀的情緒荒原。好不容易相安無事幾個月，但顯然那些事永遠都在，就算是開心的時刻也依舊存在陰影，一切就只因為答錄機上一則短短的無聊留言。有那麼一瞬間，她恨丈夫，恨丈夫的孩子，恨自己是個繼母，內心酸澀，不禁想著：

我怎麼會變成這種樣子？事情到底什麼時候才會好轉？心理治療師凱薛談到這樣的情緒：

> 當繼母覺得自己向孩子釋出善意，孩子卻沒回應，她會很痛苦。有的時候……被孩子拒絕會令她懷疑自己身為人的價值……多數的繼母對繼子女都抱有矛盾的感受。女性要是只准自己拿出愛孩子的一面，只允許自己有正面的情緒，壓抑怒氣與恨意，她們有可能在無意之間，把自身的負面情緒投射在孩子身上。[5]

碰上繼子女不免冷臉對我們、疏遠我們的時候，我們常會感覺他們是故意的，我們必須允許自己不必永遠拿出慈愛的模樣，原諒自己的反應，我們只是人，不是聖人。「我感到要成功當個繼母的話，你得很有自信，沒有任何人能騎到你頭上，或是你得忍耐再忍耐。」說出這段話的女性，有一個二十多歲的繼女，繼女有時渾身是刺，冷冰冰的，毫不掩飾敵意。「我不是那種沒人敢惹的母老虎，但也不是忍氣吞聲的小媳婦，『喔，先生的女兒又在糟蹋我了，可是她不是在針對我。真的，沒關係的。』」很少會有人告訴有繼子女的女性，她們的感受和家中其他人的感受一樣重要。人們經常要我們裝沒事，反正忍著點就對了（「**夠了**，不要再去糾結這件事！」），然而壓抑的壞處多於好處，不舒服、不耐煩的情緒不斷累積，持續化膿，最後演變成真正的恨意，忍無可忍，一下子爆發。

如何才能打破這種循環？首先，接受現實，承認不管我們的繼子女幾歲，試圖排擠繼母是繼子女的慣例。他們會在有意無意間做出一些事，讓我們感到被無視、孤立、沒人感激。繼子女會在暗地裡發送訊號，或是有時一點都不偷偷摸摸，明擺著就是希望我們消失，把我們從照片裡修掉，或是在電話答錄機上留言時當我們不存在。我聽過一則故事，有一位女性的繼女結婚時，沒邀繼母參加婚禮，即便她已經和這名年輕女性的父親結婚近二十年了。繼女的理由是「媽媽會心情不好」。她先生很有擔當，出面告訴女兒，他們兩個人會一起出席，要不然他也不去了。然而，這位繼母一直沒能真正釋懷，情有可原地好長一陣子不再努力和繼女來往。另一名女性去看參加住宿營的繼子，發現繼子在上下鋪旁的牆壁上，貼上全家福照片，但小心翼翼把每張照片裡的繼母，臉的部分全部割掉。那位繼母告訴我，令她更心痛的是，先生根本沒注意這件事，還替兒子找理由：

我先生說，「喔，有嗎？他會那麼做，大概只是因為知道他媽媽也會去看他吧。」也許真的是那樣吧。然而我已經盡了很多努力，想和繼子拉近關係，況且他不是六歲，是十六歲。我很訝異，也很心痛，我們一起走過那麼多路，他居然連照片都要抹去我的存在。發生那件事之後，我明白不論我多努力，不管我對繼子多好，他仍不會敞開雙手擁抱我，不會把我當家人。我不怪他。真的，我跟他確實沒有血緣關係。反正不管怎麼樣，在那之後我想明白了，我應該把心力用在婚姻和自己的身上。他的事，我不想管了。

前文提過，有時繼子女會造成夫妻失和，把我們推開，操控他們的父親。此時繼母不能生氣，這是禁忌，但生氣是人之常情。當我們發現，明明是繼子女行為有問題，但他們總有辦法讓我們看起來像壞人，我們的怨氣會增生。伊黎・華德曼（Ayelet Waldman）在小說《愛與其他不可能的追求》（*Love and Other Impossible Pursuits*）中揭曉了繼母生活中的這一面。[6]故事主角艾蜜莉亞失去了自己的孩子，先生異常早熟的五歲兒子威廉也不接納她，有時會故意惡搞她這個繼母。

某個天氣嚴寒的下午，艾蜜莉亞帶繼子去看紐約中央公園的哈林湖（Harlem Meer）。這還是頭一次兩個人真心度過了一些愉快的時光，但威廉在湖邊滑倒，靴子陷進淺水，沾滿泥巴。幾分鐘後，他們回到家，在公寓的大廳碰到她先生傑克。艾蜜莉亞知道自己麻煩大了，威廉一定會利用自己跌倒的事。果不其然，小男孩嚎啕大哭，哭訴繼母「把我扔進湖裡」。艾蜜莉亞說她沒有，但她的無辜再也不是重點。問題在於她先生心中所想，她不喜歡威廉、也不關心威廉。父子轉身離去，踏進公寓走廊，準備幫小男孩洗澡。艾蜜莉亞感到被丟下、被陷害，她得替自己說話：

「你不跟孩子解釋嗎？……只是一點泥巴和水而已，不必哭成那樣？傑克，我們玩得很愉快！」

傑克的嘴唇緊緊閉成一條線……「你他媽的一點都不在乎。他很冷，他很害怕，但你一點都不在乎。」

「我真的在乎，但他沒嚇到，你知道威廉這孩子，他很愛大驚小怪。」

〔傑克〕靠過來，低聲告訴我，「艾蜜莉亞，你自己不知道你看著威廉時，你臉上是什麼表情。你比他媽的哈林湖還冷酷。」

他用力打開門走出去，砰一聲關上。先前我努力對他兒子好，我真的有，但如今他的話，那些沒說出口的話，就像液態氫一樣把我凍住。他的話凍住我，我僵住了，無法動彈，他永遠不會明白他帶來的寒意。我面色發白，渾身發冷。

艾蜜莉亞的感受——先生站在兒子那邊；她是冤枉的，但依舊看起來像個冷酷無情、手法拙劣的邪惡繼母，虐待他可憐的兒子。她在當下那一刻的絕望恐懼，她的寂寞，許多繼母都能明白這樣的心情。人們沒對我們明講的話，我們沒說出口的話，那些被掩蓋在「你應該」、「你必須」、「你是大人，別跟孩子計較」之下的話，人們太常沒意識到，繼子女不一定永遠都和白雪公主一樣，是甜美的受害者。繼子女經常和威廉一樣，似乎故意找我們的碴。華德曼點出另一件人們沒發現、但那是繼母基本日常的事：當我們的先生無視或拒絕承認，他們還小或已經成年的孩子做的事或說的話，當丈夫假裝沒看見孩子對繼母做出的粗魯行為，那會帶來被背叛的感受。如果孩子是對陌生人做出那些事，父親不太可能不出聲制止，卻放任他們那樣對待繼母（這個現象會在第六章詳細討論）。

威廉的大哭大鬧，挑撥離間，以及父親那麼輕易就相信了（被矇騙的父親），相較於我聽過的真實人生故事，其實還不算什麼：A差點被繼女推下樓，先生卻指控她「講話誇張」；B被年輕的繼女毆打，直到先生出面阻止，不再歡迎女兒上門；C的繼子從來不跟繼母好好講話，出口成髒，但先生只說「不想介入你們兩個人之間的問題」。當然，這些是比較極端的例子，繼子女的敵意過了頭。然而很不幸的是，常見的狀況是孩子對繼母做出不當的行為，丈夫又個性消極，不肯承認自己的孩子有問題，不站在妻子那一邊，孩子就更加肆無忌憚地對付繼母。

當然，當先生不保護我們，我們可以替自己站出來，替自己說話，然而這種做法通常會有副作用，或是落人口實，聽上去的確就是邪惡的繼母。某些繼母不惜一切都要避免被貼上邪惡的標籤。雷妮是醫師，有兩個親生的孩子、一個十歲的繼子。她表示，「我會把自己拉回來，永遠想到這可不是你的孩子。碰上〔我繼子〕泰迪時，我有各式各樣的顧慮，事情永遠不是表面上那麼簡單。舉例來說，如果是我自己的孩子，我覺得他們不乖，我會要他們罰站，但如果是泰迪不乖，我會多想一下。要處罰嗎？還是不要？」我們擔心光是合理的罰站，就可能讓我們和繼子女之間、我們和先生之間、我們和先生的前妻之間，關係惡化。我們是繼母，人們期待我們要忍讓，通常一忍就是好多年。如果我們不肯算了——如果我們抱怨、設下界線，或是告訴繼子女，要是他們不肯當個文明人，我們不歡迎他們——就成了刻板印象中的小心眼壞繼母。我們啞巴吃黃蓮，默默生氣，默默不高興，最後忍不住對著另一半的孩子爆發，完成循環，照著我們根本不想演的劇本，扮演著壞心繼母的角色。布蘭達向來自認幽默討喜，卻困在典型的繼母互動中。她垂頭喪氣地向我吐露心聲，「我不曉得事情是怎麼發生的。」事情每況愈下，繼子尖酸刻薄，布蘭達的反應是向先生抱怨，先生覺得她無理取鬧（「你想怎樣——他爸媽離婚了！」、「他也不好過；你應該多體諒他一點！」）。每次繼子用惡劣的態度對布蘭達，她就更氣，也用更惡聲惡氣的方式對待繼子。繼子敢對她大小聲，她感到難堪，證明她在家中沒地位。就算你的情形不像布蘭達或前文的例子那麼極端，這種不良的繼親家庭互動，這種死循環，有可能讓你的婚姻斃命。

我們的先生通常看不見我們有多辛苦，或是批評我們的處理方式。那些能和孩子相處的有限時光（那些讓我們有時想到就怕的時刻），似乎是我們的先生活著的人生目的，他們極為享受那些親子時光。先生對於和他的孩子相處的感受，和我們不一樣，就好像中間有一道無法跨越的高牆。我們不得不面對一個明擺在眼前的事實：除非我們極度幸運，天時地利人和（請見第九章），我們不可能和先生一樣，全心全意愛著他的孩子。我們不可能每一次繼子女來訪，或是碰上繼子女的事，永遠歡天喜地，而且有時要假裝開心，不是容易的事。然而奇妙的是，承認這些難堪的事實，除了不會帶來更多問題，反而還能降低標準，順便大幅降低我們的血壓，在無止境的折磨中，讓我們暫時喘一口氣。此外，接受事實也能讓我們有機會探索相關情緒的背後，究竟是怎麼一回事，明白為什麼我們會如此喘不過氣，為什麼剩下的世界似乎要消失不見。

嫉妒

我們知道繼子女感覺受威脅、被取代、受傷、害怕，但很少聽到繼母這一方經歷的現實：繼子女因為各種自己無法控制的原因（以及幾件他們的確能掌控的事），常常憤怒又嫉妒，希望繼母消失。如同孩子會幻想「生母千般好，後媽千般壞」，所謂的繼母「報復心強、嫉妒」

先生孤苦無依的孩子，有可能是一種投射，讓所有年齡的繼子女，得以否認令人坐立難安的深層事實。繼子女因為感到被丟到一旁，生氣憤怒，嫉妒如今在父親的生命中很重要的女人，他們有可能把自己的報復幻想，轉化成自認是受害者。紐約市的精神分析師紐曼告訴我，「繼子女沒意識到事實其實是『我很生氣，我在吃醋』，反而告訴自己和所有願意聽他們說話的人，『我的繼母是嫉妒心強、喜歡亂發脾氣的賤女人。』」換句話說，孩子因為很難處理內心不舒服的強烈情緒，常會把那些情緒歸到繼母頭上。紐曼解釋，「如果我從病患那聽到的故事說，他們的繼母性格糟糕，任何事都能吃醋，心胸狹窄，我就知道我得引導他們了解，他們自己心中有著吃醋、憤怒、憎恨等情緒。」

當然，前面這段話的意思，不是繼母不會吃醋。有時，我們因為近距離接觸繼子女的妒意與恨意，或是週末、節日暴露在那樣的氣氛之中，我們也會開始感受到那股有毒的力量。一名女性的六歲和八歲繼女，坐在她先生的腿上，告訴繼母，「爸爸最喜歡我們！」她酸溜溜地想著，「那兩個愛吃醋的兔崽子。」在這樣的例子裡，妒意原本就在，它源自我們自己的童年、我們自己的個性與過往。嫉妒是繼母心中最羞愧的感受，我們不願意承認，私底下責怪自己。嫉妒的繼母是世上最大的禁忌、最不堪的情緒、最老掉牙的故事。然而，不管有多不明智，有多丟臉，我們就是會嫉妒。

精神分析學家梅蘭妮・克萊恩（Melanie Klein）[7]發表開創性的「嫉妒」（jealousy）與

「嫉羨」（envy）研究，將「嫉妒」定義為當我們失去或擔心失去一段重要關係，心中冒出的憤怒、背叛與受傷感受。克萊恩指出，嫉妒的特徵是牽涉三個人或三角關係——其中一人嫉妒被愛的人與另一人的關係。克萊恩為了區分，另外將「嫉羨」定義為，當我們認為別人擁有我們很重視卻缺乏的特質，心中出現的惡意、憤怒與有害的感受。克萊恩寫道，我們嫉羨他人擁有的特質，關係著我們如何定義自己，或是希望可以如何定義自己。

繼親家庭專家喬齊借用與擴充克萊恩的理論[8]，指出繼子女通常會對繼母又妒又羨，繼母則主要感受到嫉妒。首先要提的是，喬齊博士光是願意投身於繼母與嫉妒研究，就已經是大功一件。如她自己所言，雖然在民間文學與臨床研究中，愛嫉妒的繼母隨處可見，但幾乎沒人去分析**為什麼**會這樣。喬齊研究了四十二名繼母，提出童話故事中描繪的繼母，與真實生活的繼母經驗相當不同，但故事塑造出來的形象，的確深深影響著繼母如何看待嫉妒與嫉羨的感受。

喬齊的研究發現真正出乎意料的地方，在於嫉妒有可能實際上不是嫉妒，而是一種徵兆，背後其實是「一種情緒掩蓋住另一種情緒」。確切來說，喬齊指出繼母的嫉妒通常是「一種對感受的回應——以及在人際關係中覺得無力與不受尊重。」承認與處理嫉妒的情緒，原本就不容易，相關的刻板印象更是讓事情難上加難。喬齊指出，「邪惡繼母的形象，讓許多繼母噤聲不言。某些人覺得會嫉妒的自己很邪惡，尤其如果嫉妒的對象是繼子女。」[9]喬齊發現，再婚家庭系統中的嫉妒，其實是一種外顯的無能，也就是感到被拒絕或排擠，但無能為力。喬齊指出，感到嫉妒的繼母，她們真正的感受很可能是被剝奪了力量，但這件事就連對自己都不能提。喬齊表示，「很重要的是要記住，她可能不只是**感到**無力，當事人可能實際上手上**真的**沒力量。」[10]

怎麼一回事？為什麼繼母會缺乏力量？喬齊指出[11]，有幾種情境會導致這種實際上是無力感、但感覺像是在嫉妒的感受，包括感到自己是次要的，覺得像外人，在與先生、先生的孩子的互動中，感到自己被當成對手。在此類狀況中，許多互動其實只需要簡單的心理教育，就有辦法解決——也就是去了解資訊，明白繼親家庭生活中，哪些情形屬於正常的範圍，可以採取哪些步驟，讓情況不再惡化。某次我在電影院看到一個家庭——男人、看起來像伴侶或妻子的女人、男人約九歲大的女兒。那個孩子顯然是前一段婚姻留下的，不單可以從長相判斷，主要是三人的互動方式透露出端倪。他們就座時，位置換來換去，出現一陣尷尬的停頓，大人想著誰該坐在哪。最後男人安排好，讓女兒坐走道的位置，他坐在隔壁座位，另一半坐在他的另一邊。我心中忍不住想：**嗯，這比把你女兒塞在你們兩個人中間好**。男人坐定後，左擁右抱，怯懦地對著另一半微笑，右手牽起另一半的手，左手牽起女兒的手。女人看了他一眼——皮笑肉不笑，掩飾住壓抑的不耐煩——那個表情我太熟了。幾分鐘後，男人沒對另一半交代半句話，就和女兒起身，大概是要去販賣部。女人轉頭看著一大一小離去的背影，搖了搖頭。父女倆回來時興高采烈，講個不停，手上抱滿零食。男人停下腳步，困惑地看著另一半，不懂為什麼她那麼安靜，避開視線接觸。我曉得一個故事正在展開，那個故事很複雜，但接下來會發生什麼事，完全可以預料。

看到眼前這一幕的外人，可能難以想像發生了什麼事，還可能認為女人沒事在鬧彆扭。然而，有一種可能性是這種事大概平日一再發生。我在猜，這個女人和很多繼母一樣，第一百次感到介入了丈夫和女兒的約會，她想掐死他們父女。然而，她也感到憤怒又失望，自己居然有這樣的感受。在那個當下，我真希望那對夫妻離開時，我手上有小冊子可以發給他們。開場白寫著，「在有孩子的再婚婚姻中，妻子經常感到是被遺忘在一旁的電燈泡，以下是發生這種狀況時，丈夫可以採取的行動！」首先我們要知道，覺得被卡在局內人／局外人的角色很正常，你的妒意來自真的一再被推開的感受與現實，而並非你很邪惡又很惹人厭，也不是因為你是個有問題的人。

某些時候，在一般的繼親家庭連續劇中，繼母會帶進個人的問題。不再嫉妒的方法，是找出到底確切的妒忌原因是什麼，不過答案通常不明顯。我當年要是沒接受治療，婚姻一定會毀了，因為繼女急著獨占父親，視我為競爭對手，要趕我走。我的治療師在一次又一次的治療時間，聽我講兩個繼女有多愛跟我爭——講話時故意刺激我，吃飯、看電影、坐車時，每當我正要坐在先生旁邊，她們故意搶走那個位置。我提到那樣的行為，有多令我火冒三丈。治療師協助我看出，到底為什麼這樣的互動會讓我氣成那樣。我的繼女理直氣壯認為父親屬於她們（爸

爸是我們的，我們不想分享他！），這點戳中我心中迄今一直沒表達出來的憤怒，我從來沒有機會能和自己的父親那麼相親相愛，那麼親密。我的潛意識感到先生的女兒，早已擁有我現在沒有、以前沒有、以後也一輩子再也不會有的東西：父親的愛。如今她們還要奪走我唯一**的確**擁有的東西：我先生的愛。我恨繼女，不只是因為她們做的事（像是一屁股把我擠出座位，如同字面意思搶走我的位置，或是不讓我和先生有任何獨處的時間），也是為了我在她們這個年紀時未能擁有的東西。了解這點幫了我很大的忙。我的繼女是有父親寵的小公主，這點不會變——我不接受也不行。這個事實偷偷在我心底深處，帶來張牙舞爪的情緒，不過幸好，我沒萬劫不復，一直卡在連自己都不知道的祕密負面情緒裡。

憤恨

憤恨排在嫉妒之後（包括我們和他們的妒意），繼子女吃定我們的心態，大概最令人沮喪，也最容易踩到我們的地雷。繼子女認為，不管他們什麼時候要回家，我們都會在；我們對他們的愛是無限的，永遠不會消失；等他們決定好要浪子回頭，不論過去雙方發生過什麼事，我們瞬間就會接納他們——我訪談過的繼母，她們感到最傷心、最憤怒的就是這點。我和年約四十五歲的西西聊，西西有一個年齡比較大的繼子，自己也有還在學走路的孩子。西西告訴我：

我和繼子現在關係相當不錯，不過他還是青少年的時候，〔好幾個月〕不跟我講話。他和他爸在我的要求下，搬過來跟我住。我希望我們能開始成為一家人。然而，最討厭的是我負責養這個家，我讓桌上有食物，房子的貸款也是我付的，繼子卻不肯跟我講話。你能想像嗎？每次我走進來，他就會起身離開。我氣死了，想跳出窗外。那是很久以前的事了，我們熬過來了。我喜歡見到繼子，也開心他愛我的兒子。即便如此，每當我聽到繼子週末會過來，我常會想：噢，好啊，但如果他不過來，我的週末會比較美好。

與我對談的繼母，一再提到這個主題——繼子女不懂得感恩、沒表達謝意、忘恩負義。雖然我們知道，孩子的心性通常就是這樣，我們就是會覺得討厭。有時孩子自以為是、不理不睬，好像覺得我們什麼都會吞下去，這種只有一方在付出的關係，幾乎讓人無法忍受。這點或許解釋了為什麼做繼母的人，常會罵丈夫的孩子是「被寵壞的死孩子」、「需索無度的無底洞」、「忘恩負義」。她們說這些話的語調，在不是繼母的人耳裡，就像是恐怖的繼母在說話。從許多方面來看，繼子女**確實**不領情。不是他們跪下來向我們求婚，他們不覺得有義務要做些什麼，又不是他們求我們進入他們的生命。這些話聽起來有幾分道理，幾乎算得上情有可原。繼子女當然不愛我們——至少不是永遠都愛，或立刻就愛，有時甚至一輩子都不喜歡我們。然而，比較難以理解與原諒的是，就像西西的繼子，不管是什麼年紀的繼子女，他們既要一刀兩斷，又收下我們對他們的好。奇怪的是，我們感到有義務隱藏自己不聖母的感受，以免孩子不舒服——即便是他們拒絕你對我好、我也對你好，連道聲「早安」都不肯，我們才因此出現那種感受。

喬齊博士指出，如同嫉妒掩蓋住繼母的無力感，怨恨男方的孩子與我們扮演的角色，其實掩蓋住我們覺得被忽視、被視為理所當然的感受。繼子女與繼母的關係通常極度不對等。此外，女性的自我價值感，又很容易源自我們和他人相處得好不好，這真的很不容易。我們無法改變繼子女的行為，調整自己的行為比較快。

有三、四年的時間，A的繼女總是號稱幫妹妹準備了生日禮物，但每次都兩手空空出現。「糟糕，我忘了。」年紀較大的繼子則是說會過來慶祝生日，但每次都在最後一秒鐘取消。心理學家告訴我們，一般而言，A的繼女出現的這種「給我給我症候群」（"gimme gimme" syndrome），這種貪求無厭、但無法給予的心理障礙，源自被剝奪感。孩子是在用笨拙的幼稚手段，試圖讓事情回歸正軌，就好像拿走雙倍的東西，可以彌補自己的東西（父親、家庭）被奪走。A的繼女靠著只拿不給，成為世界的中心，那個她感到被排除在外的世界，進而確認父親和繼母對她的愛是無條件的，不是看她做了什麼，或提供了什麼回報。同樣的道理，沒在生日派對上現身的繼子，感到沾沾自喜，這下子他成為派對的焦點。他因父親和繼母的關係而感到被驅離、被擠走，但靠著不出現，反而成為鎂光燈的焦點。

即便我們知道背後的原因，就算我們能體諒，不代表我們就該容忍繼子女的這種行為，也不代表我們無權感到不舒服。不允許自己發洩負面的回應，只會帶來副作用，滋生更多恨意。告訴我生日派對故事的A，向丈夫表達自己的沮喪——A很幸運，先生沒把她的話當成是在說他孩子的壞話。兒女每年都做這種事，他也感到憤怒與傷心。A接著以實際的方式解決問題，她還是會邀請先生的孩子，但不會告知確切的時間地點。A的女兒大了之後，A從來不告訴她，同父異母的哥哥姊姊會來參加生日派對，因為A知道他們八成不會來。此外，A不參加所謂的「嚼舌根時間」。A解釋，親戚會一直討論「為什麼男方的孩子不肯過來，不曉得是在抗議什麼事」，此時A會「聳個肩，簡單回答，『他們正處於青春期，你們也曉得青春期的孩子是什麼樣子』，然後就走開」。A不讓任何人有興風作浪的機會，讓大家把注意力放在真正該關注的事（她的女兒）。此外，A把繼子女的行為當成正常的事看待，畢竟他們也沒真的搗亂或胡來，只是內心充滿矛盾，以自我為中心。

其他還有幾種方法，也能減少沒人感謝的感受。我們是典型的「太努力型」繼母，做了很多事，煮飯、送禮物、規劃出遊等等，但太常感到繼子女是為了傷害我們，所以才不領情。相關對策大多與停止付出有關，但不是出於怨恨才不做，只是一種解決辦法。舉例來說，我先生會在女兒過來時親自下廚，反正他比我還愛煮飯。我不煮，就不會碰上繼子女這種生物忍不住要做的事：好心給他們東西吃（顯然是我們自己自作主張），還要嫌東嫌西，偷偷抱怨。此外，多數的繼母學到生日要特別小心。某位女性告訴我，「連說聲謝謝都不會的人，寄張電子郵件賀卡就夠了！」另外，不管是什麼年紀的孩子，拿到紅包都會很高興。多數繼母發現，如果給的金額不要太寒酸，又不是太大包，碰上繼子女拿到錢卻忙到忘記要感謝我們的時候，我們就不會火冒三丈。

除此之外，整理內心也有幫助。許多繼母之所以能成功戰勝怨恨的情緒，她們的祕密武器是調整期待與努力的程度。舉例來說，我發現繼女如果突然打電話過來，語氣還很「和善」，接下來通常就是要錢。畢業典禮上，或是其他親媽會出席的重要活動，我通常會被晾在一旁——對我的繼女來說，要在那樣的場合和我溫情互動，實在太彆扭、太困難。這麼多年來我一直努力，不過真的發生大事時，女孩們會去找先生，不會找我。那很合理：先生是家長，我不是。我舉這些例子，原因是我感到重點似乎不是乾脆全部放手，也不是委曲求全。我們不必**喜歡**在活動上被怠慢、被要錢，甚至不必加以容忍，但我們應該做好可能會發生這些事的心理準備。此外，稍稍對繼子女有所保留也是可以的，不必熱臉貼冷屁股。以我來講，我原本的性格是比較外放、喜愛交際，我和朋友、朋友的孩子、我自己的孩子相處時都是那樣，但我和繼女相處時，我會違背自己的天性，情緒不那麼外露，甚至有所防備。

風險在於我們稍微保護自己的同時，可能在無意間變成刻板印象裡的那種人——冷漠無情、吝惜金錢的小氣繼母。那有點令人傷心，也或者有點好笑，但我們必須提醒自己，這麼做也是剛好而已，畢竟我們是他們的繼母。

疏離

某些繼母和治療師建議「減少參與」（disengaging）的技巧，用以減少對繼子女的怒氣與恨意。一般推薦的應用情境，是同住的繼子女抱持極端的敵意，再加上丈夫極度不支持。不過，情況沒那麼糟的女性，同樣也適用，尤其是如果未同住的繼子女正處於青春期，或是如果被成年的繼子女狠狠推開的時候。

「減少參與」的方法很簡單，就是不要再那麼積極嘗試，或是完全放手。前提是接受你結婚的對象有孩子帶來的幾點事實：[12]

- 他們不是你的孩子。
- 如果他們的教養有問題，或是有任何情緒或社交上的障礙，你沒有義務要協助解決。
- 繼子女是什麼樣的人，不是你的責任。他們變成什麼樣的人，不是你的責任。
- 以上全是你先生的責任，他帶孩子的方法（或是介入成年子女的事務），大概不會和你一樣。

接受現實後，向自己承諾：**我永遠不會再讓他們有機會對我不好**。接下來，明白告訴繼子女你再也無法替他們做的事，「如果你對我這麼不禮貌，我沒辦法開車載你去上學。如果你在我的房子裡不跟我講話，我沒辦法洗你的衣服。如果我提醒你做家事時，你態度這麼差，我沒辦法煮晚餐給你吃。」接著說到做到。如果你開車載繼子去踢足球，他對你不禮貌，那就掉頭回家，簡單告訴他，「我很難過你決定這麼不尊重我，我沒辦法載你了。」如果繼子女已經成年，光是在心中說出你不會再做的事，可能就夠了，例如：我再也不會告訴先生，他三十五歲的兒子應該去看精神科醫師，他有憂鬱症；我不會參與繼女的婚事安排，因為她會感到左右為難，我不要成為她出氣的對象；我的青春期繼子春假過來跟我們住的時候，只要他不妨礙我晚上睡覺，他要做什麼我都不管；就算繼子把自己的房間弄得一團亂、半夜一點才睡覺、留了一堆髒碗盤在水槽裡，我不會在先生背後指揮他應該怎麼教兒子。我通通放著，讓先生自己去處理。

「減少參與」的目標是如果不是你的責任，不要再攬在身上，然後等沒人感謝你再來傷心。一旦做到了，怒氣、恨意及其他的負面情緒，八成會大幅減少。在繼親這片大地上，寬容的心或甚至是喜愛之心，就比較能夠生根，茁壯成長。一旦你減少參與，你的丈夫就再也不能「扮好人」，把「邪惡繼母」的角色丟給你。他將更有可能採取行動。

減少參與的另一個好處，在於你愈不給繼子女機會恨你，你就比較不可能成為箭靶。減少參與法的支持者強調，我們接受互動不良其實不是我們的問題後，生活就會比較好過。把自己逼到失去理智的「你又不是我孩子！」的感受，很有可能淡化，更接近「這樣的關係不完美，但可以接受」。

Chapter 5

Him: Understanding Your Husband

他：弄懂你的丈夫在想什麼

如果你有繼子女，不管他們幾歲，你的生活中最重要的人，就是你丈夫。簡單來說，在繼親情境中，你會不會幸福（或你是否將活在悲慘世界），主要得看這個隊友夠不夠力。為人繼母這條路，一路上不免遭遇困難，顛顛簸簸。丈夫怎麼做、丈夫的態度，將決定你的生活品質會是壓力破表，或者基本上可以忍受，甚至還挺不錯的。此外，繼子女與繼母之間的關係，不論是好是壞，其實是由你先生定調，重要程度甚至超過你怎麼做。男人如果能清楚告訴你、告訴他的孩子（不論四歲或四十歲），他把你們的婚姻擺在第一順位，就算你和他意見不合，他也在孩子面前支持你（即便事後私底下不認同），並且讓孩子看到他愛你、珍惜你，你將一直留在這個家，你的丈夫是在向孩子示範，讓孩子知道該如何對你，要有禮貌、要尊重。五十八歲的貝琳達是退休的股票分析師，有兩個繼子女。

她讓我知道，如果先生明確表明家規就是怎樣，還把和妻子的伴侶關係當成最重要的事，你的日子會有多好過，「我先生永遠站在我這邊，沒有例外。我們是一個團隊，他的孩子知道這件事，永遠不會整我，不會有什麼放青蛙在我床上那種事。孩子要是對我出言不遜，我先生會告訴他們，『你**不能**那樣對待貝琳達，現在給我道歉。』我身邊成為繼母的女性朋友，總有吵不完的架，但我很少碰上這種事，因為我先生知道什麼事該做、什麼事不該做，一開始就清清楚楚表明，永遠沒有例外的時候。」

碰上常見的繼親障礙時，像是繼子女不曉得該站在誰那邊、他們討厭你、他們憤怒父親的人生已經向前走，此時問題能否解決，你的先生百分百是關鍵。他如果堅定地站在你這邊，就連碰上不合作的生母挑撥離間，帶來免不了的影響，你們兩個人也能減輕傷害。莎莉是退休的心理治療師，也是兩個成年人的繼母。她表示，「丹永遠會說，『我們兩個人的關係最重要。如果我們不堅持立場，一切就完了。』沒錯，那段時間壓力真的很大，他的前妻發瘋，半夜打電話過來。他的孩子也發神經，偷東西，對我發脾氣，什麼事都有。但我永遠知道，丹站在我這邊，我也知道他的優先順序。我很幸運，我知道。」

貝琳達與莎莉坦言自己是幸運的特例，她們清楚那點。事實上，離婚後再婚的父親，太常做不到站在新妻子的陣營，內心糾結，一下子站在A那邊，一下子站在B那邊；一下子支持對妻子發脾氣的孩子，一下子又替自己辯護，堅持自己選對了結婚對象。這一類的衝突，大多在男人的腦海中上演，很少真的說出口，但幾乎所有原配過世或離婚的父親，無不感到在新妻子和孩子之間左右為難。

事實上，這種原始的內在衝突，正好能讓你趁機檢視與了解你的丈夫。除非他解決了自己內心的混亂，要不然他扮演的雙重角色（既是你丈夫、又是孩子的父親）將決定了他會怎麼做，耗光他的精力，讓他自己和你的幸福蒙上陰影。此外，我訪談的男性還談到另一種左右為難，他們覺得對兩邊的孩子都有責任——來自前後兩段婚姻的親生子女，或是親生子女與繼子女。男人在離婚後，特別容易沉溺於罪惡感之中，甚至刻意不讓自己忘掉。如果他們當上繼父，他們會和繼母一樣碰上角色矛盾。繼母通常感到被誤解、被折磨、被批評、被塞進刻板印象，而娶了她們的男人則通常感到無力與恐懼，不管怎麼做都不對。

消極以對，只會愈來愈糟

關於再娶的父親，有一種老掉牙的講法：男人被愚弄了，他原本是很好的人，只是被新妻子「挾持洗腦」。父親是完完全全的老實人，被蒙蔽、被脅迫，和邪惡的繼母形成對比。每一個刻板印象的象徵性力量，都源自另一個刻板印象，每當有人和安妮一樣，談起身為繼女的經驗，刻板印象之間更加糾纏不清。三十八歲的安妮提到自己的失望之情，自從父親十年前再婚後，父女間的關係就變了。「不管我繼母說什麼，父親都會照做。」安妮傷心講著，「我父親人很好，我們以前很親近，但他不願意阻止繼母的行為，他就是不懂。我不再那麼常見到父親，現在家裡是繼母作主。」

許多我訪談的繼子女都會說，他們的父親很慈愛，很好相處，新妻子利用他們這樣的人格特質操控他們，故意在男人和子女之間從中作梗，「分開他們」，「好獨占男人」。這些男人的妻子同樣也講著可預期的話，自己是好人，繼子女是壞人，老公「很容易受騙」，受不懂分寸的成年子女操控。有繼子女的女性一再講著和佛羅倫斯同樣的話，六十歲的她有兩名繼子女：

我先生的個性不會和人起衝突。不論他的孩子做出多糟糕的事，他什麼都不做，一句話也不講。如果孩子幾週不打電話，或是拿到禮物沒說聲謝謝——他不會問他們，「怎麼沒打電話？」舉例來說，孩子還小的時候，我先生永遠不會叫他們不准再那麼做，也不會要孩子對他或對我好一點。我先生就不是那種個性。他甚至不會感覺到不對勁，更別說是趁孩子不在時，好好和我談一談。他通常對問題視而不見。

人們經常以上述語言，描述帶著孩子離婚又再婚的男人：男人不但「沒注意到問題」，還不願意起衝突，視而不見，充耳不聞。男人被動，與穿著閃亮盔甲的騎士相反。有繼子女的女性，通常感到先生全然缺乏紳士作為，發生和繼子女有關的衝突時，先生留她們一個人「在風中孤立無援」。我清楚記得剛結婚的頭幾年，我很想揍先生的頭。他的青春期女兒有時會對我講很難聽的話，但他總是習慣性閉上耳朵。每次我事後向他提起，他的回應都會讓我愣住，「啥？她有說那句話嗎？我怎麼沒聽到。」他是真的沒聽到！我先生的回應，其實是離婚後再找伴侶的有子男性的典型回應：只要他們覺得左右為難，一邊是孩子，一邊是老婆，他們就會突然間什麼都聽不見。一名女性在網路聊天室抱怨老公，她的先生似乎把這樣的逃避與刻意裝傻，提升到藝術的境界，「我說他十五歲的女兒在我們的屋簷底下做愛不好，他女兒對著我尖叫，要我管好自己的事就好，我又不是她媽，她不必聽我的話。我轉頭看先生（要他支持我），但他沒站在我這邊，是真的不在，他居然不曉得什麼時候溜走了！」[1]

雖然不管事和逃避是很常見的情形，卻對繼親關係有著很大的殺傷力。許多時候，情緒來得又快又猛，但父親／丈夫沉默以對，彷彿身處無風無雨的風暴中心，他是被所有人圍攻的好人。然而，到底為什麼會這樣？為什麼男人會「沒能力要孩子聽話」？為什麼男人「在蠻橫的妻子不讓他見孩子時」，不願意「勇敢對抗」？男人的懦弱無能，男人的不肯有所作為，這些指控到底來自何方？此外，這個男人除了是你能不能幸福、能否成功與他的孩子相處的關鍵，他究竟是誰？

扛不完的父親責任

撥開刻板印象的濃密枝葉後，我們會看見更為複雜的現實狀況。從研究結果與親身體驗的日常經驗來看，離婚又再婚的父親過著令人意想不到的生活：這些男人面對著非常真實、非常明確的社會與情緒挑戰，他們和妻子一樣，感覺身陷泥沼，甚至比女方還慘。我和離婚後又找到伴侶的父親聊，也訪談專門研究與治療他們的專家，一再聽到這些男人感到「矛盾」、「分身乏術」。有孩子的再婚男人通常說自己精疲力竭，又要討好妻子，又要討好孩子（理論上兩者經常對立）。此外，面對目前的婚姻與前一段婚姻的孩子，他們有太多要擔負的責任——情緒上與財務上兩方面的責任。男人可能感到無力承擔、罪惡感纏身、憂慮明天。心理治療師費斯坦告訴我，「很多時候，同時有兩個家庭仰仗著這個男人，要他養、要他做主。」、「這樣的責任非常、非常沉重。在此同時，他們通常無法天天和親生的孩子同住。我認為沒親身體驗過的人，無法真的想像他們的日子有多不好過。」

放進脈絡後，我們將比較能了解那樣的感受（以及你的丈夫）到底是怎麼一回事。今日再娶的父親之所以碰上眾多困難，比從前的男性多受很多折磨，背後至少涉及兩個近日的文化轉型。今日的爸爸多花很多時間陪孩子。六十五歲的琪琪感嘆今日要當父親，和她年輕時當媽的年代有多不同：

我不曉得要怎麼講，現在這年頭真的太不一樣了，我的繼子居然坐在地上陪孩子玩。我的第一任先生絕對做夢都想不到那種場景。我現在的先生算是跟得上時代的開明男性了，但他偶爾會偷偷在背後，說他兒子是「家庭主夫」，態度很不屑的那種。這是不同世代的差異……我當母親時，孩子完全由女人負責，我先生連一根手指頭都懶得動，全部的事都要我一個人來做。我們〔女性〕完全得靠自己帶大孩子。

我和其他女性聊的時候，和琪琪同輩的人也有相同的感慨，又驚又喜自己的兒子和繼子花很多力氣陪伴孩子。今日五十歲以下的男性，整個世代深深參與孩子的生活。

琪琪等女性的觀察一針見血。家庭與工作協會（Families and Work Institute）二〇〇二年的研究顯示，二十三歲至三十七歲的父親，平日花在照顧與幫孩子做事的時間（平均每個工作日達三點四個小時），遠高於嬰兒潮世代的父親（平均花二點二小時）。家庭與工作協會預測，年輕父親將延續這股潮流，參與程度甚至更高。協會會長艾倫．賈林斯基（Ellen Galinsky）表示，「這是我們見過最強而有力的趨勢[2]……男性現在真的不一樣了，真的發生了改變。」賈林斯基指出，背後的因素包括年輕男性看見父母為公司犧牲奉獻，只落得企業精簡時被裁員的下場；科技讓今日的父親有辦法在家工作；以及發生九一一恐怖攻擊事件後，民眾產生「我的家庭優先」的心態等等。如同賈林斯基所言，「這個世代聽著〈搖籃中的貓〉

（Cat's in the Cradle，譯註：歌詞唱出小孩希望爸爸陪他，但爸爸總是要工作。日子一天天過去，等孩子長大後，也沒時間陪伴老父親）這首歌長大，心有戚戚焉。」近日的新型父親平日更常與孩子互動，感情因此更深，有著更強的羈絆，離婚時也因此是史上最難過的父親。

美國的新世代默默面對他們不知該如何是好的挑戰：如何在不擁有主要生活監護權（primary physical custody，譯註：擁有此種監護權的人士，得以照料孩子的生活）的狀況下，與孩子聯繫感情。四十多歲的山姆是繼子，本身也有一個三歲的孩子。他回想起九歲時父母離婚，對當時發生的事感到訝異。「我永遠不可能像我父親一樣，離婚後做出這種事——就那樣一走了之。」山姆告訴我，「他一點都不想來探望我們。對他來說，隔週的週末見一次面就夠了。我看著我的女兒，想到不能見到她，就心如刀割。女兒是如此需要我。我不懂，我真的不懂，我父親怎麼能那樣？」上一輩的父親保持距離時，毫無心理負擔，今日做父親的人則遠遠更可能感到痛苦。他們什麼都肯做，以彌補無法天天都出現在孩子的生命裡。三十四歲的艾拉談到，她先生的孩子和生母住在鎮上的另一頭。先生告訴艾拉，「你不懂那是什麼感受，不能親吻自己的孩子，不能每天晚上念故事給他們聽，送他們上床睡覺。你不曉得那有多痛。」

以孩子為中心的育兒法

我們對於父親該怎麼當的新型期待，還源自另一件同時發生的事：繞著孩子轉的新型育兒形式。繼母凱莎負責監護一名少女，事情如她所言：

> 如今事情重點似乎比較是孩子要什麼，而不是我們大人認為怎麼做才合理。在我和我所有朋友的成長過程中，大人說了算。每週五與週六晚上，我和先生要接送〔我繼女〕，還要熬夜等她回家。我先生會不耐煩地等到很晚，接著和女兒吵架，講幾點之前要回到家。這件事影響到我們夫妻的感情，也對我們的婚姻帶來壓力；我先生把時間花在熬夜等女兒，或是和女兒起衝突，再也沒有「我們的時間」。但我先生永遠無法告訴女兒，她週末只能晚回來一個晚上，不能兩天都晚歸，因為他覺得那樣要求顯得他很自私，女兒需要也想要的事——那些事才能排第一。

不只是經常參加社交活動的青少年會帶來這種狀況。紐約精神分析學院（New York Psychoanalytic Institute）的紐曼博士告訴我，「今日的育兒模式，很多時候過分專注在孩子的需求與要求，伴侶關係通常被犧牲。比起從前的人，今日的父母感到不得不隨時參與孩子的生活，永遠得當完美的爸媽。」相較之下，一九五〇年代和一九六〇年代的家庭主婦得到的指導，反而是必須留獨處的時間給孩子，也留給自己。今日有一定年紀的人，誰不記得以前我們是自己在後院玩，沒有大人看著，或是獨自待在房間玩，母親則在電話上聊天、洗碗，甚至是看連續劇？這樣的教養方式，在當時是小兒科醫師及其他育兒專家特別推薦的模式，包括享譽全球的斯波克醫師（Dr. Benjamin Spock）。壞處或許是親子在身體與情緒上有距離，但也讓父母和孩子同時都獲得喘息的時間，感受到自己是獨立的個體，學著獨立。或許最重要的是，孩子感到自己的情緒、需求、問題，不一定都要由大人來解決。相較之下，今日的父母不論是否有工作，從看《芝麻街》（*Sesame Street*）、玩拼圖，一直到輔導功課，父母更傾向在孩子頭上「盤旋」，參與每一項活動——萬一做不到，罪惡感也更強烈。「直升機父母」（helicopter parenting）一詞在一九九〇年代流行起來，以很妙的方式，形容新的義務感是如何影響到父母的行為。「我們感到有必要讓孩子看到，父母永遠會陪在他們身旁。」紐曼博士表示，「相較於僅一個世代前的情形，今日父母的肩上有龐大的壓力。」

此外，就算孩子離家了，這股壓力照樣不會消失。相較於從前，今日的父母更常和孩子保持聯絡，就算孩子早已成年也一樣。過去長途電話費率昂貴，而且一間寢室只有一台電話，念大學的孩子，只會在週末和父母通電話。近日發生電信革命，再加上電信公司在大學校園強力行銷，父母和孩子現在隨時可以保持聯絡。專家指出，在科技的輔助下，親子通常每天都會保持聯絡的習慣，一直延長到二十歲前後，這點深深影響著孩子的發展。彼得·卡拉伯博士（Peter Crabb）是賓州州立大學（Penn State University）的心理學家，他表示親子之間持續保持聯絡會在二十歲前後，也就是在孩子必須學著離開爸媽、自立門戶的時期，「助長不成熟度與依賴心」。[3]不論是好是壞，科技帶來的通訊改變，結果就是延長孩子在父母面前還像個孩子的時間。不過，手機和電子郵件只是其中一個原因，還有其他幾項因素，也一起造成親子之間的分離，不像從前那麼明確。青春期延長，從許多方面來看，甚至可能一直延續到三十多歲（請見第十章）。以孩子為中心的養兒法，這下子有可能持續數十年。此外，相較於從前，今日的父親以前所未有的方式，被期待以破天荒的程度參與孩子的生活。

然而，雖然前述的社會轉變，全都增加了父親的參與度，他們的責任感、他們投入的心血、他們帶孩子的時間與程度，全都增加了，但監護權的安排方式卻食古不化。美國幾乎是每一州，母親全都比父親更可能取得主要生活監護權。德州的離婚律師史都華．甘格農（Stewart Gagnon）告訴我，即便共同監護權是常見的安排，孩子通常跟母親住。「如果父親住在鎮上另一頭或更遠的地方，共同監護權實際上依舊是母親握有主要生活監護權，父親則只有隔週的週末或假期，才會見到孩子。」

四十八歲的哈利不幸碰上監護權大戰，情緒受到很大的影響。他的心酸例子講出了今日的離婚父親，如果還想天天出現在孩子面前，積極參與孩子的生活，他們將碰上的掙扎。哈利是財務顧問，有兩個孩子，離婚後娶了帶著兩個孩子的女性。哈利和新家庭後來移居美國東北部，他原本成功說服前妻，也從佛羅里達搬過去。這樣一來，他和前妻就能執行一子一女的共同生活監護權（譯註：子女分別在雙親的家中，共同居住差不多的時間）。哈利有一個其實也不算完全不切實際的夢想，他想像自己會組成一個大家庭，大家都在，他親生的孩子、新妻子的孩子，全都有機會和父母有大量的相處時間。然而，這個非正式的協議（以及哈利的幻想）後來被打破。哈利的前妻改變心意，決定繼續留在佛羅里達。幾個月後，歷經多次的懇求與威脅上法院後，哈利和妻子別無他法，只得按照原定計劃，自行搬到東北部，因為哈利在當地找到薪水更好、更穩定的工作。即便法院後來裁決，孩子跟著酗酒的母親住有立即的危險，法院指派的專業人士也明確指出，孩子需要立刻和父親同住，官司仍曠日費時，哈利和前妻的關係變得十分惡劣。

我和平日通常樂觀向上的哈利，在某次的聖誕假期聊天。他說自己正處於「為難的處境」——他一邊協助伴侶扶養她的孩子，一邊則為了遠在千里之外的親生孩子日漸憔悴。哈利認為監護權的制度對他不公，他很沮喪，尤其是他知道自己是好父親，不只對親生的孩子好，也對非親生的孩子好。哈利告訴我，「人們依舊有很重的偏見，那樣的偏見源自古老的傳統性別角色，我因此處於劣勢。我愛我的繼子女，我們處得很好，然而我在這撫養別人的孩子，生父完全不必負擔一絲的責任。有時和繼子女相處，我得強迫自己專心，因為我的心思飄到遠方，我很難過，我想念自己的孩子。」

家事法院系統尚未跟上新的社會現實，眾家父親現在想要站在第一線扶養孩子。除非我們的態度出現大轉變，不再有監護權偏見，父親們對此感到很痛苦——而那又將影響他們當個好丈夫、好伴侶、好繼父的能力。心理治療師費斯坦告訴我，「我在執業時，以及就我個人的經驗而言，多數男性把養孩子的責任看得相當、相當重。」此外，離婚的痛苦通常會重創他們，他們無法跟自己的父親一樣「放下一切往前走」，他們甚至無法想像做那樣的事。

連男性本人都不知道的感受

根據心理學的文獻說法與我們自身的經驗來看，男性的溝通能力一般遜於女性。此外，男性一般比較不願意檢視自己的心情，也更可能否認自己與他人的感受，在婚姻與伴侶關係中更容易迴避衝突。對男性自己、對試圖談棘手話題的妻子而言，這種悶葫蘆性格就像在服刑坐牢。

老套的說法指出，男性「比較不會流露感情」（他們的逞強，有時似乎證實了這點），但研究男性與男性情感的研究則提出完全不同的論點。[4]從研究結果來看，男性似乎比女性還怕寂寞。配偶過世或離婚後的再婚率，男性遠比女性高。男性較難忍受長期孤身一人：他們一般會在離婚或配偶死亡後，十三個月內就再婚。女性則平均四年以上才會再婚。賓州州立大學二〇〇二年的研究指出[5]，無子、未婚的年長男性的憂鬱風險，高過同樣無子、未婚的年長女性，原因可能是那樣的男性比較缺乏社會支持、朋友比較少。

不過，不只是年長男性有這樣的風險。美國國家精神衛生研究院（National Institute of

Mental Health, NIMH）贊助過一項研究，研究一百二十四名年輕男性及其女性配偶的皮質醇濃度，發現關係衝突帶給男性的壓力，事實上大過女性。[6] 如果是繼親家庭中的男性，風險更是大上許多。[7] 事實上，柯比．德特—德卡（Kirby Deater-Deckard）及其研究同仁發現，相較於傳統家庭中的男性，繼親家庭中的男性更容易憂鬱，「繼母家庭」中的男性（離婚後再婚的有子男性）更是最容易憂鬱的群體。我們可能會訝異，我們的先生甚至更可能出現類似於產後憂鬱症的問題。德特—德卡的研究指出，離婚後再婚的男性，在與伴侶一起有了孩子後，憂鬱比例飆升。繼親家庭生活顯然不只對繼母的心理健康有害，對她們的丈夫來講也不妙。

怎麼會這樣？我們能確認的是，有孩子的離婚男人再婚後，通常會遭受極大的壓力，而且感到無法談這件事。男性表示，離婚又再婚最大的壓力，在於情緒與財務兩方面，他們同時對好多人有義務——孩子、妻子、前妻，有時還包括繼子女。強納森是事業成功的五十一歲娛樂產業主管，他以溫和的態度談起自己面臨的財務挑戰——他的第一段婚姻，已經留下兩個目前二十多歲的孩子，而他目前的這段婚姻，又帶來兩個四歲以下的孩子：

我兩個大的孩子住在我們這邊時，我就像ATM提款機——他們住在他們媽媽那邊時也一樣。滑雪之旅、買衣服、買書，我幫他們付一半的房租和額外的支出（我付完他們所有的大學學費後，他們念研究所也是我出錢）。（我目前的這段婚姻）現在也有了孩子，有幼兒園的學費，接著還有私立學校的學費，以及其他一切的費用。此外還有房貸。我妻子有在工作，但她的收入完全比不上我。我喜歡養家，感覺很好，但是要照顧每一個人，要花好多錢，還有好多壓力。我晚上有時睡得不太好。

常見的說法是離婚後，女性比男性更容易財務窘困。許多時候，離婚甚至對男性的財務有好處。一九八七年時，當時任教於史丹佛的社會學家蕾諾・韋茨曼（Lenore Weitzman）寫下著名的研究結果：母親的生活水準在離婚一年後下降七三%，父親則增加四二%。[8]然而，強納森感到承受著前所未有的財務壓力，這點符合研究人員日後的發現。大部分的研究人員同意，韋茨曼的預估值一開始就過於誇大。某些研究人員則主張，離婚父親財務受影響的程度，和離婚母親一樣大，甚至如果算進母親的扣除額，以及父親花在孩子身上的直接支出，父親受到的影響還大過母親。[9]如果強納森生的不是兒子，而是女兒，他可能還會碰上額外的麻煩。美國威克森林大學的尼爾森，主持一項歷時十五年的研究，對象是大學年紀的女性，結果發現女兒會對父親不公，「像個吹毛求疵的法官一樣對待父親，還把他當提款機」。[10]相較於同情母親，女兒比較不會給父親相同的機會談心底的話，或是說出自己的傷心與憂慮。尼爾森指出，如果是離婚後的再婚，這種傾向會惡化。尼爾森發現許多年輕女性站在母親那邊，很少努力和父親保持聯絡，但期待父親會持續負擔她們的支出到二十幾歲。

剛才提到的哈利指出，離婚的父親若是再婚後有繼子女，財務與情緒上的壓力更是會增加，愈變愈複雜：

那絕對是很大的責任。我再多講一個男性的微妙心理：我繼女生日時，她爸爸給她紅包，還說她是他的心頭肉，我感到一陣嫉妒。那個男人在外面逍遙自在，當個典型的花花公子，我卻在這養他的孩子。我試圖替你挖出我心底深處那些幼稚的情緒。我絕對不會想和繼女的生父交換，我很快樂，但這對我來講是壓力非常大的時期。我們搬到新家，住到新的州，我有新工作，和另一半處於新關係，如今我們必須扮演父母的角色，不再只是約會而已。

哈利是「沒有監護權的父親」兼「有監護義務的繼父」，他感到有壓力，不只得當自己孩子的父親，還得當妻子孩子的父親。妻子的前夫露面──平日根本沒在照顧孩子，卻宣稱他的孩子是他的孩子，哈利感到十分不舒服。

五十多歲的銀行家米契有傑佛瑞與羅比兩個親生孩子，同時還和妻子賈姬的兒子馬汀住在一起，是個全職的繼父。米契向我提到另一種壓力，他稱之為「所有人都得公平的壓力」。米契先是在訪談的開頭告訴我，他不曾稱他的繼子為繼子，「對我來說，他〔就是〕我兒子，我真心這樣認為。我試著對三個孩子一視同仁。」然而幾分鐘後米契又告訴我，從某方面來講，三個孩子都要一樣公平，實際上不可能。他在這方面的努力，甚至差點毀掉他的婚姻：

在我們婚姻的初期，可能是剛結一、兩年的時候吧，賈姬有一次因為家長會的事對我發飆。她覺得我在馬汀的家長會待得不夠久，可是我自己也有兩個兒子，一個兒子能分到的時間，原本就已經只有一半，這樣老師才有辦法把兩個兒子的事都告訴我。我不能把時間已經對分的家長會時間，還要再切成更少的三份。時間很短，我分身乏術……每天都在努力分身，永遠每個地方都得顧到，替每一個人做到每一件事，此外我的工作忙得要命。那段時期很不容易，我試著把自己的身體切成三段，那種做法行不通。三段身體不如一個完整的身體好用。四面八方的每一個人都在拉扯我的身體。我不是所羅門王（譯註：所羅門王曾為了解決兩個女人搶男嬰的糾紛，下令把孩子切成兩半，最後判定捨不得害孩子被殺的女人才是生母）。

米契比喻自己「被切成三段」（兩個兒子加一個繼子，一人一段），以非常具體的形象，說出內心感受到的衝突——被「拉扯」，甚至身體「被拉斷」——男人同時對好多人有責任的時候，他們會有那樣的感受。每個人都要一樣公平的壓力——人們期待米契要以一模一樣的方式，愛著所有的孩子，所有的孩子都要得到相同「份量」的他——米契感到各方的壓力扯著他，已經到了要被拉斷的極限。最後是由心理諮詢師協助米契與賈姬解決困境，破除混合式家庭的迷思。諮詢師告訴他們，傑佛瑞與羅比永遠會是米契的孩子，馬汀也永遠會是賈姬的孩子。諮詢師解釋，賈姬與米契可以和繼子擁有牢不可破的美好關係，但他們必須記住，生父生母才是**父母**。米契告訴我，「〔諮詢師〕說，『馬汀不想要你當他爸，傑佛瑞與羅比不想要賈姬當他們的媽媽。你們為什麼硬要讓這件不可能的事發生？你們為什麼要強迫不存在的關係存在？』」米契聽到後，「感到五雷轟頂。什麼？什麼意思？」接著他「突然懂了，出現救命的頓悟。我鬆了好大一口氣。諮詢師把感覺好驚人的事，講得十分正常又理所當然！」

諮詢師點破的事，對米契與賈姬來講宛如天助。他們得以放棄幻想，不再想著要像繼子的親爸媽，所有的心理壓力與求而不可得的失落感，也隨之消失。夫妻訂下協議，自己顧自己的孩子就好，不過也努力和繼子建立特別但不是家長的關係，兩個人不再那麼常吵架，大家都開心。不過，他們夫妻生活中的其他人，不太能接受這樣的安排。舉行儀式時，親友不知所措，例如米契舉了馬汀過猶太教成人禮的例子：

首先，〔馬汀的媽媽賈姬〕不是猶太人，他爸爸才是，還有我也是。馬汀想過猶太的成人禮，沒問題。我們和賈姬的前夫平分費用，這件事也沒問題。然而彩排時，拉比（譯註：

猶太牧師）一頭霧水，他說，「好，所以等典禮進行到這裡，母親與父親會走向前……」賈姬、她前夫和我打斷拉比，（告訴他，）「不對，不要說母親和父親。我們希望你說，『所有的家長』。」拉比看起來好困惑，我們向他解釋情況，但他完全聽不懂我們在說什麼。此外，真正舉行成人禮那天，我們三個人一起向前時，現場觀禮的人坐立難安。

離婚的父親要是再婚，尤其是新妻子也有孩子的話，八成會碰上繼母很有感的「角色模糊」問題。哈利一臉困惑地告訴我，「我和繼子女一起住，付他們的學費和所有的費用，這我沒問題，我很樂意。然而，我甚至不確定，萬一碰上急診，我能不能替他們下醫療決定。那些法律上的規定，我還弄不太清楚。」哈利碰上典型的繼親困境：有責無權。以繼母來講，她們有責任進入母親心態、做事像母親、得有母愛；身兼父親與繼父的人，通常得同時負擔孩子與繼子女的生活費。某些家庭比較幸運，男方的財務狀況輕鬆就能負擔每一個人的生活，但要分給孩子愛與付出情感，那就是比較大的挑戰了。米契在接受心理諮商前陷入的窘境，哈利依舊處於那個階段。哈利表示，「我感覺得到，全家所有人都在的時候，我的孩子和妻子的孩子睜大著眼，非常仔細地觀察我如何分配我的讚美與我的愛。他們想要確認大家是公平的，沒有人拿的比別人多！」

每年決定聖誕卡要怎麼寄的時候，強納森也有相同的感受（他是先前提到的有四個親生孩子的娛樂主管，兩段婚姻各自帶來兩個孩子）。他感到自己對兩邊的孩子各有義務，幻想能公平對待每一個孩子，但左右為難：

我兩個兒子已經大了，是年輕成人，我兩個女兒則還小。我兒子甚至沒和我們住在同一州——我們從來不曾全家人住在一起過。每一年，我和妻子討論，聖誕卡要放上我們夫妻加兩個女兒的照片，但我會想：這樣是不是冷落了兩個兒子？所以我會說，「我們買沒照片的現成卡片，簽上名字就好。」可是署名也不曉得要怎麼辦。我可以寫上卡片是我、妻子、小朋友寄給大家的卡片嗎？那對兩個大的兒子公平嗎？還是我也把他們寫上去？那樣也有點奇怪，因為他們已經有自己的生活，而且不曾和我們住在一起，還有茱莉亞（我妻子）也不是他們的母親。每一年都要走過一次這樣的掙扎。我最後建議，我們直接在卡片上署名「強納森、茱莉亞與全家」。妻子說好吧，但也說，「那樣聽起來不是很溫馨，對吧？」我猜我還是沒找到兩全其美的辦法。

強納森已經成年的兩個孩子，大概不像父親那麼在意卡片該怎麼處理。強納森告訴我，兩個兒子八成連看都不會看。事實上，強納森也知道，他和兒子分隔兩地，兒子也要忙研究所、旅行和女友的事，讓兒子露面一起拍「全家福」，大概是不可能的事。強納森自己也說，聖誕卡的事是他個人的糾結。那樣的心情，米契和哈利八成也會懂。強納森和接受輔導前的米契一樣，「全家人」只不過是不切實際的幻想，但威力強大，帶來太深刻的罪惡感與壓力。強納森不想讓別人覺得，他已經「往前走」，早有「新家庭」了，擔心只放上新孩子照片的卡片，將帶給人那種感覺。然而，努力讓理想化的現實成真，不顧每個孩子年齡不同、住在不同地方、母親不同人，想讓每個孩子都是「平等的」、都是「一樣的」，執行這種不可能的任務，等於是在讓自己心力交瘁。

不必要的對立，「你」vs.「他的孩子」

強納森、哈利、米契全在各式各樣的時刻，因為同時對兩邊的孩子有義務，感到被拉扯，精疲力竭，心中矛盾——強納森有兩段婚姻帶來的親生孩子，哈利與米契則同時有親生子與繼子女。不過，有子男人離婚又再度找到伴侶後，壓力最大的情境是感覺卡在「妻子」與「前一段婚姻的孩子」之間。這種左右為難相當常見，但不只是對父親來說壓力很大，他的伴侶、他們的婚姻、整個家庭體系，同樣承受龐大的壓力。我的訪談對象說，他們爆發過最大的衝突，以及他們心中隱忍最久、最有害的怨氣，在涉及先生或妻子感到碰上男方的孩子時，情況是「她vs.他們」。米契告訴我，他和賈姬度完現實和象徵意義上的蜜月後發生的事：

> 婚禮過後，我們出門玩了兩週。回家時，我們面對雙方都不認識、不了解狀況的現成家庭。這真的不容易。我愛賈姬，賈姬愛我，但除此之外，我們有三個孩子。我得認識賈姬的孩子馬汀，賈姬得認識我的孩子傑佛瑞與羅比，傑佛瑞與羅比得認識馬汀。此外，我和賈姬得習慣一起生活。所有人亂成一團。亂上加亂的是，有人送賈姬一隻貓當結婚禮物，那隻貓說什麼都不肯用貓砂盆。每一件事都亂七八糟。男孩們打成一團，貓在地板上大小便，我又是控制狂，我喜歡知道船到底要往哪開。那段期間真的是地獄。

米契接著解釋，問題不出在三個兒子打打鬧鬧，而在於他和賈姬也牽扯進去。米契指出，每當孩子們吵起來，「賈姬幫她兒子說話，我幫我兒子說話。」整個家開始分裂，你一國，我一國，賈姬與米契愈來愈處於對立的情況：

> 我知道問題大了：我兒子出現以前從來沒有過的態度問題，他們先前不曾有那樣的紀律問題，開始鬧事，在學校胡來，不遵守校規什麼的。我快要不認得他們了。完美的世界突然間不再那麼完美。我和賈姬在結婚前是隨性的人，笑容滿面，現在我們大吼大叫。賈姬請孩子不要把手指插進公碗，和父親說晚安時，她就坐在我旁邊，不要假裝她不存在，但羅比不肯聽她的話。賈姬氣壞了，因為羅比不聽話時，我沒叫羅比照她說的做。

所有的混亂與爭吵，讓米契壓力大到極點。他坦承自己喜歡當控制一切的那個人。米契回想起心中一驚的那一刻：他害怕再婚是個錯誤。「家裡的情況很糟糕，有一天我問自己，我是否做了正確的事？或許最好不要有妻子，家裡不需要有母親。雖然不完整，至少家裡是清淨的。」

當然，羅比和繼母起衝突是非常典型的現象。然而，對賈姬來講，因為先生米契不肯出面，防範未然，最初隨手就能解決的小事，最後演變成大問題。米契這邊則覺得，「小問題」根本不需要他出手，他已經很煩很累了，心力交瘁，兒子顯然適應不良，出現警訊。由於似乎是和賈姬同住在一個屋簷下之後，事情才開始一發不可收拾，米契因此認為兒子在學校表現變差，不肯聽話，八成是自己結婚造成的。米契覺得，該不會是他為了追求自己的幸福，自私地剝奪了孩子的幸福。簡而言之，米契有罪惡感，他把自身的欲望置於孩子的需求之上。此外，賈姬是問題的源頭（雖然她不是故意的），是賈姬對他嘮叨，是賈姬要他吼兒子，兒子已經顯然很沮喪了，賈姬還要他念兒子一些無關緊要、狗屁倒灶的事，什麼要有禮貌。對峙的局面就此成形，「我妻子 vs. 我的孩子」。美國各地有太多太多的繼親家庭都出現這樣的情形。

幸好，亂糟糟的情況與米契的誤解，沒有持續太久。米契和賈姬找到的心理諮詢師向他們解釋，所有的繼親家庭成員，一開始都會碰上適應不良，那是常態，不是特例。此外，幾乎所有的青少年原本就令人頭疼；就算米契**沒**再婚，兒子還是可能出問題。米契告訴我，「接下來諮詢師還說，『你們的孩子現在會不只是令人頭疼，真正的問題出在你們強迫中獎，硬要他們接受一堆不能強求的關係。』」簡單來說，諮詢師要米契與賈姬降低期待，接受「不混合」的家庭模式。他們各自教育自己的孩子。此外，米契與賈姬清楚告訴家中的每一個人，**他們兩個人**的伴侶關係牢不可破，被擺在第一順位。如此一來，家庭結構中就沒有「破洞」，每位成員都清楚，雖然他們的家不「傳統」，大人才是當家的人。米契告訴我，「說清楚後，每個人都釋懷了一點。我想孩子就跟小狗一樣，他們需要弄清楚階級順序才能放鬆。先前的狀況，就像是他們永遠在測試誰是老大，是新繼父繼母還是我？不知道答案讓人無所適從。」弄清楚優先順序後，先生通常也會鬆一口氣，不再是「我妻子 vs. 我的孩子」，而是「我和妻子組成的大人團隊，一起盡最大的努力引導這個家」。

不是每對夫婦都和米契與賈姬一樣幸運。米契與賈姬知道自己需要諮商，也找到顯然是繼親家庭專家的心理學家。我們已經在第一章提過的布蘭達，就沒那麼幸運。布蘭達有兩個還在牙牙學語的孩子，以及一個青少年繼子。布蘭達的先生一直無法克服心中的矛盾，不曉得該支持妻子還是兒子。他很典型，內心的衝突根深蒂固。布蘭達在十年前第一次見到艾維七歲的兒子，當時她就感到艾維的教養風格和自己不同：

我是營隊輔導員，還一手帶大弟弟，所以對孩子很有一套。然而，我不知道要如何一對一面對男友的兒子。漸漸地，我和艾維感情愈來愈深，我開始看出艾維和他前妻非常放任孩子。他們讓傑米隨時隨地可以吃冰淇淋、棉花糖和喝汽水，七歲就看R級電影，聽嘻哈音樂，半夜一點才上床睡覺。我覺得實在有夠離譜，認為不該這麼做，也不覺得孩子喜歡這樣。

雖然他們已經約會兩年，而且是認真交往，但如果傑米在家的話，布蘭達週末不會在艾維那過夜，因為艾維認為那樣做「不對」。艾維放任孩子不守規矩，也不肯讓布蘭達過夜，顯示出他無法把自己的需求，當成和兒子的需求一樣重要。布蘭達擔心自己會顯得自私又小心眼，所以沒有出聲。「我猜艾維認為，如果兒子在家，我過去住，對兒子不公平，我會搶走他兒子和爸爸相處的時間還是什麼的。」布蘭達解釋，「我覺得那樣很怪，但我沒小孩，不覺得自己有立場說話。」

這段時期過完沒多久，在傑米十歲時，布蘭達發現傑米還和艾維睡在同一張床上。布蘭達瞠目結舌，她訝異父子一起睡，也訝異男友覺得那沒什麼。「我說，『他十歲了，還和你一起**睡**？』」布蘭達告訴我，「艾維說，『對啊，傑米也和他媽媽一起睡。有什麼不對嗎？』我告訴他那樣不正常，我認為孩子需要界線、規矩與獨立，艾維口氣變得很差。家裡的床——那成為爭論的**重點**，我整整花了兩年時間，才讓繼子不再睡在我男友床上！」

艾維大概是在無意間，讓女友與兒子變成對立的兩個人。這點反映出他內心的衝突，他想在外頭談戀愛，但又離不開兒子。某些事光是有那個念頭，艾維就感到罪孽深重，更別說真的去做，於是他讓布蘭達跟他吵，代替他堅持做那些事。雖然傑米最後不再和爸爸同睡一張床，但每次有什麼事，艾維繼續讓布蘭達出面當壞人，最後造成無可挽回的「傑米 vs. 布蘭達」對立關係。艾維誤把和女人談感情，當成是在背叛兒子，替自己製造出不存在、不必要的左右為難，然後再指控布蘭達逼他在她和兒子之間做選擇。布蘭達和艾維的情形很極端，但也只是嚴重版的父親／丈夫有罪惡感的典型繼親家庭狀況。

艾維和布蘭達結婚後，依舊感到無法把布蘭達加進他和兒子的關係——他們父子的關係，比他的婚姻還重要。布蘭達表示：

如果傑米（現在十七歲）不能一起去，我先生、我們的兩個孩子和我，就不能去度假。由於傑米的學校行事曆，和我自己的孩子的學校行事曆很不一樣，我們不曾度過沒有傑米的假期，他通常根本也不想一起去。小的孩子學校放假了，但我們不能出遠門，因為要傑米待在他媽媽家幾天，讓我先生覺得很有罪惡感（如果傑米的學校還沒放假，我們去度假的話）。我覺得很討厭。我更加不能接受的是，我們一定得帶著我繼子才能去度假，我先生卻會單獨帶他兒子去度假，一年兩次，一次長達一週！留我自己一個人在家一打二，帶兩個四歲以下的孩子。

艾維對兒子有罪惡感，試圖彌補，結果只讓痛苦的布蘭達，更加覺得自己是家中的外人。這種感受不斷強化，婚姻岌岌可危。布蘭達告訴艾維，她不想要一年兩週被留在家自己帶孩子，問能不能和傑米一年度一週的假就好。布蘭達告訴我，她因為心中累積太多的怨念，「我的口氣有點是在命令他。」艾維勃然大怒。布蘭達告訴我這件事的時候，依舊感到傷心不解，「艾維說，『永遠**別想**拆散我和我兒子，因為我會選我兒子！』」

布蘭達的先生亂發脾氣，在家中製造不必要的分裂，很難想像布蘭達的婚姻能走下去。同樣難以想像的是，布蘭達能和傑米建立關係。這些年來，布蘭達盡了最大的努力，但主要是因為艾維感到自己要是個好父親的話，兒子一定得「排第一」，布蘭達一遍又一遍成為繼子的對手。傑米知道自己在父親心中「有獨特的一席之地」，父親狠不下心，他變得無法無天。根據布蘭達的說法，傑米和大人講話的方式，就像他們是平輩，還買賣毒品，無視於布蘭達試圖立下的規矩，不論多合理的要求都一樣。雖然艾維覺得，布蘭達應該對他兒子「好一點」，「停止指手畫腳」，但他的家會處於這種不幸福的狀況，他是最大的始作俑者。艾維對於自己離婚又再婚有罪惡感，害怕要是立下任何規矩，兒子就會一走了之。艾維看不見自己需要和布蘭達建立伴侶關係，先入為主貼標籤，錯怪自己的婚姻與家庭。

恐懼：背後的力量

我和帶孩子離婚又再婚的男性聊過之後，感到恐懼以出乎意料的程度掌控著男性。不論是心理學的文獻記載，或是受訪者與我的對話，男性提到他們害怕離婚（不論是不是他們主動提的）會傷害孩子。他們還擔心再婚是「自私」的舉動，對孩子不好，再次讓事情四分五裂。

此外，他們還有一個最大的恐懼：男性害怕會見不到孩子。一定要強調的是，許多男人萬分恐懼，儘管有監護權協議，萬一觸怒前妻，前妻會在孩子面前講他們壞話，找藉口不讓他們探視孩子，或是打官司取得單獨監護權。聽完太多前妻碰上前夫再娶或有了其他孩子後，上法院爭取單獨監護權的故事，男性的恐懼令人感到其來有自。前妻如果希望提高孩子的撫養費，也或者只是她們不高興，監護權與探視權似乎太常成為武器。

男人心中的各種恐懼帶來哪些結果？恐懼如何影響著他們的日常生活與婚姻？女性一再一再告訴我，她們的先生因為害怕失去監護權，無法對前妻說不。雷妮告訴我：

> 我先生在我這邊，我們正準備出發參加婚禮或做其他的事，他前妻會打電話過來，因為他們共同認識的朋友太多。她會說，「你能不能拿點錢過來？我沒時間去ATM領錢。」我先生不會叫前妻去領她自己的錢，他會真的給她錢。前妻以前曾經帶著孩子離家出走，我先生害怕會再次和兒子失聯。他沒辦法對抗前妻，無法拒絕前妻任何事。

男人會因為害怕失去孩子，做出其他思慮不周的決定。他們和孩子的相處時間有可能很短、很不頻繁（通常只有週末或甚至是隔週的週末），許多沒監護權的父親和艾維一樣，選擇不管教孩子。某位男性告訴我，「我女兒幾乎不會來我這裡，我不想把相處的時間，浪費在嘮叨她毛巾沒掛好，或是叫她去寫作業。我希望我們在一起的時光很快樂。」事實上，這位男性大概也在害怕，要是自己不再當個「什麼都說好的父親」，女兒就會不想見到他。這種出於恐懼的放任型教養法，可想而知會造成夫妻之間的問題。妻子可能會（情有可原地）抱怨，「你把你女兒寵壞了」，進一步造成男方認為「事情是『我妻子 vs. 我的孩子』——我妻子心胸過於狹窄，對我女兒太嚴格！」

離婚又再婚的父親除了害怕上述種種，還通常擔心會觸怒妻子。你可能感到你在老公心中排在最後，但你先生其實非常害怕婚姻二度失敗、三度失敗，又要離婚了。你告訴先生，「你得對你前妻硬起來！」或「你要告訴你孩子夠了，不准再那樣做！」然而，從他的角度來看，硬起來的意思是他可能會失去孩子，但不照做又會失去你。當他感到處於人際關係的地雷區，踏錯一步就會爆炸，他會覺得什麼都不做，似乎是相當好的選擇。離婚又再婚的父親，因此開始裝聾作啞。男人不是故意避免衝突、唯唯諾諾、什麼事都裝死，他會那麼做是因為他害怕。

罪惡感、矛盾與恐懼，除了是你先生的情緒地景中常見的特徵，某種程度上還令人感到丟臉與「不ＭＡＮ」。你先生拒絕承認心底的這些感受，否認有那麼一回事，這些感受開始變形成你和他之間的衝突。無視的時間一長，那些情緒有可能再度冒出來，這一次威力更強，強力反噬，帶來滔天巨浪。

Chapter 6

Your Marriage

你的婚姻

「再婚」：你們兩人結合形式的歷史

雖然整體而言，社會不把有孩子的人再婚，當成「一般的普遍情形」，但這絕不是什麼稀奇事。美國每年結婚的人，大約有五成是一方或雙方都是再婚[1]，其中又有六五%再婚時，有前一段關係留下的孩子。不過，不光是數字讓這樣的結合，看起來「沒什麼不尋常」。有孩子的再婚其實在美國有著悠久的傳統[2]，不但遠遠稱不上罕見，甚至在歷史上每個時期都是常見現象。

在過去三個世紀，再婚率其實沒發生多少變化。麻州灣殖民地普利茅斯鎮（Plymouth Township, Massachusetts Bay Colony）一六八九年的人口普查顯示，五十歲以上的成年人口中，四成的男性與超過四分之一的女性，至少再婚過一次。[3]此一趨勢接著又延續了兩世紀。心理治療師與婚姻研究人員蘇珊・甘瑪歇博士（Susan Gamache）估算，一八五〇年所有的美國孩童中，一半有繼母。[4]幾乎所有人都在配偶死後立即再婚。由於在美國的整體早期歷史，家戶是生產的中心[5]，夫婦扮演百分百相互依賴的經濟角色，帶著孩子再婚，對於延續家庭與整個社區的幸福來講十分重要。

相較之下，今日九成的再婚則是離婚後的再婚。[6]再婚的象徵性意義與實際的生活經驗，出現根本上的轉變。舉例來說，現代人再婚時，前配偶幾乎都還在世，這點大概會影響孩子的行為，也深深影響著繼子女與繼父母的關係。此外，在先前的年代，帶孩子再婚是出於經濟上與情感上的考量，是為了對孩子和群體好。相較之下，今日再婚則比較像是可做、可不做的事，是一種選擇——如果其中一方是為了外頭的男人或女人而離開，甚至會令人感到違反道德契約。更複雜的是，今日的繼親家庭與再婚夫妻，將面臨約翰霍普金斯大學（Johns Hopkins University）社會學家與婚姻史專家安德魯・謝林（Andrew Cherlin）所說的「缺乏制度化」——繼親家庭或有小孩的再婚夫婦該怎麼做，缺少明確的標準、期待與規則。[7]也就是說，從急診時你無法替繼子女決定該如何治療，一直到家長會該怎麼開；從不曉得繼子女該喊我們什麼，一直到許多人有意無意間假設，再婚與繼親家庭在某些方面不如第一次的婚姻，你將碰上大大小小的模糊地帶與偏見。[8]在先前的世紀，大眾對於再婚抱持善意，提供社會支持；今日則不一樣，不論是公共策略、法律地位，以及等同汙名化的意識形態，全都帶有歧視，也因此女性要是嫁給有孩子的男人，將承受龐大的外在壓力。這樣的婚姻比其他所有類型的婚姻，還需要被擺在第一順位細心呵護，此外也需要最不可靠、但也最不可或缺的助力——真愛。

了解你踏入的有子再婚：概述

一直到了近日，大家以為有孩子的再婚離婚率是六成左右[9]，比整體的離婚率高一七%。然而，現在聲譽卓著的離婚研究人員與臨床心理學家哈瑟林頓更清楚指出[10]，如果其中一方有前一段婚姻留下的孩子（「簡單的」繼親家庭），今日再婚的離婚率可能高達六五%。如果進入下一段婚姻時，雙方都有孩子（「複雜的」繼親家庭），離婚率更是驚人的七〇%。有孩子的再婚離婚率，比沒孩子的高五成。[11]此外，再婚夫婦認為婚姻會出現壓力與關係緊繃的原因，孩子是排名第一的源頭。哈瑟林頓的一千四百個研究對象中，僅五%表示繼子女有益於婚姻。[12]簡單來講，再婚最大的威脅，就是前一段婚姻留下的孩子，不論孩子幾歲都一樣。

可能的原因是什麼？為什麼他的孩子會帶給你的伴侶關係如此龐大的壓力？帕斯里與易辛格—塔曼兩位研究人員指出，雖然父母決定再婚組成新家庭時，孩子一般沒有發言權[13]，他們卻有無窮的破壞力量。前文提過，繼子女可能帶來幾乎是無止境的衝突，在婚姻的早期階段尤其如此。夫妻得處理孩子對繼母的敵意，還得處理管教等各種議題，以及夫妻對於男方孩子的期待。繼親專家與家庭治療師裴波饒解釋[14]，男方孩子的議題幾乎是結構性的，「同樣的一個孩子，父母感到依戀、被吸引、看到心情就好、雙方有連結，繼父母則〔大概〕感到被推開、被忽視、嫉妒、彼此競爭、精疲力竭。」此外，前文第三、四、五章討論過，絕大多數的繼母，她們的另一半屬於放任型的父母。繼母遇上這種情況時，可能要求建立秩序，夫妻開始為男方的孩子吵架。裴波饒博士形容，這種常見的情形是「為了教養他的孩子而產生對立」。

就好像這種各執一詞的教養立場對立還不夠似的，其他因素也會讓有孩子的再婚困難重重。首先，有孩子的再婚夫妻得替一些事做出定義，碰上其他的夫妻不會碰上的重擔——要處理的事實在太多。繼母究竟該扮演什麼角色，每一對再婚夫妻都得找出每一個人都會接受的答案——先生、妻子、孩子都要能同意。找答案將需要耗費數個月、甚至是數年時間，在痛苦的對立之中不斷嘗試。第二，如果女性再婚時也帶著孩子，夫妻二人還得想辦法，讓來自不同家庭與家庭文化的孩子能融洽相處——更別提過程之中一定會出問題，要一直忙著救火，令人精疲力竭。第三，前配偶有可能不肯合作，讓事情更加複雜。即便前妻前夫願意配合，所有的大人依舊得協調時間表——誰負責接送、由誰帶孩子去看醫生、上音樂課與從事體育活動等等。此外，家中發生變化時，不免激起小孩與大人心中種種的情緒，此時大人也得加以處理。還有，由於繼子女是兩個家庭之間的連結，他們會做比較，傳不好聽的話，甚至幫忙當間諜，因而帶來種種摩擦。如果孩子年齡較大，再婚夫婦還得應付令人焦慮的節日、拜訪，以及人生的重大事件，像是畢業、婚禮、孩子出生等等，此外還得面對繼親的姻親。再婚的夫婦替各種活動做準備時，不免碰上強烈的情緒元素。曼哈頓艾克文家庭治療所（Ackerman Institute for the Family）的所長洛伊絲．布拉夫文（Lois Braverman）告訴我，「光是安排行程，有孩子的再婚夫妻得安排的人數多很多，牽涉到不少人，大家的時間都得能配合才行，日常生活可能充滿累人的協調。這是繼親家庭會碰上的特殊狀況，初婚沒有這些問題。」

再婚的夫婦有好多煩人累人的事要做，也難怪他們常常忘記照顧自己的婚姻。曼哈頓的艾拉生了三個尚年幼的孩子，另外還有兩個繼子女。她告訴我，「如果要找出專屬於我和先生的獨處時間，我有時感到這像是零和遊戲。」即使明知孩子八成不會對爸爸再婚與繼母感到熱衷，甚至加以反抗（而且這種情緒通常會一路延續到成年），夫妻仍必須想辦法排除萬難，建立親密的伴侶關係，加以維持。

婚姻為先

你的婚姻面臨種種不利因素，光是加以呵護還不夠。再婚會碰上種種初婚沒有的問題與人際互動，你和你先生必須兩個人都特別把婚姻擺在第一順位，否則這樁婚姻無法存活。如果你先生已經近六十歲（或是年紀再上去），這大概不會是問題，因為這種年齡的男性，一般遵照他們的性別文化劇本，把「維繫家中情感的事」，留給妻子去做，由女性負責和年紀還小或成年的孩子，維持親密的關係，男性則把注意力擺在事業和配偶上。[15]這種傾向對繼母來講，好處是她們大概不會覺得自己的重要性不如孩子。壞處則是成年的繼子女一般會認為，父親會這樣那樣，都是繼母的問題，把父親的行為當成一種有選擇的事。我訪談過的好幾位成年繼子女，雖然他們也意識到自己的父親，基本上是在盲從社會上的一般做法，他們依舊把罪怪到繼母頭上。一名繼女表示，「他讓她掌控一切。」

第五章提過，今日的父親比較會照顧孩子，因此難以在「照顧再婚婚姻」與「盡到為人父的責任」之間找到平衡。美國繼親家庭資源中心的阿德勒—畢德博士告訴我，現代的男性不同於先前的世代。以前的男人把帶孩子的事全交給女人，或是離婚後就去過新生活。對他們來講，不必親自育兒，隔週週末才能見到孩子，沒什麼不好，「今日許多離婚後再婚的父親則試著做到『兩個第一』。」我後來訪問到一位離婚後再婚的男性，他讓我更加明白阿德勒—畢德博士的意思。我請他用數字一到十作答，一分是「完全不是如此」，十分是「非常符合」。他把「我把婚姻排在第一順位」與「我把孩子排在第一順位」都給了十分。今日多數的男性和他一樣，更覺得有義務把前一段婚姻的孩子與現任妻子，同時擺在第一順位，結果則是他們感到心累，處於雙輸局面。我訪問過的離婚後再婚的有子男性中，不只一人說過同樣的話，大意是，「在頭幾年，我感到每一個人——我妻子、我孩子、我前妻——他們永遠都在氣我。」裴波饒博士告訴我，她的某位病患歎氣，「我是一塊肉，每個人都要搶走一角，沒人看見我在流血。」

不去考慮是否所有人全部住在一起，也或者孩子只在週末出現，或孩子已經成年了，不管三七二十一，堅信家中每一個人都必須擁有「平等的地位」，全部的人都要分得男人「同等的關注」，對每一人來講都是困擾又有壓力的事。在令人滿意的成功初婚婚姻中，伴侶關係是整個家庭體系的基礎。沒有伴侶關係就不成家。再婚的婚姻則不同。心理學家貝雷等研究人員發現，在再婚婚姻中，尤其是頭五到七年，父子關係大概會強過夫妻關係，因為父親與孩子之間的關係，可以回溯到很久以前，再加上父母如果離婚後和孩子相依為命，親子之間有可能變得特別親密。也因此繼親家庭系統的階層，從一開始就不明確，造成困惑（「我必須對她好嗎？」、「她會一直留在這裡嗎？」、「如果我就是不理她，或是對她不禮貌，父親會怎麼做？」、「先生站在誰那邊，他的孩子還是我？」），接著導致家中的權力鬥爭。如果在父親的單身時期，親子間變得十分親密[16]，孩子會以為可以對繼母「行使否決權」，或是把繼母當成入侵者。如果父親怕傷到孩子的心，不好意思讓孩子知道，他們已經不再是他生命中唯一重要的人，遲遲不肯讓孩子明白他的婚姻才重要，拖得愈久，孩子就會愈以為可以左右繼母的去留。然而，那麼做無法保護孩子，還會讓妻子與婚姻成為被攻擊的目標，助長孩子的氣焰，孩子還以為在家裡、在這個世上，他們最大。

四十五歲的瑞貝卡和我聊的時候，正在經歷這個問題。她搖著頭告訴我，幾天前的晚上，先生強迫她取消和老友行之有年的「夫婦約會之夜」。幾個好友只會在同一個城市待上幾天而已，卻要她放棄。先生和處於青少年期的女兒最近在吵架，女兒那天下午打電話過來，說要到家裡談一談。「他女兒突然決定要出現，我們就得拋下手邊一切的事。」瑞貝卡冷冷地回憶，「我很難接受。我們難得能和好友見面，卻得取消，這樣〔他〕才能好好和〔他的〕女兒吵一架或和好？不能等到隔天嗎？但我說我覺得取消很莫名其妙，我先生回答，『你不希望我們父女關係良好嗎？』」瑞貝卡嘆了一口氣。「我當然希望他們父女好好的，我只是不認為，每當他女兒決定要出現，我們就該立刻放下手邊全部的事。」

有鑒於這類的潛在問題，韋賽夫婦（Emily and John Visher）與貝雷等繼親家庭專家建議，成人間的伴侶關係一定得牢不可破，擺在最重要的位置，夫妻一定得是團結的組合，繼親家庭尤其得如此，比其他任何類型的家庭都需要。[17]貝雷摘要研究結果，結合他多年擔任心理學者與家庭治療師的經驗，提出他如何看待這類問題，「婚姻滿意度幾乎永遠決定著繼親家庭的穩定度。如果滿意度高，人們的忍耐度也跟著高，有辦法忍受繼親家庭生活常見的混亂與衝突。然而，要是婚姻滿意度低，人們能忍受衝突的程度極低，繼親家庭通常會瓦解，夫妻離婚。」由於繼親家庭中的伴侶關係極為脆弱，重視伴侶關係能增加繼親家庭維持下去的可能性。講白了，把婚姻擺第一對每個人都好。[18]

把你的婚姻擺第一，在實務上是什麼意思？絕對不是排擠先生的孩子，也不是孩子在的時候，假裝他們不存在。然而，婚姻要能走下去的話，你和另一半必須讓孩子知道，沒人能拆散你們，你們的關係穩若磐石，你們兩個人都非常重視你們的伴侶關係。你們可以用簡單的小方法表現出這件事，例如：他的孩子也在房間時，你們可以握著手（如果你們通常會牽手），或是告訴孩子你們夫婦固定會做的事（「我們會在每週日早上做薯餅，我們很愛吃」），接著邀請孩子加入。紐約市治療師高齊斯博士建議，男方的孩子來的時候，你們如果正在忙別的事是好事，像是正在做家事（在花園裡種東西）、正在和你的繼子女也認識或喜歡的其他大人吃晚餐等等，不必每次繼子女要來，就搞得像是重要的大事，鋪紅毯熱烈歡迎。這一類的小事可以讓先生的孩子知道，不論他們在不在，你們兩個人有自己的日常生活，清楚表明你們夫婦的關係才是最重要的，他們不能掌控你們的婚姻，也不能掌控這個家。父親和繼母才是這個家的主人，他們很相愛。專家同意，明白事情的順序、知道自己的位置，孩子會鬆很大一口氣。相較之下，如果先生的孩子出現時，你們永遠特別為他們安排週末，你是在告訴孩子，你們認為應該為了他們，拋棄自己的生活，什麼都不顧了。這對你們、對孩子來講都是壓力很大的事。

最重要的是，把你們的婚姻擺第一，意思是把你和另一半，想成同一隊的人。這點可能不容易做到。裴波饒博士寫道，有孩子的再婚婚姻發展過程，「必須從原本的親子關係中搶走避風港，奪走共同決定權，改成牢牢抓在伴侶關係手裡。」[19]在多數情況下，繼子女大概會痛恨家中重組。實務上，你可以把「我們是團隊」當成座右銘，尤其如果他的孩子和你們同住，天天碰上和管教與禮貌有關的爭執。孩子很精，如果他們察覺你們夫婦不合，他們會見縫插針。

你們夫妻一定要想辦法統一陣線，不論發生什麼事，一定要在孩子面前支持彼此。舉例來說，如果你因為蘇西已經答應了，卻還是沒把髒碗盤擺進洗碗機，而不讓她看電視，先生卻覺得沒必要關電視，此時先生應該閉緊嘴巴，等你們兩個人獨處時，再商量這件事。孩子要是以為這個家由他們決定（而不是大人），這將帶來無窮的鬥爭、困擾或沮喪。此外，如同繼母作家潔芮・伯恩斯（Cherie Burns）所言，沒有什麼事會比試圖在家中拿出適當的一家之主權威時，卻在男方孩子面前吃鱉，更讓繼母感到怨恨、懊惱或「低人一等」。[20]

你愈抓住每次的機會團結你和先生的小隊，加強你們同一國的感覺，你們的組合就會愈強大，愈感到一起面對挑戰是很自然的事。高齊斯博士建議，男方的孩子過來共度週末後，可能的話，最好在週一早上，你們夫妻一起共度幾小時。他告訴我，「這麼做可以重新建立連結，回到原本的親密模式。」如果是平日都和孩子一起住的繼母，更是要找出夫妻的獨處時間。把你們的臥室列為繼子女勿入區，每週找一天晚上去約會，可以讓每一個人知道，你們的婚姻是最重要的，尤其是要向你自己強調這點。此外，你和先生也將有過大人生活的寶貴時間——不是整天只有一起帶孩子而已。

你可能會想：**講是那樣講，真的要做到沒那麼容易。我先生才不肯做那些事。**先生如果不了解該如何平衡和你、和孩子的關係，想辦法讓他從中立的外人那聽到你的要求其實很合理，他將比較容易接受，像是書籍、牧師或拉比、婚姻諮商師等等。你一定得堅持把你們的婚姻姻擺第一，才可能在發生問題時，撐過有孩子的再婚婚姻一團混亂的前幾年，接著婚姻愈來愈美滿。

重大抉擇：生下你們共同的孩子

在有繼子女的再婚婚姻中，決定你們夫妻是否要一起生孩子（再婚專家的術語是「共同的孩子」〔mutual child〕）、何時要生，經常是再婚夫妻**會碰到**的問題。我為本書訪問的女性中，五個人成為繼母前已經當媽，沒興趣再生；兩個人成為繼母時沒孩子，但覺得這輩子不生也挺好的；其他的人則告訴我，她們答應結婚的條件是至少要生一個雙方共同的孩子。

柏克萊加州大學的繼親家庭專家安．伯恩斯坦博士（Anne Bernstein）表示，有孩子的再婚婚姻中，大約四分之一的夫婦在婚後十八個月內，有了「我們共同的愛情結晶」。[21]許多女性幻想，孩子將是她們的門票，她們可以真的「登堂入室」，不再感覺像個外人。某些時候，她們的確心想事成。我們有了自己的孩子後，優先順序會變，花力氣的地方也會變，前妻的怨氣，繼子女的冷漠，不再讓我們感到那麼重要。好幾位女性告訴我，她們自己有孩子後，她們的不快樂，她們的壓力，似乎大幅減輕。布蘭達表示，「我們的兒子出生後，感覺上我先生的前妻終於明白這是真的。她終於知道不該隨時打電話過來，捏造一些小事來煩我們。此外，她和我先生要怎麼教育我的繼子，我也沒時間管他們了。我很忙。我現在終於有機會用我要的方式養孩子。」朵拉告訴我，「我有了貝兒後，我的怒氣消失了，不知怎麼的就不見了。」許多女性告訴我，她們有親生的孩子要保護後，她們更明白先生怎麼會那麼寵孩子，聽不得別人批評他們的孩子。西西大笑表示，「我現在自己有孩子了，**我變成**那種惹人厭的家長，以為自己的女兒很完美。」西西回想當初覺得很受不了，不敢相信先生怎麼會聽不進去他兒子不是一百分。

當然，生孩子絕對、絕對無法解決所有的繼母問題。有了孩子，還會衍生出其他的問題與壓力，例如：繼母懷孕後，前妻感受到的威脅可能更強[22]，更常發洩自己的不舒服。懷孕這種事，前妻的反應會比前夫強烈。我們當繼母的，許多人有這方面的第一手經驗。懷孕是人生的美好大事，我們已經幻想這一天很久了，我們好開心。然而，我們的幸福卻是別人最糟糕的惡夢，所以她們要洩恨，她們要亂鬧。那樣的對比令我們很不舒服。此外，繼母有了孩子，大概也會引發繼子女的各種問題。我清楚記得，我和先生告訴繼女我懷孕時，我心中一沉，因為她們開始哭個不停。接下來九個月，我忍不住感到繼女是故意搞破壞。我很天真，還以為孕期將是我和先生的幸福時光，但繼女戳破我的美夢。當然，從繼女的角度來看，我才是毀了她們人生的人。

雖然孩子降臨人世，將以你想不到的方式連結起「家庭」成員，繼子女變得和你更親，你感到你們有共同的家人了，但你也可能出現母親的原始保護欲與疑神疑鬼。你會出現卑鄙的衝動，想要擠走繼子女。莎拉告訴我，當她十歲的繼子說「小嬰兒長得像外星人」，她勃然大怒。嬰兒**的確**長得有點像外星人，但沒有母親想聽見這種評論。雪上加霜的是，莎拉的繼子語氣帶有敵意，因為他害怕有了新孩子，自己會被拋棄。再加上先生沒出聲制止兒子，莎拉更氣了。莎拉告訴我，她很快就拋掉那種情緒，不過她也說，「自從蘿西出生後，我想要築起一個小小的圍籬，裡頭只有我、我女兒、我先生。這個念頭聽起來很小家子氣，我不能告訴任何人這件事，但有時我希望，只有我們三個人就好。」在這方面，莎拉的心理其實很典型，沒她想的那麼不尋常。繼母極少說出口的祕密，就是我們其實比較愛自己的孩子，有時會幻想「只有我們」的生活。以我的例子來講，儘管一開始跌跌撞撞，在我大兒子出生後，我開始更能接納我的繼女，畢竟她們愈長愈大後，每天都變得更有魅力、更有趣。此外，我十分訝異繼女雖然最初討厭我，她們仍不計前嫌，真心愛我的兒子。從這個角度來看，我兒子可說是替這個繼親家庭帶來某種救贖：繼女給了我兒子一個機會，我因此也想再給她們一次機會。

不用說，要不要生共同的孩子，對許多再婚夫婦來講是難題。如果先生已經有孩子，妻子覺得非生不可，男人卻會認為生不生都沒差。雙方對於生孩子的基本立場與感受不一樣，有可能替婚姻帶來很大的傷害。[23]進一步分析的話，離婚後又再婚的男人，其實對於要不要再生孩子，心底深處通常相當矛盾。他們擔心這樣會對已經有的孩子不好，也害怕這次的婚姻可能失敗。萬一又離婚，監護權和探視的安排就更麻煩了，一次要顧兩邊的孩子。很多男人不管他們婚前說了什麼，等事到臨頭，真的要生孩子了，他們又要再想一想。不難想像此時夫妻間的協調經常會劍拔弩張，生孩子永遠不是生孩子那麼簡單，還會牽涉其他事，例如繼親家庭的互動情形、被排擠的感受、財務壓力等等。我最喜歡的受訪者凱莎碰上的正是這樣的情形。

凱莎，「我還以為我們會組成一個家」

我第一次見到凱莎，就深深感到她樂觀開朗、活力充沛。凱莎準備了一頓很豐盛的午餐，立刻用她的溫暖與好客，讓我放鬆下來。我們坐著的飯廳桌子旁，牆上掛滿她裱好框的婚禮回憶——結婚時的誓言、喜帖，以及凱莎、先生、先生女兒的照片，孩子看起來十歲左右。然而，凱莎開開心心遞給我一盤鷹嘴豆泥後，立刻就告訴我，她的婚姻「岌岌可危」，她應該很快就會提出離婚。凱莎解釋，她感到先生唐納不是很重視兩人的婚姻，再加上財務壓力，還有就是兩人爭執不休究竟要不要生孩子。凱莎碰上的狀況是所有的問題糾纏不清。

「我還以為我們會組成一個家。」凱莎說，「我先生很喜歡小孩，永遠父愛十足。我和他結婚後沒多久，他的前妻決定不想帶孩子了，女兒莎蒂不喜歡母親的男友。他前妻告訴我們，『我要搬家了，但莎蒂想繼續念（現在的）學校』，你們幫她找個地方住吧。」

莎蒂想繼續住的市區不便宜，凱莎和唐納負擔起來很吃力。唐納為了離婚已經負債，所以凱莎賣了自己的房子，再拿出一輩子的積蓄，買了一間新房子，裝潢好，好讓三個人能住在一起。接下來，唐納丟掉工作，凱莎為了負擔莎蒂私立學校的學費，每週工作六十小時。在許多方面，凱莎都感到「蠟燭過度燃燒」。

「如果說我對先生有什麼怨言，那就是我無法接受我付出那麼多，我在他心中依舊不是第一順位。」凱莎說，「莎蒂和我住在同一個屋簷下，她甚至不曾和我打過招呼。唐納很久以前就能要女兒別那樣，但他連要求女兒說哈囉都不肯。然後現在莎蒂的母親，突然又想要女兒和她住——在多年不聞不問、什麼都沒替女兒做之後。」

我問凱莎，她們是否討論過莎蒂搬過來同住的事，或是改念公立學校。凱莎大笑回答：

根本沒有，沒人問過我的感受！我不知道後來會變成這樣！我們結婚時，莎蒂十歲，一週有好幾個晚上和我們待在一起，我們像是一家人。我們玩假裝是小火車，一起編辮子，付出無條件的愛什麼的。現在她進入青春期，這是她家，她想要有自己的空間，她想要獨立，我懂，但唐納隨便孩子要怎樣就怎樣——我和他不再處於同一個陣線！還有學校的事——我先生永遠不會那樣做。我們兩個人縮衣節食沒關係，但孩子絕不能轉學，就是這樣。

凱莎講到這的時候，她繼女剛好進屋，對她咕噥了一句招呼，但對我露出燦爛笑容，接著又大力甩門出去了。凱莎露出苦笑，「還真是稀奇了，她通常連含在嘴裡的哈囉都不會說。」她說，「唐納幾乎算得上是怕女兒，所以他不曾告訴女兒，『首先，你一定要尊重凱莎，一定一定要，因為她替你做了這一切——載你上學、給你零用錢、盯你的功課。你走進房間時，她如果在，你至少要打聲招呼。』」

凱莎顯然感到被占便宜，沮喪她和繼女莎蒂之間的關係，只有一方在付出。我認為凱莎是個非常肯做的人。我在想，她會那麼沮喪，不曉得在多少程度上，和她這種個性有關。或許如果她不再做這麼多，她的怨氣會不會少一點？我告訴凱莎，她似乎感覺沒人看得見她。「沒錯！」她回答，「帳單都是我在付，我覺得不舒服。我覺得被極度無視。問題就出在永遠不會有人告訴莎蒂做人的道理。簡單來講，我先生面對女兒的態度是：**你那樣不太好，不過隨便你吧**，所以這個家是莎蒂在做主。」

我告訴凱莎，她的情況聽起來帶給她很大的壓力。她愣了一下而後點頭說，「我不曉得自己撐不撐得住，或是想不想撐下去。莎蒂吃我的、穿我的、用我的，但什麼都不肯替我做。我感覺……被踐踏。早期的時候，我會問唐納，『我們真的有一天會結婚嗎？』唐納會打哈哈，然後說，『等莎蒂準備好我們就結。』當時我很欣賞唐納為了女兒犧牲那麼多，但現在……現在我明白付出代價的人是我。那就是為什麼我會告訴你，我在他心中排在第二順位。」

凱莎深吸一口氣，似乎在考慮要不要講下去，接著一吐為快，「我嫁給我先生，是因為我愛他，不是因為他有錢。但過了這些年後，我開始覺得，只有嫁給有錢人的女人做得到！如果有錢讓莎蒂暑假可以去夏令營，或是你真的很需要休息時，先生有錢讓你立刻去度假，那都能讓人喘口氣。反正現在的情形就是我覺得先生靠我生活，卻不保護我，任由他女兒傷害我，就連他女兒也是我養的！」

凱莎解釋自己感到先生只會利用她，不支持她，先生的女兒也不尊重她，凱莎開始出現情緒反彈。有好長一段時間，她感受不到自己愛唐納，對他沒有性欲。

兩年前，莎蒂告訴她爸爸，「如果你和凱莎生孩子，我晚上永遠都不會再睡在這間房子。」我想我先生一直把女兒那句話記在心中。我先生知道我們的財務狀況一直不是那麼好……二〇〇五年五月時，我不曉得為什麼懷孕了，大概是避孕時哪裡出了差錯。我告訴先生我懷孕了，他說，「你做了什麼？你在我背後偷偷耍了什麼小手段！」我說，「我沒有！這是意外懷孕。」一直到那一刻，我才知道唐納有多不想要孩子。我嫁給他，是因為我還以為我們會一起生寶寶。那是重要資訊。要不是因為〔他同意〕我會有自己的孩子，我絕不會和他結婚！我們的結婚誓言就掛在那裡。他起誓的時候，說〔我們會是他的〕生命中最重要的兩個女人，還說希望我們接下來會迎接一個兒子。

凱莎提起他們夫妻的結婚誓言，我嚇了一跳，尤其是「〔他的〕生命中最重要的兩個女人」那句話。凱莎的困境似乎不只與他們的財務問題分不開，也和唐納無法把婚姻擺在第一順位有關，他不願意把凱莎當成生命中獨一無二的重要的人。凱莎告訴我，唐納叫她去墮胎，她拒絕，但最後還是流產了。她心中有一個角落在想，她會失去孩子，是不是因為夫妻吵架帶來的心理壓力。不久後，凱莎開始考慮離婚。

唐納指控我，他說我故意讓自己懷孕。我想自從那天起，我明白了我不想和這個人生孩子，反正也辦不到。我們以前錢不多，現在也還是沒錢，但錢不是唯一的問題。重點是他女兒有那樣的想法，而這決定了他和我永遠不會有孩子。事情就是這樣，那孩子掌控著這個地方。

有一陣子，我試著告訴自己我可以的，我會當這個女孩的媽媽，沒有自己的孩子也沒關係。然而，那真的是我要的人生嗎？我的人生就這樣了？我無法掌控莎蒂最後會怎麼樣，她將如何度過她的人生，她在其他人眼中是什麼樣子，因為我無法以我可以做到、會對孩子有好處的方式帶大她，我因此感到自己是在浪費時間。

凱莎告訴我，她懂唐納不想生孩子的其他原因。唐納快五十歲了，包尿布的日子很累，他不想重來一遍。然而，凱莎感到唐納處理這件事的時候，只不過是在騙她：

我的感覺是我知道，你已經受夠育兒帶來的失眠夜晚，你很累，但你一度說為了我，你願意，現在你又不肯為了我那麼做，完全沒事先商量。那我呢？我什麼都不會有，沒孩子，沒親情，婚姻中的好事一律沒我的份？

唐納說什麼「沒地方可以給孩子住」。我說，「有啊，我們可以在車庫那裡擴建，或是看誰擠一擠，那些都不是什麼理由！」

凱莎告訴我，接下來的幾週，她將想想有沒有辦法一個人養孩子。如果不行，她可能會繼續和唐納湊合地過下去，但當媽媽不是她唯一在意的事。她似乎也沮喪，無法以自己要的方式「培育」繼女。我收拾東西準備回家時，凱莎搖搖頭告訴我，「或許試著當世上最好的繼母，又不被允許那麼做，那就註定要失敗。那是我的感想。」

吵架與溝通

凱莎和唐納的問題（像是財務問題、要不要生孩子的問題、唐納無法管教女兒的問題、凱莎覺得不被感激，被擺在第二順位的問題），這一切問題的背後，還有一個最大的「問題中的問題」：兩人不曉得要怎麼吵架。繼親家庭專家表示，對有孩子的再婚婚姻來講，頭號殺手是不懂得吵架的方法，但懂的話，你將能險中求勝。

你應該知道、大概已經知道的第一件事，就是你們會吵架——慷慨激昂、蕩氣迴腸、分貝音量幾乎可比華格納音樂的爭執。研究繼親家庭的貝雷發現，有孩子的再婚婚姻，頭兩年的特徵是激烈的衝突與悶悶不樂[24]，即便夫妻日後琴瑟和鳴也一樣。裴波饒博士發現，再婚婚姻的適應期達四到七年[25]，某些夫婦甚至花了十二年，才抵達繼親家庭發展中比較平靜的時期。

然而，不同於多數人的認知，吵架其實不會讓關係完蛋，甚至不一定代表著關係大有問題。事實上，依據婚姻專家的說法，婚姻會不穩定，不是吵架本身造成的，甚至也與吵架的頻率無關。吵架的方式才有影響。某些吵架風格會毀了婚姻，某些反而會強化婚姻，也因此有三個好消息：你可以學習正確的吵架方式；你明白夫妻同一隊的時候，吵架就沒那麼恐怖；好好吵，反而可以愈吵感情愈好。

反過來講，相敬如冰或是用錯誤方式吵架[26]，對你們、對你們的婚姻來講不是好事。在麻州一項近四千名男女的研究，三二%的男性與二三%的女性表示，自己在吵架時會壓抑感受。對男性受試者來講，掩飾自己的感受，似乎統計上不會對健康造成重大影響。然而女性的話，死亡風險會增加。在十年的研究期間，相較於永遠在意見不合時向丈夫說出感受的女性，不講的女性死亡風險是四倍。在另一項研究中，西華盛頓大學（Western Washington University）證實，這樣的「自我沉默」（self-silencing）會增加女性憂鬱、飲食失調與心臟病風險。猶他的研究人員則發現，伴侶在爭執中的互動方式，是重要的心臟病風險因子，重要性等同抽菸或高膽固醇。在這項一百五十對夫婦的研究中，男性和妻子的爭執，如果與爭奪掌控權有關（「掌控型的爭執風格」例子包括，「你為什麼就是不肯承認，我才是對的？」與「這件事照我的意思去做」），男性的心臟病風險增加，不管說話「鴨霸」的人是男性或他們的妻子都一樣。

為什麼再婚人士會吵架

每個已婚人士都會吵架，以錯誤方式吵架，明顯會帶來身心兩方面的健康風險。然而，各種類型的夫婦中，有孩子的再婚人士大概最容易吵架。為什麼會這樣？主因似乎是在這種類型的伴侶關係，歧見一下子就會出現，沒辦法裝沒事。家庭治療師布拉夫文告訴我，這是因為「從只有你們兩個人，變成孩子也加了進來，複雜程度會上升，帶來會產生歧見的面向：孩子應該獲得多少關注？怎麼樣算過度關注，怎麼樣算不夠關注？孩子應該多獨立？此外，孩子的事會帶來價值判斷。」

孩子通常會過了一段時間才來，在伴侶已經走過磨合期，或是已經同意尊重每個人有不同看法，才會有孩子。然而，如果在婚姻的開頭，就有只屬於一方配偶的孩子，歧見、批判、壓力會每況愈下。舉例來說，《抱緊我》（*Hold Me Tight*）的作者蘇珊·強森（Sue Johnson）博士告訴我，「有孩子的再婚伴侶會面臨強大的歸屬感問題，帶來龐大的不確定性與壓力。」你的先生可能因為要求孩子適應改變接納你，自覺是糟糕的父親。如果孩子似乎永遠都是先生的第一考量，你可能感到自己是外人，不確定自己重不重要，或先生是否真的需要你。從你們在一起的那一秒鐘開始，這樣的基本恐懼會和孩子帶來的壓力交互作用，更難產生親密感。家庭治療所所長布拉夫文表示，「幾乎大家都一樣。你看別人帶孩子，不免覺得孩子被寵壞。在週六和女友一起照顧她的孩子一小時，忍耐一個下午，那是一回事。如果天天都要相處，那完全又是另一回事了。你感到你得說點什麼！」

再婚人士的吵架方式

有孩子的再婚夫婦不只比較常吵架，吵架模式也不一樣。明白一切是怎麼一回事，你吵架就會吵得比較具有建設性。首先，最重要的一點，大概是做好心理準備，我們的再婚婚姻吵得比較激烈，而且很早就會開始吵。精神分析師麥可·文森·米勒博士（Michael Vincent Miller）寫道，婚姻和童年一樣有發展階段。[27]米勒的理論指出，一開始會有一段昏頭的開心戀愛期，接著是幻滅期，配偶關係中的成員感到失望，他們的期待與真正得到的東西有差異，甚至感到被另一半騙了。這段幻滅期通常令人感到挫敗，我們因為太沮喪，我們的反應一般是攻擊配偶，而不是坦承自己恐懼事情行不通，承認是我們不切實際的期待，造成了今日這種局面。有孩子的再婚婚姻幻滅期，來得特別早、特別猛烈，蜜月期還沒來得及生根，瞬間就被打破——初婚者則可能享有數年蜜月期。

所有的異性戀伴侶，八成都會經歷繼親家庭專家伯恩斯坦所說的「性別的過度反應／缺乏反應互動」（gendered overreacting/underreacting dynamic）[28]，以及哈瑟林頓博士與伴侶研究人員約翰・高特曼博士（John Gottman）所說的「追問／逃離互動」（pursuer/distancer dynamic，亦譯「捉迷藏模式」）。[29]有孩子的再婚也不例外。[30]女方率先發難，「你兒子對我不禮貌。」然而她的另一半、繼子的父親回答，「他只是一個青少年，沒那麼嚴重啦。」伯恩斯坦向我解釋接下來發生的事，「這下子女方別無選擇，為了說服另一半，她關切的事真的很重要，她沒有不理性，她只得把事情放大。」[31]我們有多常吼丈夫，對方愈沒反應，愈息事寧人，我們就愈激動？高特曼解釋，女方窮追猛打，男方則保持距離，當縮頭烏龜，這種現象甚至可能與生理因素有關。高特曼發現爭執時，男性比女性更容易激動，心跳與血壓瞬間升高。男性害怕失控，於是抽離，感到降低正在經歷的衝突，是「比較安全」的選項。你可以想像男性有多訝異、多沮喪（更別提他覺得碰上了蠻橫的糾纏），他都退讓了，結果妻子卻更緊咬著不放。然後再想像一下（這種情形大概比較好想像），女方覺得被丟下，因為男方悶不吭聲，偶爾迸出一句令人傷心的指控，「你這個瘋女人！」

所有的婚姻都可能出現這樣的互動情形，但由於有繼子女的再婚夫妻，有更多事可吵，吵架頻率也高，他們更容易感受到這種互動模式，更容易覺得不舒服。一名有繼子女的女性告訴我，「我想好好談一談，但先生只想叫我閉嘴。是真的，我們在約會時，我從來沒想到，我們有一天會變成漫畫裡吵個不停的羅克鴻夫妻（*The Lockhorns*，譯註：美國老牌漫畫，主角夫婦終日針鋒相對），太老套了，我不喜歡那樣。」

如果是有繼子女的再婚婚姻，這種與性別有關的互動模式，可能又更加麻煩：妻子因為指出孩子的問題，妻子自己變成問題。格麗塔告訴我，「有多少次，你先生說，『根本只是小事，你卻一定要鬧大。』」。格麗塔有一個快進入青春期的繼女。每次繼親家庭成員聚在一起，繼女就會故意當她這個繼母不存在。最初，格麗塔的先生還會試著安撫妻子——**不要放在心上；不是什麼大事**——但這種話聽起來很敷衍，就像是先生覺得格麗塔的不舒服沒什麼。到了後來，先生連安撫都懶，轉而批評格麗塔。格麗塔感到被連打兩巴掌，先是被繼女無視，接著又因為感到被無視，反而遭到先生誤解與責備。

相較於頭一次結婚的夫婦，有一種情緒審查（emotional censorship）在再婚或換過伴侶的夫婦身上特別常見。貝雷博士指出那是一種溝通傾向：一方因為不想聽見另一方前妻前夫的事，所以故意無視、不耐煩、改變話題。他或她因為對這段關係抱持浪漫看法，不想聽見任何會破壞美好想像的話，所以打斷溝通。這種做法的問題（尤其是在接下來的婚姻中），在於好好聽另一半講過去的事，就有辦法預先做好準備，減少今日可能碰上的問題。舉例來說，男人的現任妻子可能不想聽見任何有關於前妻的事，然而不肯聽先生談前一段婚姻，就沒機會了解先生在怕什麼，還可能因此誤解他的行為。這種事男女都一樣，也可能是先生不想聽前夫的事，錯過溝通的機會。

大衛不想聽見曼蒂前任的事，他覺得那個男的配不上她。曼蒂認為前夫出門時（經常徹夜未歸），孩子都被扔給她一個人帶。曼蒂每次提及這個感受，大衛因為不想知道前夫的事，無意間不仔細聽，也因此錯過了重要線索，不懂為什麼曼蒂平日能幹又有自信，但只要他七歲的雙胞胎在家，他只不過是想去一下雜貨店，曼蒂就會驚慌失措。大衛如果先前沒過濾掉曼蒂的話，他就會知道在曼蒂心中，和前夫的孩子獨處代表著被利用，她害怕又會被大衛利用。如果大衛先前有好好聽曼蒂說話，就有機會向她保證，他明白她的心情，永遠不會利用她，但有時去一趟雜貨店，就只是去一趟雜貨店。

有孩子的再婚人士，可能捲進繼親專家伯恩斯坦所說的「代理人衝突」。也就是家中的其中一人，代替另一個人做情緒勞動（emotional work）。繼母大概會在兩方面碰上代理人衝突，最好的解決辦法，就是意識到自己成了棋子。

首先，代理人衝突有可能是雙方避免直接衝突的方法。舉例來說，離婚的母親，有可能讓孩子承擔前夫令她感到的痛苦與憤怒，也因此孩子在爸爸面前發脾氣，或更常見的情形是孩子去鬧爸爸的新妻子。孩子，就連成年的孩子也一樣，有可能選擇激怒繼母，因為對付繼母，感覺比和父親起衝突安全，他們比較愛父親，也比較怕父親。

第二，在複雜的親子衝突或前妻前夫的衝突中，代理人衝突除了是某種「自由開火區」，女性如果踏入有孩子的再婚婚姻，她們經常「被徵召」，成為先生的代理人。我訪問研究對象，以及我和心理學家聊的時候，我發現女人很常幫先生做他們沒講出口的事，尤其是她們會揣摩先生的心意——先生感到害怕或覺得親自出面不好的事。舉例來說，伯恩斯坦博士指出，有時繼母會和繼女吵架，其實是先生下意識導致了這樣的衝突，讓妻女代替他發洩**他心中**的憤怒與恐懼。妻女吵起來後，他躲到幕後，心中八成還想著「女人都是瘋婆子」。

伯恩斯坦博士的患者奈兒和肯正是這樣的例子。肯有個青少年期的女兒黛拉，黛拉擺明不想和繼母奈兒有任何牽扯，假裝沒看到繼母，回答繼母的問題時，嘴裡不知道在嘟囔什麼，平日的態度很差。肯感到尷尬與為難，女兒黛拉態度不好時，他什麼都不做。奈兒自然生氣，覺得先生不支持她，然而奈兒與黛拉之間所有的衝突、奈兒與肯之間有關於黛拉的衝突，其實只不過是「牽拖」。肯和妻子一樣，不太喜歡女兒黛拉的行為，但他害怕如果要求她改變，女兒就會離家出走，或是變本加厲。肯後來採取行動，要黛拉對奈兒好一點，奈兒立刻就不再那麼氣黛拉、氣先生，此時肯才明白，和女兒之間有問題的是**他**，先前他一直把問題丟給妻子，讓妻子代替他出面起衝突。

伯恩斯坦博士指出，再婚夫妻的吵架，還包含「惡性循環」這項元素。在這樣的動態中，妻子抱怨孩子的行為，但先生裝聾作啞，於是妻子再度強調孩子的惡形惡狀，認為另一半不支持自己；先生則覺得妻子是巫婆，永遠在講他孩子的壞話。我訪問伯恩斯坦博士時，她建議如果你不逼得那麼緊，先生有可能自己看出問題，明白你一直在容忍他的孩子，防備心不再那麼強。[32]

然而，要是先生就是無法硬起來管教孩子怎麼辦？家庭治療所的所長布拉夫文告訴我，要打破惡性循環的話[33]，你可以告訴自己，「這是一個失能的家庭，我不是神仙，可以讓一切好起來。」你甚至可以告訴自己，「這不是我的問題，真是太好了。」不過，伯恩斯坦與布拉夫文兩位專家也立刻強調，「退出」的意思，永遠不是讓自己被踩在腳底下。裴波饒博士建議，打破惡性循環的方法是以非常鎮定的態度，請先生告訴他的孩子，「我知道你有你的感受，但你人在這的時候，我希望你能對繼母有禮貌。你不必喜歡她，但不能假裝她不存在。她跟你講話時，你要看著她的眼睛說哈囉。」如果你在正確時刻、以正確方式請先生那麼做，在他哼哼哈哈不肯做或是指控你的時候，拒絕讓衝突升高，或是拒絕中計開始吵，先生就比較不可能拒絕你這麼合理的請求。

裴波饒進一步建議，碰上會起衝突的話題時，可以採取「軟硬軟」（soft-hard-soft）的溝通公式，向配偶提出請求，例如不要說「你讓你的孩子對我態度那麼差，我受夠了」。試著用另一種方式告訴對方，「我和你孩子之間有時會起衝突，我知道你很為難〔軟〕，但能不能請你告訴他們，我走進他們在的房間時，我向他們打招呼，他們也要打招呼（硬，但以『請求』的形式說出來，而不是提出批評）？我不想帶給你更多壓力，我知道你已經很努力了，我真的很感激。只是你的孩子無視我、對我態度很差的時候，我好難過，很難繼續嘗試下去（軟）。」當有孩子的再婚婚姻變得複雜，這樣的簡單公式很好記，還可能阻止問題無限惡化：如果要緩衝中間那個不好開口的請求，方法是在提出請求的前後，用愛說出你知道不容易，你很感激另一半。

此外，即便碰上最激烈、感覺最無望的衝突，「晚一點再談」（putting it off）與「放手」（putting it away）這兩種技巧，可以和緩氣氛。首先，吵架還要挑良辰吉日聽起來很荒謬，不過婚姻專家表示，那麼做有其道理。如果你的伴侶不肯討論，或是告訴你，「我現在很忙，沒空管這件事」，那就深吸一口氣回答，「你說得對，現在談，談不出結果。我們什麼時候要談？」雖然當先生似乎是在叫你不要亂鬧時，你很難保持冷靜，但你可以試試這個方法。這個方法可以讓妻子在先生的眼中，顯得理性一點。接下來討論火氣大的話題時，雙方都比較可能冷靜一點。第二，知道何時該從爭論中抽身，也是你手邊最有用的武器。走開的意思不是冷戰，也不是壓抑你的感受。走開的意思是想清楚後決定放手，改把注意力放在真正重要的事。一名女性告訴我，「我整整拜託了五年，他終於告訴他的孩子，如果他們對我的態度不能好一點，就不要再來我們家。孩子變得禮貌一點，先生已經做到我拜託的事，所以我不會拿孩子的其他小事去煩他，他已經做到他負責的部分。」

婚姻的末日四騎士與理想的吵架法

去蕪存菁的分析與最簡單的建議，有時可以派上用場。下一次你和另一半為了他的孩子「大吵」時（你們吵過一遍又一遍的那件事），思考一下，其實事情**可以**不必那樣。伴侶專家表示，心理教育是關鍵——去了解哪些事是正常的、怎麼做可以帶來幫助。高特曼博士在二十多年間[34]，研究兩千多對已婚伴侶，他發現有四種態度可以預測關係將破裂。高特曼博士解釋，這「四個騎士」環環相扣，避開這四種吵架法，你和伴侶能走下去的機率將大增，永遠過著（相對）幸福快樂的日子：

批評＝攻擊另一半的人格或個性（而不是指出他做了什麼）。批評的目的通常是為了證明你是對的、他是錯的，說出，「你每次都……」、「你從來都不……」、「你為什麼這麼……」等句子。

輕蔑＝汙辱你的伴侶或公然不尊重他。羞辱、人身攻擊、挖苦，或是嘲諷、冷笑、翻白眼。

防衛＝不認為自己有責任、找藉口、用抱怨堵住抱怨、不專心聽對方說話，說出「是啦，可是……」、「那不是真的。是你怎樣怎樣……」、「我**才沒有……**」等句子。

冷漠＝拒絕回應、退縮或掉頭就走。這一類的行為不但不「中立」、沒幫助，還有激怒的效果。男性一般比女性遠遠更可能出現這種行為。

高特曼還特別進一步研究，能走下去的伴侶吵架時發生什麼事。高特曼指出，這些夫婦在爭論時，每講一句批評，還會講五句配偶的好話；不要讓衝突升溫，也不要「一股腦地抱怨」（把其他事也一起牽扯進來，拉長戰線，像是「你不喜歡我的孩子？那我們來談一談你那個愚昧無知的母親，聊一聊她上週四幹了什麼好事！」）。可以開玩笑分散注意力，化解緊張的氣氛。還有，吵架後永遠要和好。

強森博士指出，由於再婚夫婦會碰上相當特殊的挑戰，有一件事不做不行，「告訴彼此基本的需求與恐懼——談自己感到像個外人、再婚帶給你的孩子壓力，孩子不曉得該站在誰那一邊、你想知道你在他心中很重要。建立新家庭的時候會碰上許許多多的難題，分享心情可以帶來最大的助力，效果勝過其他事。」對有繼子女的女性來講，你可能得在感到最被誤解、最被背叛的時刻，還得吞下你的自尊，說出你的真心話。雖然困難，夫妻之間有可能感情變得更好，一起完成不可能的任務。

婚姻中的教養議題

在這段夫妻關係中，有的孩子不是你親生的，本質上自然和其他的關係有所不同。有孩子的再婚婚姻很特別，當繼母的人要是能意識到這個事實，知道每天會碰上的煩惱其實有名字，她們將知道自己不孤單，她們的「家人」其實沒那麼不尋常或不正常。此外，各種困難正在拆散你的婚姻時，和隊友一起解決問題，反而會風雨生信心。

「滴漏式效應」vs.「濾煮式效應」

你家如果有悶悶不樂的青少年，或是前青少年期的孩子，你會發現如果不刻意小心區分「你的情緒」和「孩子的情緒」，孩子的情緒會感染整個家，讓家中充滿壓力，愁雲慘霧。家庭治療師貝雷指出[35]，在有孩子的再婚婚姻中，這種效應特別強，就連稀鬆平常的事都會變調。在初婚婚姻中，孩子出問題，只會小規模影響到婚姻，但有問題的婚姻則會深深影響到孩子。貝雷稱之為「由上而下」或「滴漏式」（dripolator）效應。不幸福的家長是糟糕的管教者與不稱職的知己。大家都知道，衝突不斷的婚姻會讓孩子出現各式各樣的情緒與行為問題。相較之下，健康穩定的初婚婚姻關係則會帶給孩子正面的效應，孩子充滿自信、幸福感、安全感，而這樣的感受又全都能培養他們的適應力。

然而，貝雷指出，如果是有孩子的再婚婚姻，婚姻與教養的互動是反向的——孩子由下往上影響到夫妻，貝雷稱為「濾煮式效應」（percolator effect，譯註：濾煮式的咖啡壺，水自壺底加熱後上升）。再婚的婚姻幸不幸福，鮮少會影響到孩子的適應情形，孩子不太會努力讓父母和繼母繼父永浴愛河，甚至還通常抱有幻想，希望有一天他們會離婚，父母就能復合。然而反過來講，孩子的情緒、脾氣、問題，很可能深深影響到再婚的夫婦，許多時候甚至直接左右著這樁婚姻是否會幸福。貝雷指出，原因是「當不開心的孩子鬧脾氣時，他不只會讓家中氣氛變差，還會開始分化繼母與父親，繼母因而八成會開始講孩子的壞話，接著父親會替孩子說話，愈來愈氣妻子批評自己的孩子。」

我們在前文介紹過的西西，她和許多繼母一樣，直接掉進這樣的陷阱。和藹可親的西西，有一個學齡前的孩子，另外還有一個處於青春期的繼子。西西的先生和他的兩個兒子（當時一個九歲、一個十一歲）搬進西西的房子，西西決定解決孩子餐桌禮儀不佳的問題。西西告訴我，「我只是想，**我拒絕和豬同桌吃飯！**」然而，她愈要求孩子改正，即便是以禮相求，繼子似乎愈討厭她，憤憤不平，甚至西西一開口，就乾脆起身離去。雖然孩子的這種反應，不完全出乎意料，丈夫奈德的反應令西西措手不及。「基本上，奈德的意思是說，『不要再念他們了！好像我是母老虎一樣。我真的是很隨和、不在乎小事的人，但孩子們的禮儀真的很恐怖，我不認為我得忍受。』部分的問題出在奈德感到被批評。每次西西拜託繼子不要用手從公用的盤子上拿肉，聽在先生耳裡，就好像西西其實是在說，「你沒把你兒子教好！」我們和西西一樣，經常感到遭受不公平的待遇，被當成刻板印象中的壞人，但我們只不過是希望別人做到很簡單的事，像是基本的良好餐桌禮儀。遭遇過幾次這樣的事之後，每當繼子女不高興，我們就會再次想起先前的不公平待遇，再一次感到被誤解。這種循環到了最後，繼子女發脾氣時，我們的心情可能比他們還糟。

然而，夫婦其實有可能改變這種互動，繼母不必被當成潑婦，而是先生（以及先生的孩子）有力的盟友。心理學家艾爾絲某天在她的辦公室告訴我，「我經常告訴為了家庭與伴侶問題來到這裡的病患，我希望每個孩子都有繼母。相較於先生本人，繼母通常對先生的孩子抱有很高的期望。長期來講，那可以替孩子帶來很大的動力，對孩子來講健康又有益。」

艾克文家庭治療所的布拉夫文告訴我，「介入」繼子女的行為時，不妨問中立的問題（「我認為孩子已經夠大了，可以自己把碗盤放進洗碗機，你覺得呢？」），先生能聽進去的程度，將有很大的差別。布拉夫文所長表示，「感到當場下不了台，和感到被支持，那很不一樣。」此外，另一半若能拿出「我們同心協力做這件事」的態度，還能把繼親家庭關係中的權力流動導回正軌，減少孩子的負面態度帶來的影響。

繼母作家伯恩斯建議[36]，反轉濾煮式效應的方法，包括永遠不要寵心情不好的繼子女（「怎麼了？你在生我的氣嗎？發生不好的事嗎？」），此外還得拒絕當成自己的錯。伯恩斯建議，最佳政策是你忙自己的事，表現得像是根本沒注意到繼子女心情不好，避免製造出「由繼子女主導的環境」。伯恩斯指出，孩子有可能感到想要主導這個家和家中的氣氛，然而事實上，堅持再次回到正確的大人與孩子應有的關係，反而最能讓孩子感到安心。這段話的意思是說，你要讓孩子看到，就算他們表現出糟糕的心情或惡劣的態度，也不會讓「家」這艘船沉沒。即便你其實憂心忡忡，拿出「一切都很好，我們航行得很順利」的態度，事情就會真的比較順利。

「生物力場」與「中間地帶」

嫁給有孩子的男人時，你不只是在和你愛的人建立一段關係，營造兩人世界，你也是在進入一張網，那張網由習慣、偏好、自己人才知道的笑話、問題、希望、對立、儀式與歷史織成，不但在你出現之前早就就有了，還非常可能想要擠走你。許多女性和有孩子的男性在一起的頭一到三年，她們感到自己是外人，無法建立親密感。四十三歲的作家呂蒂告訴我，她發現新伴侶家的電腦，就放在爸爸的臥室，全家人整天在那裡走來走去，包括男方十歲的女兒和十五歲的兒子，她大吃一驚。呂蒂告訴新伴侶，她希望臥室這個空間能有比較多隱私，兩個人吵了起來，男方認為她「不懂孩子」。好幾個月後，雙方才同意把電腦改擺到飯廳。奧莉維亞告訴我，她三個成年的繼女「很厲害。她們過來的時候，總能讓我在自己的屋子裡，感到自己是客人」。羅娜則是驚奇，當時還是未婚夫的先生，讓九歲的兒子決定，在他和爸爸共處的「屬於他」的週末，羅娜可不可以過夜。

前述的這些成人伴侶，碰上貝雷博士所說的「生物力場」（biological force field）[37]，也就是親子間的強大紐帶，感覺上有一股真實的力量抗拒著我們，讓我們想成為一家人的努力徒勞無功。然而，我們很少講出這件事，因為我們害怕被看成小家子氣（女方如果把親生的孩子也帶進婚姻，問題會比較小，此時女性就不會明顯是進入丈夫「迷你家庭」的外人）。[38]如果夫妻努力讓兩人的關係，成為家庭體系中最核心的關係，積極建立心理學家索尼婭・聶維斯（Sonia Nevis）所說的「中間地帶」（middle ground）[39]，生物力場有一天會消退。前文提過，要是少了這方面的努力，在繼親家庭的關係網中，夫妻關係大概會持續是最弱的關係。

第五章出現過的強納森，向我解釋他和茱莉亞的伴侶關係，「我們結婚後花了很長的一段時間，才逐漸成為真正的夫婦。」（前情提要：強納森在上一段婚姻生了老大、老二兩個兒子，和茱莉亞結婚後，又生了兩個女兒。）「我的大兒子〔馬克〕做了一些事，想讓我妻子知道他才是先來的，我妻子很難過。馬克會故意講起茱莉亞進入我們的生活前發生的事，讓茱莉亞完全無法參與對話。」馬克提起很長、細節複雜的往日時光，茱莉亞不只一次「放空」，只能一遍又一遍附和，「聽起來很有趣」。茱莉亞不高興，事後私底下告訴強納森，她已經厭倦這種事，強納森一直縱容馬克讓她像個外人——讓她一直只能是個外人。時間後來治好了強納森、茱莉亞、馬克的傷，不過強納森和茱莉亞也特別努力花時間強化兩人的關係。強納森表示，「過去這些年來，我和茱莉亞建立自己的歷史，有時馬克和他弟弟在，有時他們不在。」「他們不在」的時刻是關鍵，強納森和茱莉亞兩個人，因而得以開闢出「中間地帶」，裴波饒博士形容那樣的地帶是「伴侶間不必多想，就能心有靈犀」[40]。強納森和茱莉亞，以及其他帶孩子再婚的人士，和首度結婚的人不同，不會自動擁有很多的「中間地帶」——在孩子出現前，夫妻一起做過的事，例如：看歌劇、週日以某種順序看報紙，或是愛唱卡拉OK等等。孩子出現後，通常會讓中間地帶消失。強納森和茱莉亞愈把「伴侶時間」擺在第一位，兩個人共享的中間地帶就愈多，生物力場的排斥力感覺就不再那麼強大，茱莉亞更有辦法抵擋住馬克的試圖排擠。「伴侶時間」可以是指馬克來訪時，夫妻依舊擠出半小時獨處，或是趁強納森的兒子不在時，夫妻共度整個週末。強納森告訴我，「馬克最後不再一直提起過去的事。我想他清楚知道，今日是有茱莉亞在的現在，他可以活在現在。」

裴波饒博士指出，「有孩子的再婚婚姻中，許多強化伴侶關係的方法違反直覺。」[41]舉例來說，茱莉亞在連續好幾個六日的其中一晚，讓強納森的兒子聽見，她要強納森單獨帶孩子去吃晚餐，她留在家趕工作。突然間，在強納森兒子的眼中，繼母不再那麼像是「霸占父親的人」。此外，強納森和兒子一對一獨處時，尤其是跟老大馬克在一起的時候，強納森觀察到真實的情形。強納森很開心能和兒子共度時光，但也覺得馬克和所有的青少年一樣，有時不好相處。以前茱莉亞批評馬克的行為時，強納森聽不進去，現在強納森親身體會到兒子是怎麼一回事，也開始會批評兒子。過去這幾年，茱莉亞因此更能扮演協助孩子的角色，不必感到被迫對著急於保護兒子的強納森，指出他兒子的缺點，或他兒子哪些時候做得不好。可想而知，這樣的轉變讓茱莉亞和強納森更為親密。

此外，茱莉亞也刻意每週找一天晚上，和婚前就認識的朋友出去玩。最初強納森抗議，但茱莉亞堅持她需要和朋友相處，朋友令她感到是「自己人」，而不是外人。朋友讓她感到輕鬆，朋友了解她，和她一起擁有許多「中間地帶」，她得以暫時擺脫掉繼母生活的諸多難題。裴波饒博士解釋，在這一點上，有孩子的二度伴侶關係，也和第一次的伴侶關係不同，「如果先生的心態依舊屬於初婚家庭的模式[42]，他大概會說，『那樣不好』。如果妻子不能把時間用在陪我們的家庭，那就是有問題。然而，有孩子的二度婚姻是完全不同的事。你不能把初婚家庭的地圖，套用在再婚家庭上。和朋友出去玩，擺脫先生或他的孩子一個晚上，反而能讓有孩子的第二次婚姻更加順暢，協助繼母恢復精神，防止出現繼親倦怠。」總而言之，出乎意料的基本原則是偶爾向生物力場投降[43]，踏出力場一個晚上，反而能強化夫妻之間的連結，建立起中間地帶。

前任情節

在先前的世紀，再婚幾乎都發生在配偶死亡之後。因離婚而再婚的婚姻增多後，出現一個令人不知所措的新型變數：前配偶。我訪談的女性感到前妻不是什麼令人開心的事。相較之下，我訪談的男性提到妻子的前夫時，他們的答案通常不出「那個人沒參與我們的生活，所以其實沒差」、「還ＯＫ」，甚至是「基本上是個可以信任的人」。這一類的看法[44]，呼應了離婚後帶孩子再婚的全面性研究值得留意的發現：前妻比前夫令人頭疼。

儘管近日的潮流是父親擔負起更多照顧孩子的責任，一般人還是把母親視為主要的照顧者（primary parent）[45]，母親也的確負擔比較多的家長責任。舉例來說，母親更可能擁有監護權，每天都出現在孩子的生活中，也因此更可能負責安排行程和接送孩子，更常和老師聯絡。孩子的功課、衣物的換洗、午餐，大小事要怎麼處理，母親也有著更高的希望與期待。簡而言之，相較於前夫，前妻更可能高度參與孩子的生活細節，也更可能和前夫再婚後組成的家庭有互動——前妻感到有義務、也有權擁有最終的決定權。前妻的種種介入會讓起衝突的機率增加。孩子待在父親那邊時，前妻預期孩子該被如何照顧，以及當事情不同於前妻的設想時，繼母通常是首當其衝被責備的那個人，因為繼母也是女性，人們認為她有責任照顧孩子。一名女性告訴我，有一次她先生十二歲的女兒到他們家度週末，結果先生的前妻氣沖沖地打電話給她，興師問罪，「為什麼我女兒和你在一起的時候，你沒讓我女兒擦好體香劑？」那位繼母表示，「我甚至不能限制孩子的看電視習慣，或天冷時該穿什麼衣服，要是被她母親知道，她母親會抓狂，說我越權了。然而孩子的個人衛生，卻要怪到我頭上？」那位繼母情有可原地顯然十分不悅，她碰上典型的繼母難題：先生的前妻既要求繼母盡母親的職責、又不准繼母真的當母親，繼母有責無權。

許多女性碰上比體香劑事件糟上許多的情形。哈瑟林頓博士發現[46]，相較於離婚的男性，離婚的女性更容易生活在怨念之中。她也發現，前配偶再婚會惹惱女性的程度，勝過惹惱男性。我的受訪者告訴我，她們訂婚或結婚時，前妻第一個打電話過去恭喜，但隔天又打電話過去，要求拿到更多孩子的撫養費。女性也一再告訴我，前妻是如何在她們的先生再婚後，要求重新協商監護權與探視權。哈瑟林頓博士研究的前妻群組也出現相同的趨勢。[47]母親消不了的怨氣，讓孩子幾乎不可能與繼母建立關係，孩子感到喜歡繼母等同背叛母親。這種情形會帶給再婚夫妻初婚者不會承受到的壓力。

相較於前妻，前夫（這裡講的是你先生）更可能對前妻的新配偶友善與歡迎他們[48]，繼父與繼子女之間因此有更好的開始。研究顯示，男性依戀前妻的時間較長，幻想能破鏡重圓（直到另外找到伴侶）。就算前妻另有配偶了，也希望就算當不成夫妻，還能當好朋友。這種事理論上聽起來很美好，卻會替再娶的妻子製造意想不到的困擾。許多女性告訴我（通常是以苦惱的語氣），先生依舊替沒再婚的前妻做各式各樣的家務。男人的解釋是不幫不行，「如果我不修屋頂，漏水會滴到我孩子頭上。」無法接受前夫再婚的前妻，把這一類的雜事當成一種考驗，或是利用這樣的藉口挑事，趁機展現力量，讓「對手」明白不能小看她們。

先生如果因為聽你的話，或是自行決定減少參與前妻家的事，立起繼親專家伯恩斯坦所說的「適當的圍籬」，可能會產生副作用。你通常會被當成在背後指使的那個人，而且很不幸地，前妻通常會在孩子面前大罵你。此外，前妻會為了一吐怨氣，想辦法變動探視權協議，做出其他的報復行為。伯恩斯坦博士指出，「我處理離婚後的家庭問題時，最棘手的環節就是讓當事人忘記舊恨。」[49]伯恩斯坦指出，前妻有時會為了報復她認為這輩子虧待了她的人，繼續活在痛苦之中。伯恩斯坦解釋，這樣的前妻認為，要是離婚後適應得很好（有辦法修理壞掉的保險絲、聽到笑話笑得出來，或單純和前夫維持和善的關係），「這樣是便宜了那個傷害過她的臭男人。那個人做了那些事，卻不必付出代價。」在前妻眼中，自己要是過得快樂或過得很好，前夫就解脫了，所以她要繼續過得很痛苦，絕對要證明這個世界是如何虧待她。

心理學家亞瑟與伊莉莎白．西格爾（Arthur and Elizabeth Seagull）稱這樣的情形為「控訴型的受苦」（accusatory suffering）。[50]前妻可能會靠著讓自己痛苦，感到握有力量，或是獲得附加的「利益」：碰上前夫再婚、前夫生了新孩子，或是發生任何讓她的傷口再次裂開的事，她就能夠藉此讓孩子怨懟父親。不過，光是知道前妻這樣的行為有名字，就能協助再婚夫婦站穩腳步。有一次，四十一歲的羅娜滔滔不絕講著先生前妻的種種報復行為，但接著打斷自己，「每一次都是一樣的故事。她是受害者，我們是壞人。我和先生不相信她的說法，總有一天她的孩子也會不再相信。我們走著瞧。」

研究結果支持我們靠常識就在懷疑的事：沒再婚的前妻，的確很可能成為最棘手的人物，不只對我們來講很麻煩，對她自己的孩子來講也一樣。母親維持單身，父親卻再婚了，孩子可能會感到母親是受害者，母親是弱勢。簡單來講，單親母親的孩子更難接受繼母[51]，知道這點或許能讓你釋懷一點，孩子不接受你，不是你的問題。社會學家尼爾森指出[52]，可以靠額外的幾點因素，判斷前妻會有多棘手。尼爾森發現最會發生衝突的情形是親生母親是白人、有研究所學歷、家戶所得高。為什麼這樣的女性，反而最難放下怨氣？她們資源多，有能力接受心理治療，也有多餘的時間與精力閱讀相關資料，了解怎麼做對孩子會最好。研究人員指出，這種現象和社會氛圍（social programming）有關。[53]不同於其他背景的女性，中產階級與中上階級的白人女性，更不可能擁有與配偶以外的成人分攤育兒責任的傳統，更不可能擁有育兒「需要出動全村的人」（it takes a village）的觀念。此外，相較於來自低收入背景或其他種族的女性，富裕的白人女性更可能是在「占有欲強的母親育兒模式」（possessive mothering model）中成長。[54]孩子和其他成人（尤其是宛如母親的人）培養出親密關係時，這樣的女性更可能感受到威脅與妒意（相較之下，在西印度群島、玻里尼西亞、迦納，以及美國的普韋布洛人〔Pueblo〕、納瓦荷人〔Navajo〕和非裔美國人文化，孩子通常會和各式各樣父母般的人物，建立慈愛的親密關係）。更麻煩的是，接受過大量教育、家戶所得高的白人單身母親[55]，更可能採取放任式的教養模式（permissive parenting style，高度溫暖、低度控制）。同住的親生父母的教養風格，很大程度上決定了孩子如果對其他大人（繼母）態度不佳，孩子是否感到自己有責任。當孩子以不理想的態度對待繼母，婚姻會產生更多摩擦與壓力。此外，和放任型的母親一比，繼母感覺像是巫婆，即便繼母平日的期待很合理。最後一點則是如果前妻濫用物質、罹患精神疾病、人格疾患或憂鬱症，你的再婚婚姻所承受的壓力，將大幅飆高。[56]

前配偶帶來的問題，有可能深深影響著再婚的夫妻，尤其是如果孩子還小，必須討論探視權、孩子撫養費、學校教育、管教及其他問題，此時已經離婚的雙方會「密不可分」。不過，嫁給鰥夫的女性，日子也不一定比較好過。雖然大部分的研究人員發現[57]，如果先前的婚姻終結，原因是配偶死亡而非離婚，繼母、夫妻，甚至是孩子也都感到新家庭的關係良好，嫁給有子鰥夫的女性仍會碰上特有的挑戰。佛羅倫斯一語道破，「我的治療師說，『你丈夫的前妻去世得愈久，她在大家的心目中會愈像聖母，影響力更大。』我的確就碰上這樣的情形。」

舉例來說，佛羅倫斯自認和繼孫子女很親，平日會大老遠跑去看他們、寄禮物過去、孩子來訪時會陪他們。然而，她連續五年算好時間，讓繼孫子會在生日當天收到禮物，但都沒人打電話向她道謝，也沒人邀她一起過生日，佛羅倫斯既生氣又難過。佛羅倫斯和先生結婚二十五年了，先生因此頭一次特別打電話給兒子，質問他怎麼會這樣對待繼母，收到禮物也不會說謝謝。佛羅倫斯四十五歲的繼子回答，佛羅倫斯不該在卡片上署名「奶奶佛羅倫斯」。「孩子**真正的**奶奶已經過世，」兒子說，「你知道她這麼做，我心中有什麼感受嗎？她怎麼可以對我的

母親如此不敬，你的**原配**？」」佛羅倫斯努力了近三十年，她自認和繼子的關係「不完美，但還不錯」，但繼子感到佛羅倫斯想當他兒子的奶奶，是在羞辱、貶低他親生母親的地位，甚至是否認她的存在。在佛羅倫斯成年繼子的心中，感謝佛羅倫斯送禮物，以及佛羅倫斯想和繼孫子建立親密關係，不只是稱謂上的問題，實際上是在背叛他的母親。在他心裡，「奶奶」這個尊敬的稱謂，只能留給他的母親。佛羅倫斯表示，「我不在乎他們怎麼喊我，我只是訝異這麼多年了，我繼子依舊這麼敏感，我有點累了。」繼子的妻子最近寄來祖母日的卡片，佛羅倫斯很開心——那正是佛羅倫斯希望獲得的認可，繼子卻覺得不舒服，吝於給予。

「共親職模式」與「平行親職模式」

你結婚時，再婚的先生孩子幾歲、先生和前妻起衝突的程度，將影響你會被捲入「共親職模式」（co-parenting）、「平行親職模式」（parallel parenting，又譯「平衡親職模式」）或單純作壁上觀。最重要的是，你們必須保有彈性，好好協商，在婚姻建立起伯恩斯坦所說的「適當的圍籬與良好橋樑」之前[58]，處理糾結的關係，將造成妻子／繼母與伴侶關係同時承受著壓力。

合作共親職模式（Cooperative Co-Parenting），「最好的情形」

近年來，「共親職」的概念，在離婚與再婚的討論中十分重要。「共親職」是心理學家艾縈絲談的「良好離婚」（the good divorce）的必要元素[59]，是一種理想做法：離婚的父母放下歧見，為了孩子的最佳利益組成教養聯盟。舉例來說，他們會打電話給彼此，確認孩子的家庭作業已經寫完；兩個人同意同時參加孩子的體育活動；協調家規與育兒方式，還可能在節日與孩子的生日派對上團聚。在光譜最極端的地方，極少數的離婚夫妻的居住安排，是兩個人每週輪流住在孩子的房子，一個人住幾天，而不是讓孩子有時跟母親住，有時跟父親住。目前似乎正在流行高度合作的共親職模式。艾克文家庭治療所的布拉夫文發現，過去十年愈來愈多人採取共親職模式，今日的父母更熟悉相關資料，知道這種模式對孩子有哪些好處，美國各州也開始要求離婚的家長上教養課程。布拉夫文告訴我，「共親職蔚為潮流，人們開始盡那方面的努力，試著不當整天起衝突、愛吵架的離婚夫婦，改成替孩子著想，在教養議題上一起合作。」

從長期的角度來看，大概對每一個人來講，合作共親職模式都是最理想的做法。從繼母的角度來看，和父親關係良好的快樂孩子，一般比較不會感到繼母帶來威脅感，最後比較不會破壞繼母的婚姻。此外，先生和前妻要是合作的程度夠高，母親甚至會鼓勵孩子給繼母一個機會，孩子就不必左右為難，放心和繼母建立友好的關係——甚至是親密關係。不過，布拉夫文所長過去數十年輔導離婚與再婚的家庭，她解釋離婚的父母如果高度合作，雖然對孩子日後的發展來講非常好，這樣的合作關係可能讓妻子／繼母覺得不舒服。「對妻子的生活與妻子自己的婚姻來講，她們會感到沮喪，因為先生不光是她們一個人的。」布拉夫文所長表示，「一起照顧孩子的決定涉及好多人。」光是夫妻想要偶爾浪漫一下，出去約個會，這麼簡單的事都會變得很複雜，甚至不可能發生。合作共親職模式太過頭的時候，有時不只是繼母會不開心，甚至不利於婚姻與孩子的幸福。

雷妮表示，她先生的前妻「還以為我們會像是一個快樂的大家庭。她居然要我們所有人一起去度假，我可沒興趣！」讓事情更複雜的是，雷妮的先生和前妻就住在對街而已，雷妮經常感到「這就像是一棟沒有界線的大房子」。雷妮為了改變這種情形，堅持搬家。其他的女性也告訴我，她們感到有壓力，被迫「為了孩子」和先生的前妻一起共度盛大的「家庭」佳節。然而，很少人能接受這樣的安排。我的受訪者中，只有一位女性願意這樣過節——她人十分隨和，又沒家人，再加上很幸運，先生的前妻個性跟她一樣，是一個沒心機的傻大姐。

再婚婚姻的夫妻一定要建立專屬的儀式與傳統，好好維持下去，歡迎孩子加入他們，讓孩子知道，他們的婚姻與他們的邀請是玩真的。我個人認為，一定要呵護與保護再婚的婚姻——因為這樣的婚姻從一開始便處於不利的情勢。這件事比許多離婚的父親心中的義務還重要。那些男人還以為有必要為了孩子，或是為了安撫前妻，延續早已逝去的過往慣例（甚至孩子都覺得尷尬）。

今日愈來愈普遍的看法是有孩子的再婚，應該以孩子為中心，盡量不要改變孩子的生活。然而，這種做法即便出發點良好，卻會讓每一個相關的人都承受壓力。有繼子女的女性，自然會有壓力。不過研究也顯示[60]，前妻與前夫維持高度緊密的關係，孩子會困惑，反而產生不良後果。孩子八成會疑惑，「如果你們這麼喜歡彼此，處得這麼好，為什麼還要離婚？」此外，孩子會困惑於究竟怎麼樣才算是良好的關係。電影《親親小媽》把這樣的期待，發揮到離譜的極致。電影中由茱莉亞．羅勃茲飾演的繼母，和先生、先生的孩子、先生垂死的前妻，一起在前妻的房子裡共度聖誕節。繼母受寵若驚，前妻居然邀請她一起入鏡拍攝「全家福」。好消息是，按照現實狀況而不是好萊塢的幻想來看，雖然前妻與前夫如果彼此合作，有孩子的再婚會有比較理想的結果，不一定需要和你先生的前妻共度很多時光，才能有這樣的效果。此外別忘了，孩子愈來愈大後，需要和先生的前妻密切配合、取得她「允許」的狀況，將愈來愈少。

平行親職模式

如果說「合作共親職模式」是理想，「平行親職模式」則是常態。德州家庭法專家甘格農告訴我，他注意到雖然「人們的期望出現轉變，今日有更多人認為離婚的夫婦應該『試著為了孩子和平相處』，一起參加活動，例如孩子的生日派對等等，但人們實際上的行為沒有出現重大轉變」。的確，在哈瑟林頓的大型縱貫性離婚研究中，僅四分之一左右的研究對象在分開後，形成她所說的「合作型教養關係」（cooperative parenting relationship）。她追蹤的離婚父母中，大約二分之一的人並未合作，或多或少採取忽視對方的做法。這種模式被稱為「平行親職模式」，基本上就是離異的夫妻各自決定孩子該怎麼帶。舉例來說，其中一人有可能不是打電話，而是寄電子郵件，告知自己打算參加學校的某場活動，讓前妻／前夫決定是否也要參加。在「平行親職模式」下，父母兩家各自有不同的規矩，不過研究人員發現，孩子光是聽到一、兩次「我們這邊這個家就是這樣做事」，他們就不會感到困惑。

哈瑟林頓只在「平行親職模式」中，觀察到最少量的明顯或持續性衝突。[61]這種類型的做法通常相當適合繼母，因為繼母將得以在自己家中，表達她們認為該如何養育孩子的意見，尤其是有關於整潔和禮貌的家規，也就是通常最容易引發爭議的事項。至於孩子本身，哈瑟林頓訝異即便「平行親職模式」出現明顯的矛盾，孩子也能適應得很好。孩子通常不只察覺有「兩套規矩」，還知道那是「兩個家」，甚至是「兩組父母」。我年紀比較小的那個繼女，在這方面令人印象深刻，彈性十足——或許她屬於典型的現象。繼女從寄宿學校畢業、去上大學前，如果在生母家打電話給我們，我們問她人在哪，她會回答，「我在家。」然而，表格需要提供家中地址時，她通常會填我們家的地址。有時，她待在我們這、和朋友講電話時，她會說，「我人在紐約市的爸媽這。」

不過，在「平行親職模式」下長大的孩子，也可能學會不是很正當的因應策略——也就是「鑽漏縫」。孩子很習慣父母不會互通聲息，因此在金錢、功課、門禁是幾點等規定上要小聰明，例如繼子可能會在單純不想寫功課時，騙你，「我數學都寫好了，我在媽媽家寫的。」家長彼此不相往來時，沒人會確認孩子說的是不是實話。此外，孩子可能養成錯誤的認知，認為不誠實也不會怎麼樣。這類的行為偏差會讓繼母的忍耐力下降，因為繼母大概不會跟親生父母一樣，覺得我孩子最乖了，不可能做那種事，或是不會從有罪惡感的父母角度來衡量孩子的行為。一名女性表示，她發現青春期的繼子已經向父親拿了校外教學的錢，還跟母親拿錢。「那是很大一筆錢。」那位女性告訴我，「我們是無意間發現這件事，因為我先生不跟前妻講話。我知道那孩子清楚，他父母在各種事情上做法都不同調，他學會〔利用這點〕。問題出在他做出這種事的時候，我更加不喜歡他了。」繼母揭發此類行為時，目的是協助繼子女改過向善，學會誠實，但八成不會帶來改變，只會引發家中的吵吵鬧鬧。沒人想聽見自己的孩子被批評，父親要是又因為和孩子的母親離婚，心中懷有罪惡感，更是什麼都聽不進去。他們暗自揣測，孩子會學壞，品性出問題，追根究柢是自己的錯。

不論你先生和前妻最後是否決定採取「合作共親職模式」，承擔隨之而來的情緒勞動與孩子的接送等責任，也或者他們一開始就剛好採取「平行共親職模式」，這兩種扶養男方前一段婚姻孩子的模式，都將影響到你。在你感到太難熬、撐不下去的日子，別忘了共親職的時期，總有走入尾聲的一天。在許多例子裡，孩子會長大、離家，離開自己的母親，改從新觀點看事情。總有一天，一起協調行程、體育活動、節日、接送的事，將逐漸從你的日曆、你的生活、你的腦海裡消失。另一方面，儘管所有的統計數據和種種壓力，似乎都在告訴你情況不妙，你的伴侶關係仍真的有一直走下去的希望。儘管有孩子的再婚，充滿著紛紛擾擾，問題層出不窮，你和先生的關係會是屹立不搖的中心支柱。

第三部

眾家觀點

PART III
Perspectives

Chapter 7

Sociobiology: What the Birds, the Bees, and the White-Fronted Bee-Eaters Can Teach Us About Stepmothering

社會生物學：鳥、蜜蜂、白額蜂虎傳授的繼母課程

前文引用治療師與研究人員提供的諸多洞見，看得出在繼母這個主題，心理學提供發人深省又對症下藥的知識。不過，出了心理學的領域，其實也還有其他各種豐富的論述，很適合拿來重新看待與解釋繼親會碰上的現實與掙扎，卻很少被拿來討論，甚至不曾被連結在一起。我們可以如何把心理學的發現與貢獻當成依據，但不要總是往內探求，也不要像某些治療師一樣，誤以為繼親問題大多有辦法「修復」（後文第九章將再詳細討論此一偏見）？提及繼母經驗的歷史與文化文獻，常被最優秀的家庭醫療人員用於治療繼親家庭，絕對能協助我們從更寬廣的角度看待現代的繼母，以新方法了解，甚至是解決原本看似純粹與內在或人際關係有關的難題。不過，其他領域也讓我們進一步拓展視野——像是進入史前時代、走入其他世界（或至少其他文化）。演化生物學與人類學的領域，不只讓

我們以新方式看待繼母，還促使我們徹底重新思考什麼是繼母、有繼子女又是什麼意思，這次不從心理衝動或心理動力學著手，改成探索我們的社會行為能告訴我們的事。

哈佛昆蟲學家威爾森（E. O. Wilson）於一九七五年出版《社會生物學：新綜合理論》（*Sociobiology: The New Synthesis*），引發軒然大波，甚至到了今天，在某些領域依舊餘波盪漾。威爾森的主張令人不安，他認為天擇不只對我們的身體產生影響，也影響著我們的社會行為、態度與情緒。基本上，威爾森及其他社會生物學家的看法引發公憤的原因，在於他們提出動物（包括人類）的社會行為受基因影響。此外，許多人不喜歡背後隱藏的意涵：行為（尤其是讓人不舒服的行為）會被選擇，原因是帶來演化上的優勢或適應能力。威爾森不是唯一支持社會生物學的孤狼，他的同行與共同研究者包括生物學家、動物學家、靈長類動物學家、人類學家，像是羅伯特·泰弗士（Robert Trivers）、威廉·漢彌爾頓（William Hamilton）、莎拉·布萊弗·赫迪（Sarah Blaffer Hrdy）。當然，回溯到源頭，社會生物學家受惠與拓展了達爾文（Charles Darwin）的理論。社會生物學的主要論點是，天擇會偏好行為改善了自身「適存度」（fitness，又譯，「適合度」、「適應度」）的個體——有能力存活與製造強壯健康的子代，接著那些子代又將活到能夠繁殖的時刻。

三十年後，對人類社會行為的生物基礎感興趣的學者，通常會自稱「人類行為生態學家」

（human behavioral ecologist）。不論頭銜是什麼，這些科學家比以往更著重脈絡情境，強調生物、社會、文化、生態因子之間的複雜互動，很可能構成特定人類行為的基礎，例如照顧子女。這些科學家指出，這樣的行為稱不上由基因預先設定好，大概來自數百萬年的天擇，依據不同的情境，以不同的方式表現出來。舉例來說，為後代著想的熊媽媽碰上不利於生存的情境時，與其一隻都不肯放棄，增加小熊全數死亡的機率，犧牲兩、三隻小熊中的一隻，依舊稱得上具備母性。行為生態學與社會生物學的主要基本概念，例如，「適存度」、「利他主義」、「繁殖權衡與母性節省」（reproductive tradeoffs and maternal retrenchment）、「親代投資」（parental investment）、「親子衝突」（parent-offspring conflict）、「親屬選擇」（kin selection，親擇）——似乎是現成的工具，可以協助我們思考，為什麼繼親生活既充滿挑戰，卻又普遍存在於這個世界。

奇妙的是，如果要理解繼母，剖析為什麼繼母內外交困，最好的方法，或許是看一看社會生物學家與人類行為生態學家對母親的說法。更奇妙的是，部分科學家對於人類以外物種的理論，反而更能讓我們理解當代人類繼母的困境。這樣的研究的確未與人類繼母直接相關，但提供了全面性的獨特觀點，一路回溯到史前時代，同時把我們連至與人類關係最近的動物親戚，也連至不那麼近的其他物種，例如鳥類。

拉克的鳥兒：個體、母親、權衡

社會生物學家赫迪的巨著《母性》（*Mother Nature: Maternal Instincts and How They Shape the Human Species*）是本章與下一章的骨幹，她在書中稱「英國鳥類學會信託基金會」（British Trust for Ornithology）一九四〇年代初的顧問戴維・拉克（David Lack）為「第一位繁殖生態學家」。[1]二戰過後，拉克組織英國數百位業餘賞鳥人士，協助蒐集帶燕（band swallow）與知更鳥（robin）等鳥類的資料。眾人觀察鳥巢，仔細清點鳥蛋數量與秤重，接著觀察雛鳥破殼而出和長羽毛。

拉克想知道，產下了多少鳥蛋？多少顆孵化？孵化出來的小鳥中，有多少隻順利羽翼漸豐？原因是什麼？該如何解釋差異？舉例來說，為什麼鳥媽媽會生三顆蛋，但只餵兩隻雛鳥？或是只餵一隻？為什麼某些鳥媽媽，在某幾次的繁殖季全軍覆沒，一隻小鳥都沒養活？一開始，拉克想研究某些假設是否正確，找出鳥類是否「天生就會」養孩子。大量數據湧進後，拉克發現個別鳥兒的繁殖成功率有很大的差別：某些鳥媽媽似乎比別的鳥媽媽更會養孩子。拉克還注意到，鳥媽媽不是為了物種或族群好，才調整自身的生殖力，而是如同赫迪所言[2]，「以對自身情況來講最有利的方式，調控自己的繁殖努力（reproductive effort，包括下蛋、保護鳥巢、孵蛋、餵養雛鳥）。」科學家柯若寧（Helena Cronin）用「大我主義者」（greater goodist）一詞[3]，形容以為演化重點是物種求生存的誤解。鳥媽媽根本不是什麼「大我主義者」，牠們的行為自有盤算。

此外，拉克發現真相遠比表面複雜許多。在某個繁殖季或甚至是一生中產下最多顆蛋的鳥媽媽、嘗試全數孵化與養育每一顆蛋的鳥媽媽、最不辭辛勞餵食雛鳥的鳥媽媽，並未自動贏得演化的頭獎，養大最多小鳥。為什麼某些鳥媽媽成功養大孩子，其他的鳥媽媽則沒那麼成功？怎麼會某些鳥媽媽養活的孩子比其他媽媽多？拉克為了找出答案，研究「錯開下蛋」的現象。鷹類與鷗類等物種，雌鳥會錯開下蛋的時間一至數天，但一下蛋就開始孵，也因此第一批生的蛋，將比下一批早幾天孵化。免不了的結果是在比較晚生下的蛋孵化前，第一批雛鳥會是窩裡的老大，比弟弟妹妹多吃了幾餐，也因此碰上食物短缺時，第一批雛鳥幾乎一定比較容易搶得到食物，第二批雛鳥則不幸挨餓。爭食的過程中，鳥媽媽不會替晚出生的子女挺身而出。不過，如果食物並未不足，在不虞匱乏的條件輔助下，鳥媽媽會採取步驟，確保第一批孩子試圖稱霸時，第二批孩子也能活下去。

鳥媽媽靠著不只下一顆蛋，接著又在必要情況下，放任頭生子減少窩中的雛鳥數量，盡量讓家庭人數配合食物的供給。充沛的食物與恰當的生態情境，將帶來兩隻以上的小鳥；環境沒那麼好的時候，則可以確保只有一隻會留下，母鳥不會為了餵養孩子，過度耗損自己。

拉克感到這些鳥媽媽一點都不笨，兩邊都押寶，衡量周遭環境後，再決定鳥巢中的大戲要如何上演。鳥媽媽是否會孵育所有的蛋，也或者會讓其中一顆滾到一旁？牠是否會餵食所有的雛鳥，公平花心血在每一隻小鳥身上？也或者母鳥會讓最大的子女殺掉弟弟妹妹？套用赫迪的話來講，拉克研究的鳥兒是「高度審度情勢的母親」（highly discerning mothers，評估選項、衡量當前的狀況）[4]，「視情況為雛鳥付出」。

拉克思考種種情形後，得出一個想法：這些鳥媽媽的生命出現基本的權衡。**我該多生幾隻小鳥，但每隻少花一點力氣；或者該生少一點，但每次都盡力保全孩子？**由於拉克的緣故，日後的科學家開始探討，母親繁殖時有可能做出「權衡」，一邊是「現在」，一邊是「未來可能更好運」。雌性先是評估情勢，接著決定該怎麼做，這種現象代表著幾件事。首先，某些母鳥擅長兩邊下注，其他的母鳥則失敗。這樣的差異意味著母鳥面臨著「選擇壓力」（selection pressure）：更厲害的媽媽策略家，將有更多後代，那些後代又能產下後代。成功率的差異也顯示，媽媽的利益，不一定和孩子一樣。鳥媽媽會袖手旁觀，放任其中一個子女，啄死不幸晚生的子女，或是眼睜睜看著牠們餓死；但鳥媽媽也可能用盡所有力量，努力抵擋入侵者，不讓外人威脅到雛鳥性命。簡而言之，一切視情況而定。拉克的研究顯示，母親的行為不只是「機械式的養育」或「自動有母愛」。以赫迪的話來講，這些鳥媽媽是「具備彈性的策略家」，更接近黑色電影裡的蛇蠍女，冷酷地衡量自己的選項，而非一九五〇年代影集裡的完美主婦瓊・克莉佛（June Cleaver）。鳥媽媽為後代付出時，她們養育子女的「直覺」與理性分不開，有時可能致命。實情令人激憤，母性離不了算計——對我的鳥孩子有利，會不會對我不利？我是否該替這隻雛鳥付出一切，也或者該把力氣省下來，留給較為健康的孩子；或者更好的做法是靜候環境好轉，等以後食物比較多了再說？生物學家還指出的另一件事，似乎更是令人義憤填膺：其他的動物也有這樣的母親權衡行為，包括蜜蜂，還有人類也一樣。

漢彌爾頓的蜜蜂，「整體適存度」與「親屬選擇」

拉克發現，有計策的鳥媽媽會評估局勢，在「單一繁殖季」與「一生」中做出權衡，依據成功度的高低，調整努力的程度，盡量增加自身的個體適存度，這種看法引發了進一步的研究。科學家這下子開始好奇：**動物界的母親還會以其他哪些方式，依據生態情形調整母性投資（maternal investment）？**如果說拉克的鳥媽媽及其他的動物媽媽，（會在某種意義上）決定某一季要照顧多少幼崽，各種動物媽媽會依據各自不斷變動的情境，調整自己付出的母性投資，那放棄當母親的雌性又要怎麼說？那些雌性不只放棄一個繁殖季，也不只放棄兩個、三個，而是終其一生扶養他人後代。究竟是什麼樣的動機，促使動物做出看起來如此無私的舉動，完全放棄繁衍自己的後代？

研究蜜蜂、螞蟻、黃蜂等「膜翅目社會性昆蟲」（hymenopteran social insect）的科學家，一定會碰上這種古怪的演化現象。蜜蜂似乎生活在某種烏托邦之中（生物學家稱牠們的生活方式為「真社會性」〔eusocial〕或「高度社會性」〔perfectly social〕），牠們似乎是最完美的日托服務提供者，永不喊累，犧牲自我──或者該說，牠們是我們夢想的那種犧牲奉獻的繼母，為蜂后服務，忙著照顧蜂后的子女，自己不生。為什麼會這樣？

那樣的現象似乎牴觸了達爾文的演化思維，屬於個體適存度法則的例外，直到科學家威廉．漢彌爾頓提出理論，解釋這些高度合作的繁殖群中，「僅幾萬分之一的雌性會成為母親」有可能是怎麼一回事。[5]漢彌爾頓指出，這樣的昆蟲之所以照顧女王的後代，而不是自己的後代，原因是牠們和皇后的親屬關係極近，近到牠們和自己的後代，甚至不如牠們和女王的後代親。芝加哥動物學會（Chicago Zoological Society）的生物學家與靈長類動物學家丹．華頓（Dan Wharton）向我解釋，這種（在我們耳裡）很稀奇的情況是怎麼發生的，「蜜蜂中的雌性有雙套染色體（diploid，二倍體），雄性則只有一套（haploid，單倍體），帶來單雙套系統繁殖（haplodiploid reproduction）。在這樣的單雙套系統繁殖有機體中，父親一樣的兩個姊妹，牠們身上相同的遺傳物質，多過母親與自己的子代。」換句話說，漢彌爾頓的蜜蜂看似全然自我犧牲的行為，事實上相當自私。

漢彌爾頓以這樣的生物為例，主張應該拓展適存度的概念，不只納入個體，還要看他或她最近的基因親屬。換句話說，拉克說對了，事情與個體而非群體有關，只不過某些時候，例如以蜜蜂的例子來講，群體和你的血緣關係，實際上比你自體的延伸還近。漢彌爾頓主張，「整體適存度」（inclusive fitness）是個體的適存度，再加上他或她有共同起源、基因最近的親屬適存度。漢彌爾頓表示，當給予者的「成本」（cost, C），少於協助另一個血緣關係為「r」的個體（r是共同起源讓這兩個個體共享的基因比例）所帶來的適存度「利益」（benefit, B），將產生利他主義。赫迪寫道，這種現象通常被稱為「親屬選擇」，以公式「C＜Br」來表示——「是所有社會性動物的協助行為演化基礎」。[6]這個現象也能用來解釋，相較於沒有血緣關係的人，人類會偏袒親屬的共通模式。

行為生態學家立刻指出，這個理論的意思，並非指有一個或甚至是一組基因帶來影響，造成相較於非親屬，人類更偏心親屬的情況，只不過是以動物（包括人類）來講，這種偏向似乎是普遍的。扁頭泥蜂（jewel wasp）及其他昆蟲的初步實驗證實，整體適存度確有其事；日後的人類研究似乎也證明親屬選擇的普遍性。[7]然而，親屬選擇實際上如何運作？赫迪指出，「以人類來講，我們只能假設，我們相當傾向於偏心親屬的現象，源自十分古老的情緒與認知系統，例如我們從很小的年紀，就開始學習辨認熟人，我們對熟人產生利他行為的門檻較低。我們和其他社會性生物之所以在這方面出現類似的現象，這是最簡單的解釋。」[8]

也就是說，依據人類行為生態學家與演化生物學家的說法，我們生活在「親屬至上」的世界。比起沒血緣關係的人，我們替有血緣的人做的比較多，我們是別人的親屬時也一樣。那麼，究竟什麼是親緣（kin）？成本是什麼？以及到底該如何定義「利益」？

泰弗士的家族：合作與衝突

漢彌爾頓讓特立獨行的社會生物學家泰弗士開始思考，如果「整體適存度」解釋了共同的遺傳物質，帶來了利益一致的近親間的合作與利他，能否也能用於解釋血緣相近的個體利益分歧？泰弗士指出，母親與子女的基因不完全一樣，那麼依據親屬選擇或整體適存度的理論，再加上拉克的觀察——這樣講起來，母親的利益不就不會永遠和子女一樣？從子代的觀點來看，或許也是一樣。舉例來說，任何物種的嬰兒與自己的親緣度是百分之百，但和母親以及後續的子代（如果父親一樣），只有五成基因一樣。如果父親不一樣，親緣度僅二五％。泰弗士指出，對母親來講，母親和自己所有子代親緣度一樣，也因此母代與子代的關係、子代與子代的關係，不只會合作，也可能起衝突。[9]簡而言之，母親與孩子的欲望與需求，不一定全然一致。這個觀察雖然聽上去合乎邏輯又合理，背後的意涵深深顛覆了我們深信不疑的看法：母親與孩子生活在某種母慈子孝的共生之中。

拉克讓泰弗士與日後的研究人員知道，事情**正好相反**：妊娠、分娩、餵食等繁殖努力成本高、耗母體。母親用在任一子代的任何努力，都會造成另一個子代能得到的減少，還會減少母親生下更多子代的能力。泰弗士也有相關的理論，他稱為「親代投資」。泰弗士在一九七二年提出，親代投資是指親代為了增加子代的存活機率做的任何事，投資在一個子代身上，就會減損投資在另一個子代身上的能力。[10]把漢彌爾頓的親屬選擇理論當成依據，再特別強調潛在的衝突，要問的問題就變成：母親應該花多少力氣照顧孩子？照顧多久？這個依賴的小東西，何時不再是母親自身利益的延伸，比較像是累贅？泰弗士寫道，「可以預期的是，親代與子代對親代投資該持續多長時間、量該有多少，以及子代的利他與利己傾向，意見並不一致。」[11]

赫迪為了讓這個理論上的主張更加具體，以斷奶現象為例[12]，解釋泰弗士如何重新看待家庭成員的關係，認為他們同時既合作又競爭，「泰弗士提出親子間會意見不一致：母親應該在多少程度上、餵養她的孩子多長時間，斷奶衝突正好可以用來解釋……孩子剛出生時，一定得哺乳，誕下的幼兒才能活下去，此時母親與孩子八成會同心……〔然而一段時間後，〕幼兒想喝奶的動機，超過母親提供更多營養的動力。」

各個文化與物種都一樣，斷奶會帶來大吵大鬧，這是一場意志力的大拔河。靈長類動物學家指出，斷奶的狒狒與黑猩猩會不停發出一陣又一陣的尖叫以表達憤怒，甚至陷入憂鬱。幼兒不屈不撓抗議不能再喝奶，泰弗士甚至建議田野工作者，如果想要一大早在非洲熱帶草原上找到狒狒，只需要循著斷奶狒狒的尖叫聲就可以了。在特徵是延長的哺乳期的人類社會（或是在哺乳期被縮短的社會，例如美國人），也會出現這樣的問題。昆族（!Kung，狩獵採集民族，居住在非洲波札那〔Botswana〕的喀拉哈里沙漠）的母親懷孕時[13]，她們會告訴自己三、四歲大的孩子，「你不能再吃奶了。你吃的話，你會死掉。」昆族孩子會哭鬧與發脾氣，堅持還是要吸母親的乳房。許多三、四歲大的昆族孩子會在這段胡鬧的期間，被送至其他營地和親戚同住，母親和小孩壓力都很大。許多昆人甚至一直到長大，都還留著斷奶的記憶。在西方文化，幼兒要是還想喝奶，我們會在他們面前藏起乳房，試圖轉移他們的注意力，或是鼓勵六個月大後開始吃「固體食物」，加快結束其他文化可能耗費數年的過程，早早在孩子八、九個月大或一歲大時，就完成斷奶。

「睡覺訓練」是另一個西方工業化文化的母嬰議題，這種早期的直接激烈衝突，大概也是會泰弗士會討論的事。我們在一定時間點後會覺得，孩子不該再和父母同睡一張床，但千萬年的演化讓嬰兒害怕被單獨留下。嬰兒被擺進嬰兒床，「學習自己睡覺」。嬰兒想要與需要被抱著（才有安全感），但父母需要睡眠（才能正常運轉）。被留下的嬰兒可能一哭幾小時，天天哭，會哭多久，要看孩子的個性和父母的堅決程度。這個考驗可能帶來龐大壓力（一位母親告訴我，她在訓練孩子自己睡的期間壓力太大，長了帶狀皰疹）。孩子在自己的房間哭嚎的聲音，讓大人感到矛盾與折磨，但我們依舊有自己的需求。在獨睡這件事上，親子的需求有著根本的衝突。

大人以各種方法訓練嬰兒獨立，我們認為不那麼做不行，如同泰弗士所言，這種現象突顯出母親和孩子的目標有可能不一致。如果說連餵奶，或是孩子（可能）感到不開心或恐懼被扔下時安撫他們，連這麼基本的事，都能造成衝突與親子意見不同；如果說母親和孩子是基因不同的兩個個體，有著不永遠完全一致的利益；如果說母親與孩子的關係，不一定母子同心、溫馨、相依為命，偶爾也會起衝突，而且是相當真實的衝突——那麼繼母和非親生的孩子，又會是什麼局面？突然間，拉克工於心計的鳥媽媽，那些永遠在算計食物可能不夠，威脅到生存的鳥兒，令人想到某些人（故事人物或真有其人）。那些人在收成不好的時候，把孩子帶到黑森林深處「砍柴」，遺棄他們，以免他們吃光家中存糧。

艾姆蘭的白額蜂虎：就跟我們一樣？

拿鳥來跟人比，感覺有點「張飛打岳飛」，但不是毫無前例——或是不合理。康乃爾大學的行為生態學家史蒂夫．艾姆蘭（Stephen Emlen），對人類家庭特別感興趣，他提出令人信服的論點，指出相較於我們毛茸茸的猿猴表親，長著羽毛的朋友，反而更能讓人類了解自身是怎麼一回事。艾姆蘭不否認，在認知與心智能力方面，靈長類動物的確和我們人類比較相像，像是使用工具、解決問題、擅長學習手語。然而，在家庭這方面，我們與我們的近親類人猿的差異，多過共通點。舉例來說，靈長類動物專家華頓告訴我，「黑猩猩成群生活，公黑猩猩不會幫忙帶孩子；大猩猩與長鬃狒狒（hamadryas baboon）生活在廣義的『後宮』裡，成員是數隻沒血緣關係的雌性，加上一隻當家的雄性。」鳥類不一樣。鳥類組成最一夫一妻的組合，有時一生一世和同一隻鳥交配。公鳥積極照顧小鳥，某些鳥兒甚至生活在「社區」裡。這些相似處說明了什麼？幾位鳥類學者與演化生物學家指出，鳥兒特別適合用來協助我們思考人類的行為。艾姆蘭解釋，「不同的動物若是生活在極為類似的社會形態，在漫長的演化史中，將碰上相同類型的社會選擇，也因此發展出極為類似的行為原則。」[14]

數十年前，某個鳥兒「社區」引發艾姆蘭的興趣。艾姆蘭當時聽說，肯亞的白額蜂虎（white-fronted bee-eater）是一種相當具備社會性的生物，生活在看來相當利他的寧靜烏托邦群體中，一群的數量是三百多隻。分享、照顧、無私，似乎是白額蜂虎的常態現象。舉例來說，食物不足時，白額蜂虎會和鄰居分享。母鳥與公鳥平均分配育兒責任，八五%的時候是一夫一妻（艾姆蘭指出，人類的比例也差不多）。此外，長大的下一代通常會留下來「協助鳥巢裡的事」，幫忙照顧弟弟妹妹。令人訝異的是，白額蜂虎甚至會幫鄰居「帶孩子」。艾姆蘭解釋，「我研究蜂虎，是因為牠們似乎擁有複雜的助『鳥』行動，即便不是家人也幫。」當然，這點牴觸了強調個體適存度與親屬選擇的演化理論。[15]

蜂虎究竟是怎麼一回事？牠們怎麼會協助其他鳥兒，不是親戚也幫？艾姆蘭是徹頭徹尾的社會生物學者，他認為自己可能在肯亞找到了特例，不符合親屬優先的「漢彌爾頓法則」（Hamilton's Rule）。艾姆蘭提出假設，或許蜂虎屬於另一種演化生物學理論，「互利」（reciprocal altruism）的精神在發威。互利是指協助非親屬，期待有一天會好心有好報。萬一不幸「好心被雷親」，就不再提供協助，社會橋樑中斷。研究人員在公橄欖狒狒身上觀察到此類行為[16]，公狒狒在與其他公狒狒發生挑釁的互動時，有可能試圖結成聯盟。母長尾猴與試圖掌控獅群的公獅也一樣。白額蜂虎會不會也是在做類似的事？艾姆蘭最後發現的事，嚇了他一跳——對繼親家庭來講，或許也是出乎意料的啟示。

肯亞的冷暖人間：衝突、合作、親屬選擇

艾姆蘭在肯亞溼滑的泥灘上，做上數千小時的田野觀察，最後發現白額蜂虎**並非**演化原則的特例，反而**正好**符合。說穿了，白額蜂虎其實並未和陌生的鳥兒近距離住在一起，牠們生活在多代同堂的大家庭裡。白額蜂虎和漢彌爾頓的蜜蜂一樣，幫親戚等於是在幫自己。表面上是在犧牲自己的行為，搞了半天仍是自私的行為。舉例來說，所謂的長大的下一代在鄰居的鳥巢裡幫忙，其實是在協助血緣相當近的親屬，連帶改善自身的適存度。萬一自家鳥巢蒙難，例如蛋被掠食者吃掉，白額蜂虎會搬進姊姊與姊夫家、叔伯阿姨家，或是爸媽家。艾姆蘭最後有辦法利用漢彌爾頓的親屬選擇理論，預測哪隻鳥會幫哪隻鳥。艾姆蘭解釋[17]，「萬一鳥巢有難，」他設想將能依據遺傳物質有多少百分比一樣，「預測牠們會跑去向哪隻鳥討救兵。」艾姆蘭想得沒錯。天擇似乎在千年間發威，鳥兒內化了複雜的「決策法則」（decision rule），有辦法衡量不同親屬的相對重要性與關係密切程度，依據協助對方有多少潛在的遺傳利益做判斷。

還不只如此。蜂虎的「祥和社會」完全不是那麼一回事。牠們並未團結合作、彼此照顧、不起衝突，反而活在某種鳥類版的「冷暖人間」。某位自然作家形容[18]，「那是一齣愛恨交織

的肥皂劇，充滿著欺騙、騷擾、離婚、通姦。」艾姆蘭夫妻和兩人的助手，開始認得某幾隻鳥兒，日復一日追蹤牠們做了哪些事，最後目瞪口呆，發現在獻殷勤、擅闖別人家、偷溜到離家很遠的地方進行「偶外交配」等各方面，白額蜂虎有時相當「人類」。雖然長大的小鳥，的確通常會留在「爸媽家」，不會搬進在不遠處的泥灘上蓋成的「公寓」，就連這件事都比乍看之下複雜。鳥爸媽有時甚至會在小孩搬出去後，跑去騷擾牠們，強迫孩子搬回家——為了百分之百自私自利的理由。舉例來說，有一天，艾姆蘭發現某隻鳥爸爸一直堵在兒子鳥巢的入口，一遍又一遍和兒子「打招呼」。鳥爸爸的招呼打個沒完，怎麼樣就是不肯走，兒子好長一段時間無法進入鳥巢。值得注意的是，此時兒子的伴侶正坐在家中孵蛋，兒子無法進家門帶食物給另一半吃。

艾姆蘭在觀察的過程中發現，鳥爸媽靠著這種強制性的行為，增加子女的鳥巢完蛋的可能性。接著太好了！子女就會回「家」，分擔鳥爸媽的育兒責任。鳥爸爸靠著這招，讓和自己血緣最近的鳥（他自己的子女）能長大的機率，高過和他關係沒那麼近的鳥兒——他兒女的兒女。鳥爸爸把和自己血緣最近、最親、年齡較長的孩子，當成最可靠的「鳥巢幫手」。當然，對長大的子女來講，幫父親也算有好處，畢竟如果你無法養自己的孩子，次好的選項是養你的兄弟姊妹，手足的基因五成和你一樣。

不過，父母的如意算盤，對兒女來講不一定是好事。艾姆蘭發現，忙碌的蜂虎還有一件事跟人類一樣。繁殖不順利的鳥夫婦，更可能出現艾姆蘭與許多鳥類學家直接稱為「離婚」的行為。鳥夫婦若是無法成功守著自己的窩，分道揚鑣，八成會另覓伴侶，找新鳥兒交配。長期相守的蜂虎要是分手，選擇新伴侶，此時艾姆蘭會特別近距離觀察，好奇將會發生什麼事。所有的鳥兒依舊會融洽相處，也或者繼父繼母出現時會引發緊張形勢？最初的鳥爸媽組合生下的子女，是否會留在巢中，也或者會離開？按照漢彌爾頓法則來推測，艾姆蘭的心中有個預感，而接下來的研究發現，也的確符合整體適存度理論。

原先的白額蜂虎雙親組合產下的後代，相較於盡量協助同父同母的手足，牠們比較不可能協助同父異母或同母異父的兄弟姊妹。每當出現繼父繼母，牠們離開自己家、跑去協助大家庭裡其他鳥巢的機率會增加。艾姆蘭並未感到訝異：父母和繼父繼母生下的孩子，那些同父異母或同母異父的手足，帶有和牠們一樣的遺傳物質的機率，和姪女／外甥女、姪子／外甥是一樣的（二五％），因此牠們協助後者的機率變高。另外，艾姆蘭也不訝異，此時子女永久離開父母和繼父繼母的窩的機率增高。艾姆蘭解釋，「原先鳥爸媽組合的孩子說，『謝謝，但不了。我會少做一點，少提供一點食物。我要把比較多的時間，用在其他家人身上。』」[19]此外，新配偶首度出現時，緊張氣氛與敵意會升高——原因十分明顯。艾姆蘭指出，「有時，兒子與繼母對彼此很感興趣，不像兒子與母親。父親為了保住伴侶，用很大的敵意攻擊兒子。」[20]

然而，這一切對人類來說代表著什麼？艾姆蘭徹頭徹尾支持適應主義，他認為答案對人類來講有很大的啟示。艾姆蘭主張，人類一樣有著選擇壓力，有著類似的偏好（或多或少屬於一夫一妻制、長期配對、離婚、另覓新伴侶、一起照顧子女、在大家庭中生活的演化史），進而發展出類似的「決策法則」——不知不覺中引導著我們的社會行為策略。對艾姆蘭來講，蜂虎是某種鏡頭，透過那個鏡頭，可以從更廣的角度，看見和家庭、家庭議題有關的比較性演化觀點。艾姆蘭指出，所有的繼親家庭，大概都會出現許多類似於肯亞白額蜂虎家中發生的事：繼子女提早遷徙出去（dispersal，也稱為「離巢」）；繼親家庭中的衝突與性張力升高；偏愛親生的孩子、親生父母，以及同父同母的手足。這些都不是什麼我們人類很想聽見的事，但其實也不過是生物之常情。多位社會學家與心理學家依據研究結果和臨床觀察，提出和艾姆蘭相同的結論。不過，艾姆蘭立刻提醒，相關的問題或衝突絕非「由基因註定」，不可避免。被問到是否基因為主，環境與文化「為輔」，艾姆蘭斬釘截鐵回答，絕不是那樣。「基因與環境都是主要因素，」[21]他強調，「大多數的人類行為深受文化與環境影響，這點沒有爭議，只不過是背後也有著生物性基礎。這些基礎（我們繼承的傾向）在形塑我們的社會互動時，也有其影響力，重要性勝過先前的假設。」究竟是怎麼一回事？

人類的例子：天使園的一夫多妻

行為生態學家威廉・賈科維雅克（William Jankowiak）與莫妮克・迪德里克（Monique

Diderich）在二〇〇〇年，研究一夫多妻的摩門家族。那項精彩的研究[22]，正好能解釋艾姆蘭所說的生物事實引導著我們的社會行為，左右著我們的感受。賈科維雅克與迪德里克研究在「天使園」（Angel Park）這個摩門社區，同父同母與同父異母的兄弟姊妹如何互動，以及自認彼此有多親。即便是和摩門其他一夫多妻的社區放在一起，「天使園」這個社區依舊很特別。他們在布道、主日學課程、高中課程，以及在家中，不斷強調理想狀態是大家應該住在一起，生活在一個「團結和諧的家中」，包括一個父親，好幾名妻子，以及一夫多妻生下的所有子女。天使園的一夫多妻家庭為了達成這個理想，強調家庭精神，刻意不斷指出基因差異不重要。不同媽生的孩子，在公共區域一起生活，一起玩耍，反覆灌輸「我們是真正的兄弟姊妹」觀念。天使園因此非常適合用來探索遺傳關聯性究竟有多重要。人們對待「同父同母」與「同父異母」的手足時，真的感覺一樣親、依戀程度一樣強嗎？他們肯為了同父異母的手足付出一切的程度，真的如同血親嗎？換句話說，天使園（以及或許不只天使園）的手足團結程度，和生物性親屬的程度接近嗎？還是說如同社會學家與心理學家所言，建立親密度時，其他因素扮演著重要角色，例如是否一起長大、年齡是否相近等？

賈科維雅克與迪德里克想探究的重要問題是，沒血緣關係的人，是否能透過朝夕相處、在獲得支持的理想狀態下，學著愛彼此，就像真的有血緣關係一樣？不難看出，這樣的問題（以及答案）對繼親家庭來講將多有意義與實用。在繼親家庭裡，沒血緣關係的繼手足、半手足、同父同母手足，以及對孩子來講沒血緣關係的成人，有可能住在一起，在某種程度上被迫「混合」在一起。

論文作者主要研究三十二個一夫多妻家庭，一共訪談七十人，所有的同父同母與同父異母的手足，全數住在天使園社群裡。論文作者利用數種方式，評估人們心中認定的「親密度」與團結感受。研究人員請年幼的孩子「畫下你的家庭」，背後的理論依據是孩子沒畫的人，強烈暗示著孩子對那個人帶有負面感受。如果這些年幼的孩子和兩個以上的嬰兒同住，研究人員會問，「你最喜歡哪個寶寶？」接著再問，「那是你親媽媽的孩子，還是你其他媽媽的孩子？」成人會被詢問近期是否借錢給兄弟姊妹。由於天使園的家庭人數通常很龐大，家中時常缺錢；也就是說不但有必要借錢、要借給誰也得小心分配。研究人員還會詢問成人，他們最近是否請手足幫忙帶孩子。家裡有好多孩子時，幫忙照顧很重要，顧孩子也是會被感激的大忙，不能隨便開口，也不會隨便答應。如果願意借錢，也願意幫忙帶孩子，受訪者會進一步被問到，「那是和你同一個媽媽的手足，還是其他媽媽生的？」最後，論文作者還分析誰參加誰的生日會與婚宴，他們想知道參加情形是否偏向同父同母的手足，或是一半一半，同母與異母的都參加？

資料蒐集完畢加以分析後，答案揭曉。同父同母與同父異母的手足之間，情感上的親密度、忠誠程度、感情好不好，差異極大。賈科維雅克與迪德里克發現，同父同母的手足感情比較好，依戀程度較高，遠遠更願意替彼此付出，儘管宗教理想力量強大，同父異母的手足年齡相近，所有的孩子一起長大，朝夕相處，結果還是一樣。

明顯偏心血緣關係最近的親屬的偏好，還顯現在至少兩件事情上。論文作者原先沒想到，研究設計也應該計算那些事，但在訪談過程中，以及在社區內執行其他研究項目時，觀察到相關情形。第一，如果一夫多妻家庭中的父親還在世，成年的手足會在父親家碰面，每週全家一起吃晚餐。然而，父親過世後，立刻就會發生值得留意的情形：同父異母的手足會各自散去，有點像白額蜂虎的繼子女會棄巢而去。家庭聚會時，將按照完整的血緣關係各自相聚，生母接下過世父親的位置，成為家中的中心人物，即便不是坐在桌子的首位也一樣。第二，幾乎所有受訪的成人都記得，至少有一、兩次碰上父親的其他妻子偏心自己的子女，他們因而吃虧，像是他們會回憶父親的其他妻子縱容自己的孩子不守家中規定，或是給自己的孩子切比較大塊的蛋糕。此處的關鍵字是「觀感」。即便周遭環境號稱，親生母親和其他母親一視同仁愛著孩子，親生的和非親生的都一樣，這樣的偏心感受會生根，在自打嘴巴的環境中茁壯。我們可能會好奇，要是相反呢？萬一文化還一直宣稱，不是親生的就是不一樣，孩子在成長過程中，將得出什麼樣的觀感？

研究論文的作者以保守筆調提出結論，「在天使園，情感出現明顯的群聚現象，符合整體適存度理論。」[23]即便環境鼓勵非血緣的親屬關係，同父異母手足被鼓勵感覺「就跟同爸媽是一樣的」，這個理想被一而再、再而三提倡，孩子也從出生就密切生活在一起，儘管有著種種的努力，到了最後，血緣還是很重要。當我們的繼親家庭「失敗」、未能「混合」時，以上的研究發現實在很值得和那些批評我們失職的人分享。

繼親家庭：沒那麼親？其實也沒那麼悲劇

如同白額蜂虎與天使園的摩門教徒，繼親家庭的成員，雖然對血緣關係不是那麼近的人，依舊有辦法付出很多關懷，他們似乎依舊天生就和自己人感覺最親密。舉例來說，一九八一年的美國全國性調查中[24]，十一歲至十六歲的孩子被問到，「你認為誰是家庭成員？」三一％的繼子女並未把同住的繼父繼母列為家人，四一％沒提到繼手足。

「他的孩子不會來過節？」親戚、朋友，甚至只是認識的人，都會目瞪口呆地這樣問。或是，「到底為什麼你的繼子還沒從大學返家，來看剛出生的弟弟妹妹？」言下之意是有事情不對勁。很多時候，人們明顯是在暗示，一定是繼母做錯了什麼。繼母未能達成文化交給她的任務，「打造出一個家」，或是未能「像媽媽一樣溫暖」，好好對待繼子女。實情其實很簡單[25]，無數的研究都證實，繼親家庭（如同本書第四章）就是和初婚家庭不一樣。再講一遍，外人似乎很難理解，就連繼母本人偶爾也很難接受的一件事，就是再婚家庭的凝聚力較為薄弱。此外，也少有實證證據可以證明[26]人們以為的時間長了之後，再婚家庭就會愈來愈親密。對不明就裡的外人來講，或是對於了解繼親家庭的地形時，試著把初婚地圖硬套在再婚婚姻上的人士來講，更令人訝異與暈頭轉向的是，其實對繼親家庭來講，不親密也沒什麼關係。

同住的繼親家庭，其實像是大學宿舍／室友的感覺，讓某些人大驚失色。他們還以為「家庭」就是要同步，和初婚家庭一樣超級親密。繼親家庭的成員，尤其是雙方都帶著孩子進入再婚婚姻的話，有可能在不同時間吃飯、裝飾兩棵不一樣的聖誕樹，甚至決定不要全部的人一起去度假（以上全是我的訪談對象提到的做法）。孩子大了、不住在一起後，更是不會「大家都綁在一起」。我訪談的繼親家庭中，部分有成年孩子的家庭，家人好幾個月都不會見到面，不會因為碰上過節，大家就自動團圓。舉例來說，一個人對太多人都負有家庭責任時，無法在感恩節「和全部的家人聚在一起」。

某些抱持初婚家庭概念的人會覺得這樣的繼親現實，令人目瞪口呆和「不對」，但繼親家庭就是靠給彼此空間，不強求，反而能以自己的方式凝聚，促進正面的關係。好幾位研究人員指出[27]，在繼親家庭中，尊重彼此的行為、具備彈性與低度的凝聚力，不僅讓家庭運作正常，甚至更能讓成員適應新家庭，也更能預期會有好結果，比「整個家就是要在一起」好得多。弄不清楚狀況的外人，抱持著不切實際又缺乏同理心的幻想，認為我們繼親家庭就是「該」怎樣怎樣。如果說這種人的幻想成為我們的負擔，我們可以從演化生物學蒐集到的神奇事實中得到安慰——天使園與肯亞泥灘的世界，同時離我們很遠，又出乎意料地近。

羅沃爾的鳥版繼父母

如果說艾姆蘭感興趣的是**發生什麼事**：他研究的鳥兒群組，以及包括人類在內的其他動物，一般的家庭生活是什麼樣子，出現繼父母又會怎麼樣，那麼好幾位其他的生物學家則是對**原因**感興趣。到底為什麼動物的世界會出現照顧繼子女的行為？為什麼會有任何生物，願意做任何感覺起來如此無私的舉動，例如：小丑魚、狒狒、黃頭黑鸝（yellow-headed blackbird）、白額蜂虎等動物，全都出現繼父母的行為？

早期對這個主題的看法是或許牠們不願意。一九七五年時，鳥類學家哈利・鮑爾（Harry Power）的〈山藍鴝：反駁利他主義的實驗證據〉（Mountain Bluebirds: Experimental Evidence Against Altruism）主張[28]，他所說的「真正的利他主義」（true altruism，在減損自身的整體適存度狀況下，「促成他人」成功繁殖）存不存在，可以依據鳥兒如何對待其他鳥兒的子代來估算。鮑爾在築巢期，抓走山藍鴝伴侶中的公鳥或母鳥；新單身的鳥兒會找到替代的伴侶。不過，多數的替代伴侶不會協助撫養繼子女。鮑爾指出，這種情形是顯而易見的結果：努力撫養他人的孩子，只會讓對手的基因散布出去，促成利他行為的基因則不會進一步擴散。鮑爾基本上是在說，從演化適應的角度來看，繼父母的「無私」沒意義。

鮑爾和許多研究結果帶來重大影響的科學家一樣，帶來的問題比能回答的多。鮑爾寫下那篇論文十年後，另一位鳥類學家西佛・羅沃爾（Sievert Rohwer）不認同文中的發現與結論，重新檢視文獻，找出鳥兒如何對待新伴侶先前生下的孩子。羅沃爾發現，鳥類繼父母照顧孩子的情況，一點都不罕見，例如：庫柏鷹（Cooper's hawks）、遊隼（peregrine falcon）、西方鷗（western gull）、沙丘鶴（sandhill crane）、澳洲渡鴉（Australian raven）出人意表，鳥繼母實際上會孵蛋，接著照顧非親生的雛鳥。此外，包括雀鷹、海鷗、山雀（chickadee）、黃腹吸汁啄木鳥（yellow-bellied sapsucker）、紫燕（purple martin）、棕曲嘴鷦鷯（cactus wrens）等等，好幾種物種的雄性會付出各式各樣的努力，包括提供食物、保護孵蛋的母鳥、禦敵、餵食孵化的雛鳥，甚至一手包辦養孩子的事。

可是為什麼呢？畢竟還有其他的選項。羅沃爾指出，鳥兒碰上非親生的小鳥時，可以做三件事。牠們可以殺掉雛鳥、忍受雛鳥但不幫任何忙，或積極協助扶養。羅沃爾的結論是容忍與照顧兩種現象，其實比殺嬰普遍，但為什麼呢？殺掉雛鳥不是比較合理？靈長類動物學家赫迪提過，印度有一種類型的葉猴，入侵的公猴會隨時抓住機會殺掉小猴。赫迪主張，殺嬰會讓新來的公猴在生下自己的後代這件事情上占優勢，因為母猴一停止哺乳，很快就會開始排卵。母葉猴為了防止公猴殺嬰，發展出對抗的策略，例如擊退公猴或同時和數隻公猴交配，讓公猴無從得知生父是誰。然而，最終最符合母猴最佳利益的做法，其實是再次繁殖，即便公猴殺了她先前的孩子。由於事情關係到母猴自身的繁殖適合度（reproductive fitness），從演化適應的角度來看，雖然令人皺眉，此種殺嬰行為背後有其道理。

生物學家很快又發現，獅子也採取類似的策略。接掌獅群的公獅會殺掉小獅，縮短能和母獅生下親生子的等待期。也因此從某種角度來講，羅沃爾發現的鳥類繼父母行為，相當令人訝異。羅沃爾問，這樣的行為該不會是用錯地方的親代撫育，不利於適應？換句話說，是否有可能鳥兒只是分不出哪些小鳥是自己親生的？或許就像人類連續劇演的那樣，某些鳥兒被另一半刻意隱瞞，當了現成老爸？羅沃爾提出假設，另一種可能是或許照顧繼子女，也有益於演化上的適應。或許這種事屬於典型的拉克派理論，扶養別人的小孩是一種交配努力，換取能與繼子女的生父母交配的機會？

羅沃爾做實驗後，立刻證實黃頭黑鸝其實有能力判斷哪些子女是自己的，於是提出「照顧繼子女的行為是一種交配努力」的假設。羅沃爾指出，在相當特定的情況下，鳥兒有可能花力氣在其他鳥兒的雛鳥。羅沃爾推測，在某些情形下，容忍或甚至是照顧新伴侶先前生下的孩子，其實是最理想的交配策略。如同以人類標準來看，拉克的鳥媽媽顯得自私或無情，在某一季只投資某一批雛鳥，羅沃爾推測黃頭黑鸝也一樣，一切得視情況而定。某些因素讓照顧繼子女是值得的，那些因素與特定的生態條件有關。

舉例來說，鳥兒利用無意間內化的「決策法則」，做出各種評估，衡量自己的選項，有時那些考量聽起來很耳熟，像是沒有後顧之憂的新鳥兒，是否足夠稀缺？講的白話一點，要找到沒子女的配偶，是否得花大量時間，耗費大量力氣？如果不現在就和眼前這隻潛在的伴侶湊合，是否有可能完全找不到另一半？這個新形成的配對中，其中一個伴侶有先前生下的子女，或是守著父親是其他鳥兒的一窩蛋，這種情形是否將持續相當長的一段時間？如果未來有很多當父親或下自己蛋的機會，有點耐性，等候一個繁殖季過去，可以接受。築巢失敗後，鳥兒是否一般會離婚？如果是的話，殺掉先前留下的雛鳥或不提供食物，導致築巢失敗，只是在給自己找麻煩。失去雛鳥的鳥兒，是否很快就會再次進入繁殖狀態？或是得花很長的時間？如果要花很多時間，那麼等著非親生的一窩小鳥長大，其實沒有太多成本。最後一點是，這次的繁殖季還來得及再生一批蛋嗎？如果來不及，那麼無視、容忍、甚至是提供食物給雛鳥，也不會耗費鳥版的繼父母太多成本。

加拿大的生物學家與演化心理學家戴利與瑪戈．威爾森（Margo Wilson），總結羅沃爾的鳥類研究[29]，寫道，「在某些情況下……當繁殖地或交配對象稀少，而且一旦找到伴侶後，將維持很長一段時間……繼父母投注的投資，顯然是為了交換未來與繼子女的基因父母交配的繁殖機會。」戴利與威爾森指出，在這一類的特定環境與生態限制下，不只是某些類別的鳥兒，就連小丑魚等一夫一妻的魚類，以及某些狒狒，「都會把成為繼父母，當成可接受的求偶過程」。戴利與威爾森接著還提出假設，以意想不到的方式，指出人類的繼父母其實也一樣：

我們感到人類的狀況似乎有雷同之處，繼父母主要屬於替代型伴侶，僅為次要的父母替代品。在繼父母與基因父母形成的互惠網脈絡下，繼父母承擔假性父母（pseudo-parental）的責任，基因父母或多或少明確知道，新伴侶的容忍與投資，對基因父母和孩子有好處，繼父母有權得到禮尚往來的對待。

戴利與威爾森：偏心

戴利與威爾森強調人類繼親行為的取捨與好處，暗示相關行為不是無私的舉動，比較是一種策略（即便是無意間這麼做），引我們看一條較為黑暗的道路。那條路由糖果屋兄妹的小石子和麵包屑鋪成，充滿被父母忽視的哀鳴訊號——以及更糟糕的事。戴利與威爾森這對加拿大安大略省麥克馬斯特大學（McMaster University in Ontario）的夫妻檔想知道，相較於親生子女，繼子女是否處於劣勢。兩人為了找出答案，決定研究繼父母虐死孩子的案件（事實上，是繼父會做這種事，後文會再詳述）。他們決定這樣研究，不是因為認定多數繼父母是殺人兇手——超過九九%的人不是。兩人的理由是致死的虐待雖然極端，卻是最不容否認、**最能證實**繼子女遭受不公待遇的指標，畢竟幾乎所有虐童致死的案件都會被通報，比起其他形式的虐童來講，屬於更可靠的評估指標。其他類型的虐待許多時候隱藏起來。戴利與威爾森仔細研究美國、加拿大、英國、澳洲、芬蘭、韓國等國的統計數字、研究、警方報告、虐童通報，結論是和「一名親生爸媽加上一名繼父母」同住的孩子，更可能遭遇嚴重虐待。事實上，兩人在一九八八年的《科學》（*Science*）期刊上指出，同住的繼父母殺害兩歲以下孩童的機率，高過同住的親生父母。[30]

不過，和繼父母同住會喪命，該不會只是其他繼父母因素的副產品，例如貧窮？或許繼父母的身分本身，只是恰巧與虐待相關，而不是成因？戴利與威爾森已經事先設想到，他們的研究發現將招致這樣的質疑，謹慎地測試貧窮及其他幾個可能的混淆變項，例如父母的年齡差異、家庭人數差異、繼父母的人格特質，以及有可能用再婚成人人口解釋的虐童原因，例如：不成比例暴力人口數。[31]然而，即便控制住這些其他因素，戴利與威爾森發現，和繼父母同住會大幅增加所有類型的虐待風險，尤其是致死的虐待。

除了致死的虐待較為頻繁，戴利與威爾森還發現，繼父母殺害繼子女的方式，不同於父母殺死親生子女。警方報告與心理學家的研究顯示，殺害親生子的父母，一般有憂鬱問題。他們經常趁孩子熟睡時，以悶死或開槍的方式殺害，誤以為是在讓孩子未來免於過苦日子，甚至覺得是在救孩子。這種父母通常會在殺害子女後自殺。繼父母則不然，以戴利與威爾森的話來講，繼父母通常會以「較為兇殘的手段」殺害繼子女：一般會拳打腳踢，或是用棍棒毆打致死。此外，殺人的繼父母事後不會自殺。戴利與威爾森的假說最具說服力的一點，或許是繼父虐待與殺死親生子女的可能性，沒有害死繼子女高。

繼父與親生父親殺害孩子的手法，有質與量的差異，他們殺害的**對象**差異極大，令人不安。不過戴利與威爾森的研究發現中，有一項特別值得留意。或許我們會感到違反直覺，但兩人發現，嬰兒特別容易死於繼父的毒手。為什麼會這樣？不管大人爆發的怒氣，有多不成比例與不理性，戴利與威爾森清楚年齡比較大、「難帶的」孩子，如何有可能惹繼父母生氣。然而，究竟為什麼毫無抵抗能力的嬰兒，也會引發那麼大的怒氣與恨意？在這方面，演化理論提供了表面上難解的答案。戴利與威爾森依據拉克、漢彌爾頓與泰弗士的研究，替誰殺人、誰被殺這個令人不安的事實，最終提出「偏心理論」（discriminative parental solicitude）。此一概念源自泰弗士「父母資源有限」的前提，以及漢彌爾頓的親屬選擇概念，再加上拉克的觀察：某些鳥兒有辦法分辨親生的雛鳥，某些沒辦法。

戴利與威爾森的理論首先提到，在我們的演化史上，成功判斷哪些孩子是親生的、哪些是別人的種，一直是父母會碰上的問題，父親尤其無法確定（接下來的段落會再解釋）；第二，我們關心孩子的程度有差別：比較關心親生的、比較不關心非親生的——甚至到了不聞不問的程度。從演化的角度來看，養大人類孩子必須經歷一段十分耗神的冗長時期，也難怪人們會把心力放在親生的孩子身上。反過來講，戴利與威爾森寫道，「無視於線索顯示哪個才是親生的孩子，全部一視同仁，這在演化上不是常態。」[32]戴利與威爾森是心理學家與生物學家，同時從情感與行為的角度看待這個議題，「如果親代撫育的心理基礎因天擇而演化[33]，我們可以預期，不會任何的同種孩子，隨隨便便都能引發親代的感受與行為。提供照顧的動物，有可能選擇性照顧孩子，只照顧自己的基因子代，與接受照顧後可以改善存活與繁殖前景的孩子。」

偏心：天擇與雄性的困擾

嬰兒是最脆弱——或最磨人的生物，需要隨時照顧、隨時看著、隨時關心、隨時互動，而且嬰兒演化出各種要人關懷的方法，他們會大哭、抓著照顧者，還用水汪汪的眼睛看著你；嬰兒會儲存大量脂肪，身材圓滾滾的，也因此看起來很健康（換句話說：值得投資）；此外，嬰兒有著圓圓的眼睛和臉龐，我們覺得好可愛（尤其是在正確情況下）。赫迪指出，嬰兒在千萬年間演化出數種策略，以引發父母、近親與照顧者的愛意，願意照顧他們。事實上，研究顯示，不管是不是我們的孩子，如果情境對了，我們接觸到嬰兒時，通常會不由自主被吸引。[34]研究結果解釋那是怎麼一回事：泌乳素（prolactin）這種荷爾蒙會引發依附的喜愛之情。父母持續和孩子待在一起時，體內的泌乳素濃度會上升。此外，父親一次一連照顧嬰兒數小時後，他們的睪固酮（testosterone）會下降。人類顯然在生物學與文化方面，都會被「促發」要照顧新生兒。

那麼戴利與威爾森研究的虐死孩子的繼父，又是怎麼一回事？而且他們殺害的通常是兩歲以下的孩子。為什麼攻擊嬰兒至死的比例這麼高，高過害死年齡較大的孩子與青少年？首先，戴利與威爾森立刻指出[35]，這些殺人的繼父不同於殺嬰的公狐猴或獅子。殺死孩子對人類繼父來講，沒有演化適應上的好處：殺死嬰兒者的適存度不會增加，甚至不會降低成本。行兇者會被關進牢裡，八成是終身監禁，還會引發社會的眾怒。戴利與威爾森強調，即便是在人類演化史的昨日，虐待或殺死繼子女，不會增加行兇者的適存度。不過，偏愛自己的孩子，的確很有可能增加演化適應性，也因此演化生物學提供了一種解釋，以相當曲折的方式解釋，為什麼會出現如此令人困惑的行為。許多生物學家指出，雄性的哺乳動物面臨體內受精帶來的難題。體內受精讓雄性難以完全確認孩子的生父，上演當事人扭打成一團的感情調解節目《傑瑞・斯布林格秀》（*The Jerry Springer Show*）。雌性哺乳動物能確定孩子是自己的，雄性哺乳動物沒辦法，雄性有可能受騙上當，撫養非親生的孩子。演化生物學家認為，由於無法確定生父，雄性與雌性演化出不同的繁殖策略。雌性一般投入較多照顧，雄性則在交配上花的工夫多。這樣的典型哺乳動物不對稱，讓有孩子的雄性永遠面臨著難題：我是否該相信這是我的孩子，好好照顧他們，也或者我應該另外再生一個或甚至是數個後代？我該留下（與投資），還是該離開（讓另一個雌性受孕）？也或者我該留下來，再次讓伴侶懷孕？

有鑒於這樣的性別事實，再加上我們的演化史策略，男性在永遠無法確認誰是生父的情況下，演化出較高的親代撫育門檻——嬰兒發出嘰哩咕嚕的聲音、討抱抱，要求大人付出更耗神的親代撫育力氣時，男性更有辦法抵抗嬰兒的魅力。女性則不太可能弄不清楚嬰兒是不是自己的，因為她們用自己的身體孕育孩子，用自己的產道生出孩子。人類不是有蹄類動物，別人的子女不可能爬到他們腳邊，接近他們，接著就開始喝奶。就算在人類的史前時代，女性從前偶爾會習慣幫別人的嬰兒餵奶（而且這件事有待後人提出更令人信服的說法），大概會是點心，不是正餐[36]，而且只讓近親的嬰兒喝奶。所以說，對女性來講，愛上嬰兒只會有好處，因為她們能確認孩子是自己的（或血緣關係相近）。男性則無法百分之百確認，自己的確該負責伴侶生下的那個小麻煩。對男性來講，需要比較高的門檻，才會對陌生人的嬰兒感到心中暖洋洋的，可說是一種保護——比較不會愛上別人的寶寶。

戴利與威爾森並未發現虐待兒童至死的背後，有某種「道理」。他們找到的是一絲不苟的文獻證據，在經過千萬年的選擇後，沒有血緣關係的男性，碰上哭嚎嬰兒的無窮需求時，演化出某種「情緒耳塞」。[37]相較於母親（或有把握孩子是親生的父親）會有的感受，如同赫迪所言，這樣的冷漠現象導致男性比較容易屈服於造成虐嬰的種種因素[38]——判斷力差、憤怒、沮喪。戴利與威爾森強調，較高的虐待與暴力相向比例，最理想的理解方式是「較少關心的非適應副產品」（non-adaptive byproducts of lesser solicitude）。[39]嬰兒需要有人持續多年密集照顧（換句話說，需要付出最多心血），也因此暴露於最高的受虐風險。戴利與威爾森認為，最脆弱、最需要長期照顧的孩子處於最大的危險[40]，這種現象等於是證明了他們提出的偏心假設：成人憎恨假性父母的責任。從生物社會學的角度來看，當某個人「並未被促發愛孩子的心」，不肯照顧非親生的孩子，孩子又需要最曠日費時、最密集、最全心投入的照顧投資，還有什麼會比這種情況製造出更多的恨意？

戴利與威爾森小心翼翼強調，多數的繼父母與繼子女關係，**並未**在任何方面帶有暴力或虐待性質。（事實上，威爾森告訴我，她也有繼父，「一個人很好、沒虐待孩子的繼父！」）此外，戴利與威爾森也提到，虐待至死是極端的偏心結果，也是最有力的偏心證據——一般則帶來較為無害的影響，例如繼子女比親生子女更早離家。戴利與威爾森告訴我，「理想上，以及或許可說是一般狀況，這些關係會變得有點像是友誼，彼此真心關懷對方的幸福。姻親關係也一樣，有可能出現問題，但不一定絕對會起衝突。」

不過，戴利與威爾森強調偏心現象的確存在[41]，這很有可能是基因父母與繼父母、繼父母與繼子女之間會利益不同的根本原因，像是要給哪個孩子多少錢、要給到幾歲等等。戴利與威爾森想知道，指出繼父母通常不會像一般的親生父母那樣，有那麼愛孩子，願意犧牲奉獻，更別說是自動付出，真有這麼令人意外嗎？他們好奇，「把繼父母的矛盾感受，以及偶爾感到委屈，視為正常現象，鼓勵基因父母感激繼父母的付出，不當成繼父母本來就該做到的事，難道不會有幫助嗎？」[42]

戴利與威爾森大部分的研究與繼父有關。兩人指出，同住的繼母統計上較為少見，也因此少有虐待至死的例子。儘管如此，戴利與威爾森也注意到在虐童的統計資料中，繼母實在太常出現。兩人評估有繼母的風險，不亞於繼父，證據是美國人道協會（American Humane

Association）發現[43]，繼母家庭的虐待情形，多過繼父家庭。紐約市無家可歸的青少年中，不成比例的孩子來自繼母家庭。戴利與威爾森引用的韓國學童研究指出，在繼母家中與繼父家中挨打的頻率一樣，比例皆遠高於同時與親生父母同住的孩子。戴利與威爾森強調，所有的數據都顯示，偏心不分男女。

然而，如果女性演化成比較容易產生關懷之情，又比較不必怕孩子不是自己的，為什麼我們並未因此自動成為更好的繼母？低門檻並未讓女性免於偏心，是否是因為我們幾乎不會碰上還在襁褓中的繼子女？有可能。也或者偏心的力量就是強過其他傾向：一旦「追求」結束了，「求偶努力」變成柴米油鹽醬醋茶——必須照顧孩子，而且還不是自己的孩子，再加上孩子八成沒演化成魅力十足、讓人好想照顧，此時就得看個人的造化。也因此按照理論的說法，我們會有分別心。我們不會極端到打死孩子，那是所有偏心例子中最罕見的情形，但我們會少關心一點、少付出一點。

另外還有一種可能性：所謂的繼父母的行為是某種演化上的適應行為，這整套概念其實不正確。耶魯大學的生態學與演化生物學系教授理察．普魯姆（Richard Prum），不是太相信天擇導致了任何的繼父母行為，他認為事實上沒那回事。普魯姆教授是鳥類學家，他讓我看一張很有趣的經典照片，照片上是一個混凝土的池子邊，有一隻公紅雀（cardinal）正在把蟲子塞進……一條金魚的嘴裡。「為什麼我們要稱那種現象為『用錯地方的親代努力（parental effort）』，或是稱鳥兒照顧非親生雛鳥的行為是經過選擇的『**繼親**努力』，不單純稱為『親代努力』就好？」金魚張大了嘴，引發那隻公紅雀的父愛感，那就顯示那隻公鳥具備好父親的特質，就是這樣。普魯姆教授解釋，「那些讓我是好父親的相同特質，將導致我會幫操場上不認識的孩子擦鼻涕。」這樣的選擇、這樣的行為，不會是天擇的壓力帶來的，因為如同普魯姆教授所言，「有可能是大腦中的親代行為模組，無法被天擇大力微調。」普魯姆教授指出，羅沃爾、戴利與威爾森所提出的概念的問題，出在「把表現型的每一個元素都想成獨立受天擇影響」。鳥類與人類繼親行為的演化解釋要說得通的話，一定要有可能選擇特定的繁殖行為面向，但又不影響到其他面向，而普魯姆教授這一派的演化生物學家，不認為有可能。從他們的觀點來看，好父母也會是好的繼父母，好的繼父母也會是好的父母。普魯姆教授表示，從演化的觀點來看，某個繼父母要是殺害或虐待繼子女，卻養育與深愛著親生的孩子，不一定說得通，那大概不是選擇起作用的方式。「有證據顯示，殺嬰與演化適應有關，但殺嬰通常不會和親代撫育連在一起。」他解釋，「公獅奪下獅群後，有可能殺掉最年幼的小獅，但接下來，就算是**自己的**親生骨肉，牠同樣不會提供多少照顧。」

那麼究竟為什麼繼親會問題重重？普魯姆教授指出，繼親家庭生活會有這麼多問題的原因，不在於基因、選擇與偏心等盤根錯節的現象，而是因為家庭是文化制度的產物。「新父母會帶來不一樣的社會穩定經驗、期許與希望（social stability，譯註：日子該怎麼過、事情該怎麼做、人際關係該如何處理等等）。」普魯姆表示，「此外，我們可以舒舒服服、安安穩穩待在原生家庭裡，在別人的屋簷下就沒那麼自在了。」一切的一切加在一起，替繼親家庭帶來一定程度的緊張狀態與衝突。

戴利與威爾森的研究範圍還包括民間故事。他們以科學家敏銳的雙眼，找到一個明顯的矛盾：繼父虐童的絕對數量（較多），超過繼母的暴行（較少），但民間故事裡好幾百則故事，全在講邪惡的繼母，幾乎沒有任何一篇提到邪惡的繼父。為什麼會這樣？戴利與威爾森首先解釋，如同前文第六章提過，繼母在歷史上的某些時期並不罕見。從前的死亡率普遍來講很高，難產帶來的死亡，更是會讓繼親家庭數量增加，父親會替孩子找新的母親。如果歷史上的繼母那麼常見，那麼視彼此為眼中釘的現象，以及虐待、暴力或忽視事件，從前的邪惡繼母比例，的確有可能高過今日。

戴利與威爾森指出，邪惡繼母的故事會廣為流傳，還有另一個原因。如果母親過世與父親再婚是很普遍的現象，一定得考量說故事的人有什麼樣的社會目的。《灰姑娘》與《白雪公主》等故事，以及大量的相關民間傳統，是講給年幼的孩子聽的。說故事的人，大概絕大多數是那些孩子的母親──母親知道萬一自己死了，丟下她們年幼的小聽眾，有可能發生哪些恐怖的事。戴利與威爾森解釋[44]，「不難想像為什麼母親偏向講那些故事。那些故事的潛台詞是，『親愛的孩子，你要記住，世上最可怕的事，就是我離開了，你的父親找人取代我。』母親沒說出口的故事意涵是，『萬一你父親死了或離開我們，我再婚，那對你們來講會是很糟糕的事。』」

人類行為生態學指出，擔心與我們的孩子沒有血緣關係的人，有可能不會把我們孩子擺第一，這樣的恐懼不只是幻想或傳說而已，背後至少有幾分事實。自宇宙開天闢地以來[45]，幾乎是所有的物種，母親都會做出取捨與決定，還可能做出赫迪所說的「吝於照顧」這種聽起來殘忍又無情的行為。如果說，就連母親都可能在溺愛與犧牲奉獻之外，還有另一面，不會流淚、工於心計、鐵石心腸，我們又能期待繼母會怎麼做？我們應該期待什麼？如果說當母親這件事，就已經「很少是無條件開心接下的重擔」（引用赫迪的話），那繼母又該會是如何？這個問題也引發另一個問題：如果選擇壓力讓我們演化出替親屬多做一點的傾向，為什麼還是經常有許多女性與繼子女處得不錯？

Chapter 8

Stepmothers Worldwide: Anthropology, Attachment, Context

全球各地的繼母：人類學、依附、情境

妮莎告訴我們的事

人類行為生態學家試圖了解人類從前在演化史上的日常生活、社會行為、決策方式時，一般會研究當代的搜食民族，在他們身上尋找線索，理由是那樣的部落是某種時空膠囊，畢竟在農業問世或馴化動物前，採集根部、堅果、塊莖、漿果（以及量少很多的打獵）是我們更新世老祖宗的生活方式。史上人類百分之九十九的時期，大多過著那樣的生活。人類學家馬喬莉．休斯塔克（Marjorie Shostak）解釋[1]，「人這個物種的獨特之處（以及形成的人類性格）是在採集與打獵的情境下出現模式。」休斯塔克寫下昆族女性妮莎的自傳民族誌，以活靈活現的筆調，在同名書籍中說出妮莎的故事。這位居住在波札那喀拉哈里沙漠北部的女性，她的故事十分重要，不僅告訴我們一個女人及其族人的故事，也說出在人類集體史前時代的家庭與繼親家庭生活情形。今日我們熱熱鬧鬧在談「離婚革命」（divorce revolution），但妮莎讓我們看到，離婚不但沒悖離歷史，也不是異常情形，繼親家庭的形式大概一直都在，在全球各地是普遍情形。

妮莎從一生中最早的記憶，回想起自己的人生是一張與親屬分不開的網，她在網中長大，有過好幾段風流韻事，結婚，換伴侶。妮莎的人生從一開始的特徵，就是相對自由與自行做決定。妮莎和多數的昆族女性一樣，一生大多按照自己的意願，輪流住在不同親戚家（日後住在不同情人家），一直持續下去。妮莎最早的回憶是三歲左右斷奶，對昆人來講很早。當時妮莎的母親懷孕了，肚子裡有妮莎未來的弟弟。母親和所有的昆族女性一樣，懷孕後告訴還在吃奶的孩子，「現在我的奶對你不好，你會死掉」。[2]被剝奪吃奶權利的妮莎，雖然被大人警告過，依舊還是想吸母親的奶，但母親的態度愈來愈堅定。妮莎後來因為嫉妒，加上八成磨光了父母的耐性，有幾個月時間先是改和阿姨住，接著又和外婆住。妮莎回憶[3]，「我在成長過程中，有時待在阿姨那……接著回去和母親住。後來我又去別的地方住，和外婆住，待在她那邊……她們一起帶大我，她們全都提供協助」。

昆人在改採較為接近農業的生活方式前，孩童時期在近親網絡中移動是典型的情形，比其他狩獵採集部落頻繁，例如伊圖里（Ituri）雨林的艾非匹美人（Efe Pygmies）。[4]以這種方式幫忙母親照顧與養育孩子的人（一般來講是親戚會幫忙，不過不一定），被稱為「代理母親」

（allomother，亦有「義母」、「異母」、「擬母」等譯法）。這個詞彙由哈佛昆蟲學家威爾森提出，源自希臘文的「*allo*」，意思是「除了……之外」。由於有這樣的代理母親[5]（在人類以外的靈長類動物世界也很常見），母親能在無後顧之憂的狀況下工作，以更有效率的方式搜食，有時還因此比一般情形更快生下更多孩子。良好的代理母親照顧，似乎對每個人都有好處：除了被照顧的孩子存活率上升，日後也會增加代理母親（如果尚未達生育年齡）的下一代活過童年期、長大成人的可能性。的確，大量證據顯示[6]，我們較為近日的育兒法，才是歷史上的反常狀態——主要由母親憑藉自己的力量，日復一日擔起把孩子帶大的責任。演化生物學家愈來愈同意，人類並未演化成完全靠自己養孩子，甚至也不是演化成父母兩人組隊。人類能欣欣向榮，很可能是靠「共同養育」（cooperative breeding）——由一群負責、願意付出心力的親屬或認真負責的代理母親，大家一起養孩子，不由核心家庭單打獨鬥。

人類學家休斯塔克告訴我們，大部分的昆人會有一段長期的婚姻，不過離婚也很常見，通常好聚好散。離婚的伴侶通常一年內就再婚，孩子一般跟著母親。妮莎以銳利的雙眼，目睹父母的婚姻走過不同時期。在休斯塔克進行田野調查的年代，大約九五%的昆人是一夫一妻，一夫多妻雖然罕見，也非前所未聞。男人有可能娶妻子喪夫的姊妹，或是妻子喪偶的表姊妹。昆族的丈夫偶爾也會娶沒有親戚關係的陌生女性——或是試圖娶。妮莎的爸爸曾有一次短暫（一共兩個晚上）擁有兩個妻子。妮莎指出[7]，「父親告訴母親，他要和弟弟出門一趟，睡在別的村莊……我父親沒告訴我母親，他其實是去迎娶另一個妻子莎格萊。」妮莎的父親回來時，後果可想而知。「我母親非常生氣……對我父親拳打腳踢，問他，『坐在屋子旁的是你真正的妻子嗎？為什麼你沒告訴我，你出門是為了再娶一個妻子，你是去接那個陰道很鬆的莎格萊？』」妮莎的母親秋克以這種風格罵個不停，莎格萊嚇個半死，一天後就跑了。理站在秋克那邊，她堅持如果先和她商量，她不會那麼生氣，「如果我主動告訴你，『我老了……所以你幫自己再找一個妻子吧。她會負責取水交給我，撿拾柴火給家裡用，大家圍在火堆旁』……如果你是照我的話做，可以再娶一個妻子。但你沒有，你用騙的，想靠生米煮成熟飯，逼我吞下去。」

秋克的確有權抗議，可以要莎格萊走，也有權痛罵丈夫。為什麼呢？放大來看，答案與環境有關。講得更白一點，跟經濟有關。在採集的社會，家中每日八〇％的卡路里由女性供應。肉雖好吃，甚至人們會選肉，不想吃女人採集到的食物，但肉畢竟不是任何一餐的主食，而且跟搜食而來的食物不一樣，供應不穩定，不是天天有肉可吃。家裡靠女人吃飯，也因此女人可以發號施令，其他人會聽話。妮莎驚呼，「有別的妻子真的很過分！」[8]妮莎很幸運，在她的社會，她可以拒絕老公娶別的女人，或是拒絕當別人的小老婆。要是換作其他情境，例如：多數的卡路里來自男人打獵或耕田供應的食物，生活形態較為靜態，每一胎的間隔時間較短，男人參與部落政治，那麼女性與她們的孩子，日子就不會那麼好過（後文會再詳述）。

在昆人的社會，人人相對平等，昆人的女性因此得以擁有一定程度的性自主權（或至少在昆人的生活形態改變之前如此。昆人日後朝靜態的農業社會發展）。舉例來說，女性有情人是常見的事（妮莎講給休斯塔克聽的個人愛情生活，令人訝異，但不算是太驚世駭俗。妮莎有過數十個情人，還生下丈夫兄弟的孩子）。妮莎告訴休斯塔克一件她們家發生過的大事，那件事不但反映出女性的性自主權，也造成妮莎日後有了繼母。妮莎還小的時候，她母親曾經為了別的男人離開她父親——秋克親姊姊的丈夫托瑪。兩人談了很久的婚外情，家裡雞飛狗跳，包括妮莎的哥哥跑去打母親和情夫。儘管家族反對，妮莎的母親依舊在某天和托瑪私奔。妮莎說[9]，「〔我和弟弟〕一直哭一直哭，我們和父親待在一起，哭個不停。」妮莎的父親高巫幾度央求妻子回家未果後，「最後讓托瑪擁有她」。高巫接著出門一趟，回來時「帶了一個老女人回家。她是他的新妻子。後來父親就帶著我們定居在她的村莊。」

妮莎沒有多談繼母，完全沒描述長相、性格和其他細節。妮莎告訴休斯塔克，幾年後，情夫托瑪去世後，母親秋克返家。妮莎的父親拒絕和前妻再續前緣，但有所讓步，表示兩人可以住在隔壁，「我們一起生的孩子，他們將住在我這裡和你那裡，因為他們同時是我們的孩子。如果我準備了東西，或是如果你蒐集到食物，你給我，我給你。」那麼妮莎的繼母、高巫的第二任妻子、秋克丈夫的其他妻子呢？高巫告訴秋克，「就連我娶的女人，我的妻子，她也會給你們食物和肉，你們將有東西可吃，有珠子可用。」[10]

我們可能會好奇，這種安排在現實生活中到底會如何上演？妮莎表示[11]，「我的母親住了下來，和我們待在一起……我和〔哥哥弟弟〕會在父親的爐火旁坐一會兒，接著走到母親的爐火邊坐下。我們和母親一起吃東西，接著回到父親那邊，也和他一起吃東西。反正日子就是繼續過下去。」這種生活安排彈性十足（從我們的觀點來看），離婚與找到其他伴侶後，家庭的組成與界線十分不明確，但妮莎顯然覺得沒什麼。妮莎那個沒有名字、沒有臉孔的繼母，此後再也不曾在書中被提及。故事裡沒有她，令人感到訝異，因為妮莎鉅細靡遺把這輩子碰過的人際衝突，不厭其煩一講再講。要是妮莎和繼母有過任何不合，書中絕對會提到。

不過，妮莎的確提到**另一名**繼母的故事。妮莎提到，某個她認識的女人，留下一個很小的孩子，難產而死。傷心欲絕的父親嚷著要殺掉孩子，其他人制止，提議他和以前的未婚情人一起撫養孩子，兩人照做，「孩子一直長，一直長，然後就死了。」[12]（昆人的兒童死亡率很高——妮莎的四個孩子都尚未成年就夭折，她仔仔細細向休斯塔克述說喪子之痛。）妮莎講的這個故事，沒暗示繼母做了任何壞事，不過從其他跡象來看，昆人的繼親家庭明顯充滿緊張情勢。妮莎的第二任丈夫貝沙，在妮莎的第一任丈夫去世後娶了她。妮莎和第一任先生有孩子，小兒子庫沙叫貝沙「父親」或「爹地」，女兒奈伊罵弟弟，「你為什麼要叫那個人父親？他又不是我們的父親。叫他叔叔就好，跟我一樣。」妮莎解釋，她和貝沙結婚時，兒子庫沙年齡還很小，所以他叫貝沙「父親」，也真心把貝沙當父親。女兒奈伊不一樣，她年紀比較大，她認識自己的父親。「那就是為什麼她心中有一部分不願意喊貝沙『父親』……那就是為什麼她跑去我的兄弟家住很長的時間。」這種情況聽起來很耳熟：孩子和繼父母親不親，要看繼父母是在他們幾歲時進入他們的人生；青少年不想把繼父母當成父母，早早離家，或是乾脆和家裡切斷關係，選擇和其他親人同住。

妮莎不曾當過繼母，不過日後她所有的孩子都夭折後，她成為某種「阿姨」（auntie，女性長輩）或代理母親。從某種角度來講，人生再次循環，妮莎的弟弟和弟媳懷了第三胎，想讓老二努卡斷奶。努卡還是想喝母乳，不肯斷奶，爸媽被這個孩子煩死，又想到姊姊失去那麼多孩子，於是決定把努卡「借給」妮莎。夫妻倆告訴妮莎，「你照顧努卡一陣子好不好？」[13]休斯塔克指出，收養在非洲是常見的做法（本章後面的段落會再提及），但努卡當時才三歲，孩子通常不會這麼早就送給別人養[14]，這個安排大概除了是妮莎在幫弟弟和弟媳帶孩子，也是弟弟和弟媳對姊姊的心意。努卡很黏妮莎，妮莎也離不開努卡，「我是……努卡喊『媽媽』的人。她說她真正的母親是另一個人，但拒絕睡在生母的屋子裡……晚上的時候，她會睡在我身邊。照顧她讓我非常開心；就好像她是我親生的。」妮莎在過了生育年齡後扮演的角色，介於「母親」和「孩子特別親的姑姑」。她幫忙照顧親人的孩子，喪子之痛不再那麼椎心刺骨。

從許多方面來講，妮莎的家庭經驗，和其他的前工業搜食社會有異曲同工之妙。人類學家巴利．休利特（Barry Hewlett）專門研究全球各地的育兒方式，指出研究前工業民族的人類學家，一般強調孩子與核心家庭成員的關係——孩子的母親、父親、手足。休利特感到這種研究方法令人困惑又有偏差，因為以農耕與搜食人口來講，「孩子很少會在整個依賴期都和核心家庭的父母同住」。換句話說，前工業的人們，整個童年期都和父母同住是例外情形，不是常態。部分原因與父母死亡率高有關——女性死於難產、男性死於戰爭、打獵、爬樹取蜂蜜或棕櫚果仁等等。人類學家希拉德．卡普蘭（Hilliard Kaplan）進行巴拉圭楚巴普（Chupa Pou）阿契人（Ache）的田野調查時發現，十一歲至十五歲的孩童中，十人中只有一人同時和親生父母同住。[15]人類學家拿破崙．夏儂（Napoleon Chagnon）發現，亞馬遜以好戰出名的亞諾馬米人（Yanomamo）也有類似的趨勢，他稱這個結果為「家庭的式微」（the decline of the family）。不過前工業社會的孩童，也和離婚後再婚組成的家人同住，離婚率相當高。舉例來說，剛果中部的阿卡匹美人（Aka Pygmies）離婚率為二五%，南印度的帕利洋（Paliyan）搜食者為三五%。和阿契人的婚姻習俗比起來，離婚改革的支持者是小巫見大巫。男性阿契人一生中平均有十．八個伴侶，女性在找到命中註定的那個人之前，平均會挪移吊床十一．七次。這些社會的孩子，因此極可能與繼父母同住（在一夫多妻的社會則是和妻妾同住）。的確，五五%的帕利洋家戶，只有一個親生父母，也或者是繼父母家庭。阿卡匹美人的繼母家庭數量，可能超過繼父家庭：十六歲至二十歲的孩子中，近四分之一與父親和繼母同住，大約也是四分之一的孩子只和母親住，僅不到二十%的人和母親與繼父住。

有孩子的離婚後再婚，以及父母去世後多出繼父母（或是其他的父母代理人），對前工業社會來講並不罕見。好幾位人類學家書寫過繼父[16]，通常會提及繼父對繼子女的付出不如親生父親，有繼父可能是不利的事。然而，那孩子得到繼母或女人得到繼子女時，那些遠方的世界發生什麼事？社會生物學家與人類行為生態學家的洞見適用嗎？在不同的文化依舊說得通嗎？很可惜，我們很難知道答案，因為人類學家很少書寫有繼母的孩子。演化心理學家戴利告訴我，這是因為除了阿卡匹美人，「繼母代替母親（*in loco maternis*）的情況十分罕見」，因為離婚後，多數孩子會跟著母親。如果母親死亡，孩子會跟親人住。如果想知道這些前工業文化的繼母情況（連帶得知人類的演化過往），可以看能和現代繼親家庭相提並論或相似的家庭形式。如同天使園一夫多妻的摩門教徒（見本書第七章），讓我們得以了解更多文化的繼親家庭，亞馬遜與喀麥隆「送養」孩子的女性，以及馬利（Mali）多貢地區（Dogon country）的人們，也可以作為參考。

為什麼某些孩子比其他孩子更平等：脂肪、跳蚤與亞諾馬米人

民間故事、童話故事、演化生物學全都告訴我們，生為繼子女很危險。我們當繼母的人，許多人會覺得那只不過是無稽之談，然而華盛頓州立大學（Washington State University）的生物人類學家愛德華．哈根（Edward Hagen）[17]發現，在南美委內瑞拉的亞馬遜地區，擁有繼母

的確對你的健康有害。十年前，由於聖嬰現象的緣故，上奧利諾科河（upper Orinoco）的原住民亞諾馬米人碰上短期的食物壓力。他們的木薯與大蕉園被洪水摧毀，兩種主食受到影響，不過沒人挨餓，情況也已經開始改善。這是絕佳的觀察情境，人類學家可以觀察資源短缺時，人們是否調整、又是如何調整對親屬的投資。資源會被提供給後代、伴侶、其他親人或自己？食物不足時，會不會某些孩子拿到比較少，某些拿到比較多？大人為什麼做出這樣的選擇？哈根與研究同仁為了找出答案，著手研究三十六名五歲至十五歲的亞諾馬米孩童，找出他們的「健康度」（wellness）。研究人員判定，肱三頭肌的厚度（譯註：即俗稱的「蝴蝶袖」部分），將是理想的營養指標，可以判斷孩童的手臂中儲存多少皮下脂肪。研究人員假設多餘的脂肪愈多，孩子吃飽的程度大概更高。此外，研究人員也觀察相同孩子身上的外寄生蟲——找出他們身上有多少隻沙蚤（sand flea），以及沙蚤感染的嚴重程度，當成整體健康的另一項指標。

這群人類學家想知道，孩子過得好不好，會不會與任何特定的家庭形式有關？此外，孩子與照顧者的親疏遠近，是否也造成影響？測量與評估結果的確明顯指出一件事：孩子得到的食物與照顧並不平等，有時還極度不平等。孩子的母親究竟處於一夫多妻或一夫一妻的婚姻，影響特別大。此外，如果是孤兒，影響也特別顯著。「母親是小老婆（二老婆或三老婆）」、「母親是大老婆（第一個老婆）」、「母親是唯一的老婆」這三組，孩子的肱三頭肌厚度有極大的差異。一夫多妻家庭中的孩子，皮下脂肪較少。母親是小老婆的孩子，身上脂肪最少。此外，身上有大量外寄生蟲的孩子，母親全是小老婆或已經離婚，也或者是由祖父母或關係更遠的親戚帶大的孤兒。

相關的皮下脂肪與跳蚤數據，到底代表什麼意思？基本上，意思是對亞諾馬米人來說（大概所有人類都一樣），「親緣」扮演著重要角色：分配食物與關懷給孩子時，親屬關係很重要。

值得留意的是，哈根發現食物的分配方式，不同於關懷程度。和祖父母或其他親戚同住的孤兒，骨頭上的脂肪量和其他孩子一樣，但他們和小老婆生的孩子一樣，身上有較多寄生蟲，感染程度也較為嚴重。村中的田野調查消息提供者告訴人類學家，這種情形有幾種可能。一，孤兒太常和村裡的狗兒玩，那些狗身上的跳蚤奇多；二，村人通常會用木針挑掉跳蚤，但那些孩子無法取得木針；三，那些孩子睡在地上，因為他們沒有相對昂貴的吊床可睡。換句話說，由關係較遠的親屬照顧的孩子，比較沒人管（可以和狗玩），物質上也比較缺乏（沒有針和吊床）。那些孩子受苦，原因是照顧他們的大人沒像父母一樣，花時間挑掉他們身上的寄生蟲。不過，明顯處於劣勢的孤兒，肱三頭肌較大（連帶可以假設肚子也比較圓），還勝過一夫多妻家庭裡的孩子。事實上，母親是小老婆的孩子最慘。和一夫多妻家庭中的多位母親同住的孩子，他們得到的清潔時間少，食物也少，分到的食物量還不如孤兒。

哈根的發現引發幾個疑問。亞諾馬米人的大老婆，是否實際上積極阻止孩子多吃一點？也或者只是家中還有其他母子，所以小老婆孩子分到的量，不如一夫一妻婚姻中的孩子？父親有兩個或甚至三個老婆時，是否「左支右絀」，無法給孩子太多東西？人類學有一個子領域主要研究一夫多妻，探討這種制度對婦孺造成的影響。人類學家告訴我們，視情境而定，對妻子與兒女而言，一夫多妻有時有好處。如同人類行為生態學家與一夫多妻制度專家喬瑟森所言，連兒女的下一代也可能享有好處[18]，或是剛好反過來，處於極為不利的劣勢。然而，這一切和我們有什麼關係？關係大了。

喬瑟森深入研究一群摩門教徒，按照他的說法，美國人與西歐人「接連生活在好幾段的一夫一妻婚姻中，可說是生活在慢動作的一夫多妻婚姻中」。我們的家庭走過婚姻、育兒、離婚、再婚，以及再一次的育兒，在許多方面其實和一夫多妻的情形很像，只是我們不願意承認而已。我們的確沒有所有人都住在一起，但成人承受著愈來愈大的壓力，被迫「合得來」，尤其是前妻與妻子。大人組成合作共親職聯盟，協助繼手足與同父異母的手足，感到彼此是「真正的兄弟姊妹」。以這樣的家庭形式來講，男人事實上擁有「兩個家庭」——只不過他們和其中一個妻子離婚了，娶了另一個。除了這點不同，其他方面則和喬瑟森提到的另一種婚姻形式一樣，「除了名義上不是，其實就是一夫多妻。」我們明確譴責一夫多妻，卻沒立法懲罰偷情的男性。部分的當代西方世界男性，私底下有兩個家庭，它們不知道彼此的存在（前法國總統密特朗〔François Mitterrand〕、美國議員維托．福塞拉〔Vito Fossella〕，以及其他和他們一樣位高權重的男性，特別容易處於這樣的一夫多妻，全球都一樣）。喬瑟森指出，這一類的例子或許顯示，從一夫多妻和我們的演化史來看，「軟體還在」。也就是說，亞諾馬米的孩子或許和我們的孩子高度相似。

然而，從更廣的情境來看，較為不幸的亞諾馬米「繼子女」，即便處於劣勢，依舊算得上幸運。因為在世上的某些地方，有大媽小媽已經不是不舒服、會感染寄生蟲，或是短期吃不飽的問題，而是你的小命掌握在別人手裡。

一夫多妻與喀麥隆的收養

美國人和西歐人可能難以理解西非的寄養傳統。在母親占有欲極強、排他、不容他人插手的文化，我們以為育兒的意思，就是由親生母親一個人刻苦耐勞，日復一日養育她的孩子。把自己的孩子「借給」別人，感覺很奇怪，甚至令人無法理解。然而，即便我們感到寄養的概念很陌生，這個概念可以解釋，為什麼某些類型的繼母安排比較容易出現。

寄養在西非是很普遍的現象。以喀麥隆為例，十歲至十四歲的孩子，近三分之一跟著母親以外的人生活。[19]為什麼寄養這麼盛行？許多人類學家指出，非洲各地的許多地方，人們真心熱愛孩子，也真心渴望孩子。有一句話說，「有了孩子，就有了人生。」[20]非洲和西方不同，我們西方人把孩子當成財務負擔，非洲人卻認為孩子代表著財富、興旺與幸福。[21]正如赫迪所言，在非洲各地，「不想要孩子令人感到匪夷所思」。[22]

喀麥隆西北巴門達（Bamenda）的一名恩索人（Nso）女性，告訴想了解寄養情形的人類學家海蒂．維霍夫（Heidi Verhoef），「一個孩子有多個母親。」[23]這個「母親團」的成員有可能是姊妹、祖母、遠親，甚至是無親屬關係的陌生人。她們怎麼可能有餘力幫忙養孩子，卻不幫？畢竟這樣的安排最終對每一個人都有利。在許多西非國家，人們不但認為孩子是理想的同伴、勤勞的幫手，還是某種社會安全制度。你照顧一個孩子，等你老了，他們就會照顧你。令人訝異的是，恩索人與整體的西非，人們永遠不會把孩子「送給繼父母養」。維霍夫解釋[24]，「〔繼父母〕不被納在家族的責任網內，人們不認為他們有辦法真心替孩子的最佳利益著想。」事實上，西非的孩子一般理所當然不會和繼父母同住。維霍夫指出，「人們認為父母要是再婚，保護上一段婚姻留下的孩子的做法，將是請其他親戚扶養他們。」父親的另一半如果不是孩子的生母，給其他有血緣關係的「姆媽」（grannie）養，可能都還比較好。

寄養的做法五花八門，沒有一定。女人出於環境與生活條件等種種原因，把孩子寄養在別人家。維霍夫訪談的部分恩索女性，在理想狀態下送走孩子，認為那樣的安排還不錯。有工作、收入好的女性表示，寄養可以讓孩子獲得良好的社會經驗，例如某位女性只有一個獨生女，她認為最好讓那個孩子和「哥哥姊姊」一起生活。（西非的孩子會和其他年紀較大的孩子待在一起，學習社會化——那些親人有指導、教導、訓斥的權力）。另一位在城市工作的母親，希望孩子體驗到無拘無束生活在鄉下的大宅院。這樣的母親只會把孩子交給非常親的娘家人——自己的母親或姊妹。她們會寄孩子的撫養費過去，經常探視孩子，當事人清楚知道，待母親工時縮短或行有餘力，就會把孩子接回家。

其他的恩索女性則在相當不同的情況下，把孩子送出去，結果完全不同於經濟條件較好的女性。這些女性主要無業或是農婦、寡婦、單親母親。寄養是為了提高孩子的生活水準，給他們更好的教育與醫療照顧。這樣的女性會把孩子送給孩子父親那邊的親人、娘家關係較遠的親人（阿姨），或是還有一個例子是送給沒血緣關係的監護人。這些貧窮的女性無法自由探視孩子。許多時候，收養孩子的人會希望，親生母親最好不要定期與孩子接觸。此外，養母也會抱怨生母沒寄錢過來，養孩子很辛苦。[25]某位女性向維霍夫抱怨，「我的家族認為，就因為〔我有錢〕，他們可以隨時隨便丟一個孩子過來，我就得照顧他們。」生母和養母地位差距很大時，生母通常會完全放棄與孩子有關的權利。生母感到難過，但這是為了孩子的最佳利益著想。至於照顧者這邊，她們會把話講明了，被收留的孩子應該「幫忙家計」。一名女性提起她的養子，「他負責挑水，幫我磨玉米，我會製作玉米啤酒……加熱玉米啤酒時，他還要負責攪拌，接著把玉米啤酒扛到我賣酒的地方。我賺了錢，才有辦法養他。」此外，要是有一天養子女出人頭地，他們有義務記住養母的恩惠，好好報答養母。

視情況而定，恩索人的收養安排，有可能如同諺語所言，「一個孩子，多個母親」，也可能在西方人眼裡，根本是可憐的灰姑娘——和遠親住，或甚至是沒血緣關係的人，有時還被當成眼中釘，自食其力。從另一個角度來看，人們願意長期照顧養子女，似乎是預期有不錯的報酬。縱使西非人真心重視與熱愛孩子，沒人收養孩子是單純或完全出於善心。除非天時地利人和，要不然這些人的愛心似乎頂多只能維持一段時間。的確，人類學家卡羅琳・布萊索（Caroline Bledsoe）[26]和獅子山（Sierra Leone）的曼德人（Mende）住在一起，她發現如果父母手頭緊，沒送養父母足夠的禮物，或是養子女沒有血緣關係，孩子最後得到的會更少，例如得向人討食物，也不會獲得醫療照顧。

以喀麥隆東部地區巴圖里（Batouri）的收養來說，「孩子的最佳利益」則有全新的意義。人類學家卡翠恩・諾特曼（Catrien Notermans）形容當地的卡寇人（Kako）「社經地位低」。女性負責農事，男性一般擔任砌磚工、木工、技工，但由於失業率高，男人很少真的養家。儘管如此，當地人似乎不願意放棄一夫多妻制，例如在鎮上的姆邦多西區（Mbondossi），二五%的家戶是正式的一夫多妻。可想而知，經濟困難會導致妻子間激烈爭奪家中金錢，搶丈夫在誰那邊睡。孩子經常成為各房妻子的戰場。

二十二歲的女性西薇提供了一個好例子。[27]她告訴諾特曼自己生長在一夫多妻的家庭裡，她的母親和另一房爭得很兇，她們的丈夫，也就是西薇的父親，不得不把兩個女人暫時送回娘家，家裡剩西薇、西薇的親手足、同父異母的手足。幾個孩子同樣吵吵鬧鬧。西薇在訪談中，重頭到尾都把另一房稱為「繼母」（stepmother），告訴諾特曼那是「壞媽媽」（bad mother）

的意思，還說自己的「繼母利用巫術，〔試圖〕趕走我媽，想殺掉她，甚至殺掉我們。她的嫉妒心一直很強。」西薇的母親與另一房後來回到家。不久後，西薇就被送到親戚家，母親繼續和丈夫、另一個妻子同住。母親把西薇送走的原因，大概是這下子孩子安全了，她就能專心對付另一個妻子。西薇的指控聽起來很離譜，說另一個妻子用巫術害人，但對姆邦多西一夫多妻的家庭來講，這種事似乎是家常便飯。舉例來說，卡寇人有一句俗諺，「孩子在繼母手裡長不大。」人們說這樣的女人奴役其他房生的孩子，不給飯吃，生病時不照顧，還會使盡各種手段，讓他們無法在學校進步，才不會長大後有能力當母親的後盾。諾特曼指出，一般來說，母親恐懼繼母會用巫術害死她們的孩子。在這樣的情況下，把孩子送養，為的是讓孩子遠離是非之地，以免在家中遇害。

西薇很幸運，有辦法被送養。她的母親有足夠的自主權做決定，也有住在附近的親人能打點一切，幫忙照顧女兒。西薇的母親甚至還能靠種菜賺外快，寄錢給女兒的養母，確保女兒被妥善照顧，也因此西薇並未受虐。然而，萬一無法把孩子送到別人家呢？萬一沒有出路，例如親人住得很遠，或是母親貧困呢？孩子持續被其他房的妻子攻擊時，將有什麼下場？

馬利多貢地區心狠手辣的妻妾

西非馬利的多貢女性、波札那喀拉哈里沙漠的妮莎，兩者過著截然不同的人生。從前的昆人女性來去自如，握有自主權，還因為身為採集者帶來的崇高地位，在性愛與生孩子兩方面擁有一定的自由。相較之下，馬利多貢地區的女性過的生活，只能以「受到系統性壓迫」來形容。人類學家貝弗麗·斯特勞斯曼（Beverly Strassmann）[28]和馬利山貴（Sangui）的多貢人，一起在鬼斧神工的邦賈加拉懸崖（Bandiagara Escarpment）生活——基本上，那是一個蓋在砂岩峭壁上的村莊。斯特勞斯曼指出，當地女性的地位低落情形隨處可見，例如女性的工作時間比男性多兩成，男性的休息時間幾乎比女性多三分之一。女人要辛苦哺乳、照顧孩子與重度勞動，但連肉都不能吃，只被允許吃地方上收成的小米與洋蔥，而那也是她們在丈夫的園子裡自種的。

在馬利這個地區，只有男人能繼承財產，女性要嫁到男性家中——也就是說，男人生活在親屬之中，把土地傳給兒子。女人要和別的女人共享丈夫，還得住在遠離娘家的地方，娘家又大概是女人唯一的情感與財務後盾。更糟的是，女人得和陌生人共享丈夫。多貢人禁止男性同時娶姊妹，連血緣關係遙遠的兩個女性都不行，功能是「分化與制住」妻妾，以免她們因為有血緣關係，得以聯手。多貢人為了解決男人永遠無法確定生父是不是自己的問題，還設計出有效的監督方法，掌控女性的生育與性欲。女性在來月經的期間，必須待在「月經小屋」裡，讓幾乎全村每一個人都知道誰在何時排卵。女性沒機會混淆生父身分，進一步確保只有丈夫會使她們受孕。為了再多加一層保險，多貢人還割掉女人的陰蒂，理由是不讓女性享受到性愛的樂趣，就能減少她們「出軌」的可能性，男人就不會不小心養到別人的孩子。

不過，斯特勞斯曼指出，多貢女性經歷的最殘忍的酷刑，或許是令人心碎的超高孩童死亡率。在山貴一地，超過兩成的嬰兒活不過一歲，活不到五歲生日的孩子更是達四六%。那些孩子似乎是死於不乾淨的飲水、瘧疾、痲疹、下痢。然而，就這些原因而已嗎？斯特勞斯曼在該區進行田野調查時，同時扮演著人類學家與偵探。她想揭開一個謎題，看看她的預感是不是對的：孩子會死，該不會是因為一夫多妻的緣故吧？如果真的是，又是怎麼一回事？

在山貴的村莊，三五%的男性有兩個妻子，一一%有三個。斯特勞斯曼在田野調查中追蹤兩百零五個孩子，她發現一夫多妻家庭的孩子，死亡風險特別高。舉例來說，在六年的研究期間，一夫多妻組的孩子三十七人死亡，八十一人存活。相較之下，一夫一妻組的孩子僅三人死亡，五十五人存活。即便控制其他死亡預測指標後，包括孩子年齡、孩子性別、家庭經濟狀況，一夫多妻顯然對山貴的孩子來講很危險，尤其是男孩。斯特勞斯曼進一步分析發現，尋找線索，最後找出死亡風險最大的孩子，是和其他很多孩子一起生活的男孩，他們身處「一起做事／吃飯的團體」。也就是說，如果各房的妻子和兒女一起在田裡工作，一起吃飯，就有更多孩子可能死亡。斯特勞斯曼在想，是因為彼此近距離一起生活、吃飯、勞動，比較容易暴露於病原體嗎？也或者原因是所謂的「財產稀釋」現象，所有的東西或多或少是平均分配，孩子愈多，每個人分到的愈少。斯特勞斯曼有辦法排除掉這些可能性，所以這下就怪了：孩子的死亡機率，尤其是相較於一夫一妻家庭裡的孩子，一夫多妻家庭裡大老婆的兒子，死亡率是近十倍。

山貴的多貢女人告訴斯特勞斯曼，她們非常確定發生了什麼事：女性沒有多少選擇，無權無勢，由於希望自己生的兒子最終能繼承丈夫的小米田，也就是所有孩子都有份的田地，所以毒死其他妻妾的兒子。下毒手的人尤其會瞄準大老婆的兒子，因為嫡子是繼承的第一順位。女人們堅持，這件事可以解釋一切，包括兒子比女兒更常死亡，畢竟女孩會嫁出去，只有男孩會留在祖厝爭父親的土地。斯特勞斯曼指出，馬利法院與報上的案子，許多是在指控丈夫的其他妻子忽視、虐待、毒死孩子，有時甚至有自白。斯特勞斯曼指出，不論女人是否真的做出這種行為，生活在如此你爭我奪的環境，對孩子的免疫系統來講是極大的壓力。光是這一點，就能解釋孩子容易生病，接著又導致更高的孩童死亡率。

看到這我們就要問，為什麼多貢一夫多妻中的丈夫，不出手制止？畢竟全是他的孩子。任何人類行為生態學家都會指出，如此一來，丈夫自己的適存度會受到考驗。然而，如同灰姑娘與白雪公主的父親，多貢的父親缺席了，他們不是故事的主軸。他們或許就跟《糖果屋》的父親一樣，站在一旁，默默看著妻子勾心鬥角，出手害人。事實就是多房相爭，不會危害到山貴地區一夫多妻父親的利益，也因此他們沒興趣出面干涉。如果每房妻子彼此廝殺，她們就沒力氣改變，也不會試圖逃離她們可憐的物質環境，更別說彼此結盟，有效保護自己的生活。由於一夫多妻的丈夫平均每多一個妻子，就會多出兩個活下去的後代，就算每個孩子少給一點，也不會有什麼關係，最後的適存度結果，依舊會和一夫一妻制一樣，甚至還稍微好一點。兒子就這樣被捲入妻妾們的戰爭。換句話說，對父親來講，他們有夠多的兒子可以犧牲。這些一夫多妻的丈夫，不太可能以任何明確的方式好好算一算之後，再決定是否要替孩子出面。然而，多貢的家庭結構本質內建著冷酷算計，每個孩子代表著投資、風險與好處，這種情形確保丈夫能大權在握。女性要是換了別的情境，有可能是代理母親，例如恩索人的「姆媽」、昆人慈愛的「阿姨」，或至少是摩門教一夫多妻家庭中夠好心、夠公平的「其他母親」，而不會永遠扮演殘忍的女巫、邪惡的繼母、奸詐的妻妾。看來在「愛不是自己的孩子」這件事情上，情境左右著一切。

就像親生媽媽一樣：情境造成的依附

親緣很重要——這是社會生物學、人類行為生態學家、人類學的基本知識，各類人種與人類以外的群體，都提供大量的例子佐證，而亞馬遜的亞諾馬米人、喀麥隆的卡寇人與恩索人、馬利的多貢人則出現特別極端的現象。然而，這一切並未改變一項事實：許多繼母與繼子女事實上相親相愛。怎麼會這樣？演化生物學家艾姆蘭依據極度詳盡的動物與人類家庭形式文獻，提出好幾項預測，談到繼親家庭生活比較容易困難重重，但強調談繼親家庭的困難時，「我們是在談機率，任何問題都有辦法靠教育和努力克服」。[29]換句話說，我們永遠可以努力打敗機率，甚至知道自己處於劣勢，缺乏天生的血緣助陣，就更知道不能一切靠隨緣。

不過，我從兩個極度特殊的例子得知，某些女性似乎不需要克服大量問題——或至少她們不必解決無數繼母都有的重大心魔。其中一位是北加州的心理學家芭芭拉．華特曼博士（Barbara Waterman），她寫了一本書，談當繼母的心路歷程。另一位是我訪談的繼母黛娜。她們兩個人都感到繼子女是「親生的」——更不可思議的是，她們的繼子女似乎多少也視她們為親生母親。這些女性與先生和別人生的孩子（黛娜是和前夫的孩子），深深屬於彼此，有著深刻的連結，甚至稱彼此為媽媽和孩子，而非繼母與繼子女。本書到目前為止花了很多力氣，用各種方式證明，當繼母不同於當媽媽，事實上也的確不一樣。然而，雖然演化生物學說出很多事，我們又要如何解釋在某些例子（雖然很罕見），繼母與繼子女同時感到彼此就像親生的？在什麼樣的狀況下，可以發展出這樣的關係？其他人有沒有辦法複製這樣的情境，我們真的該試著像親媽一樣嗎？會不會某些女性是演化規則的例外？華特曼與黛娜這兩位繼母的故事，的確讓人感到她們以某種方法超越了非生母與生母之間的差異，她們的孩子並未堅持，「你又不是我媽！」

華特曼在《領養、寄養、再婚帶來的母親：超越生母依附》（*The Birth of an Adoptive, Foster or Stepmother: Beyond Biological Mothering Attachments*）一書中，主張成為繼母和生孩子一

樣，你會完全變了一個人。[30]成為「生母以外的母親」，讓女人「進入母親心態，不論孩子是不是親生的都一樣、孩子的年齡也不會造成差別。」那麼又是為了什麼原因，我們沒那麼常感到更像是繼子女的親媽？華特曼指出，繼母的許多問題，出在繼母「被建議要過度謹慎，過分猶豫是否要把繼子女視如己出，左思右想要不要與他們建立連結」，而繼母也真的聽進去了。華特曼本人的確不認為繼母有什麼不同，沒有那麼多的猶豫，一頭栽進去。她認識有一對青春期雙胞胎女兒的男人時（日後結婚），全心投入這個體驗，以無與倫比的熱情盡心盡力，興奮期盼有一天可能變成繼母：

> 為人母的感受完全占據了我……我變得多愁善感，把全部的心思，全用在揣摩繼女的情感需求，試著配合她們的情感狀態，協助她們度過青春期的憂鬱。所有的人際關係，更別說是工作，在我試圖當母親時，全都退居二線。我是新手媽媽，我訝異地發現，真心依戀著繼女的方法，就是夠愛她們，愛到神魂顛倒，就像母親看到嬰兒忍不住的喜愛一樣。

華特曼寫道，她自從走入家庭後，她做的事與許多繼母相反。[31]許多繼母感到和繼子女保持距離比較好，甚至是不保持距離不行，華特曼卻嫁給擁有完整監護權的男人，成為全時繼母，「擔負起最重要的母親職責，包括像母獅般兇悍地捍衛著繼女」。華特曼是繼母，卻說自己在「當媽媽」，她沒有口誤。她在整本書中稱繼女為「女兒」，稱自己是「媽媽」，坦承想要自己的家「就像核心家庭一樣」。華特曼投入一個龐大計劃，與繼女建立與維持關係——母親般慈愛的親密關係。華特曼的努力八成對繼女有好處，這方面她絕對有功。

我要不是因為先看了華特曼的故事，黛娜的經歷大概會讓我滿頭霧水。黛娜和前夫十八歲的女兒譚雅，兩人的關係完全不像我其他受訪者說的那樣。黛娜是一間小店的老闆，地點離我幾年前租的辦公室不遠。由於方便、可靠、乾淨，我通常一週會造訪一、兩次。黛娜的店會這麼井井有條，其實不令人意外，因為我後來發現，黛娜這個人精明能幹。早上店裡正忙的時候，黛娜講話有時令人感到直率或別惹她，不過她會叫你「親愛的」，直視你的眼睛，讓你感受到她的關懷與溫暖。

黛娜個性直爽，她知道我在寫講繼母的書之後，很樂意和我分享經驗。幾個月後，我們一起在我的辦公室坐下，她告訴我她和高中生譚雅的生活，還談到兩個年紀比較小的雙胞胎兒子。我第一件感到訝異的事，就是黛娜笑著告訴我，「我都說譚雅是我女兒，不會叫她繼女。除了我家裡的人，譚雅不讓任何人知道我是她繼母。我是她媽媽。她告訴我，她是我生的。譚雅有時甚至會告訴知道實情的人，『不對，醫院弄錯了，這才是我親生的母親。』我說亂講，她說，『我才沒亂講！』」黛娜也一樣，感到她和譚雅屬於彼此。譚雅和生母不親，生母住在很遠的地方，也很少和女兒通電話。黛娜告訴我，「那個女人生下譚雅，但也就那樣了。我才是譚雅的媽咪。」

如果說有人嚮往被叫「媽咪」，努力讓繼子女那樣喊自己，黛娜的確下足了工夫。黛娜解釋，她在譚雅四歲時認識那個小女孩，譚雅的父親當時是黛娜交往六個月的男友。男友的前妻剛和新伴侶生下孩子，黛娜見到譚雅的第一天，就感到這孩子覺得這世上沒人愛她，她是大人想丟掉的累贅。黛娜告訴我，「我立刻下定決心，有她在的時候，我會讓她感到像小公主。」黛娜當時才二十二歲，許多年輕女孩在那個年紀，對於和有小孩的男人交往，沒有太大的興趣，更別說要努力和孩子建立關係，但黛娜盡全力打開譚雅的心門。我問黛娜，週末要和譚雅相處，是否曾令她感到麻煩，黛娜告訴我，「我很開心，我很喜歡有譚雅在。」、「我一直想當媽媽，而剛好有個小女孩需要我。」

很快地，譚雅每個週末都出現。黛娜大笑著告訴我，「是真的，她從我這得到的關懷，比她父親給的還多。」她們一起溜冰，一起游泳，看迪士尼電影，吃爆米花。黛娜還記得，一天下午，她試著做日光浴，但譚雅賴在她身上，抱住她，半小時後都還不肯讓父親抱走自己。這是一個非常形象化的回憶：譚雅一下子變得相當依戀黛娜，而且這種感覺是雙向的。黛娜說，「譚雅五歲時問我，『我能不能叫你媽咪？』」有時到了該回家的時間，譚雅黏在她身上大哭，「我不想走！」黛娜當時和男友相當認真在交往，也因此她問男友，是否有可能兩個人一起取得譚雅的監護權。

我詢問黛娜自己的童年，黛娜在譚雅的年紀時，顯然日子相當不好過，父母在她三歲時離婚，她是五個孩子裡的老么。母親婚姻破裂後，靠毒打孩子發洩怒氣與沮喪心情，只有黛娜因為年齡小，逃過一劫。黛娜還記得哥哥姊姊「被揍到半死不活」，家裡經常一毛錢也沒有。「我們兩年就搬了六次家，一直轉學。」黛娜說，「我記得家裡沒電、沒暖氣，餐餐都吃花生醬三明治。日子過得很苦，但我不怪母親，她只是因為離婚十分沮喪。」黛娜的父親很快就再婚。「我對於繼母頭四、五年唯一的記憶是我討厭她。」黛娜說，「我恨她，恨她，恨死她。我感到她從母親手上搶走父親。」黛娜九歲時被母親的男友猥褻。「你只是個孩子，你能怎麼辦？」黛娜搖頭問我，「你只能封閉自己，我就是那樣做。你要找到辦法關掉自己，忍耐過去。」黛娜不曾告訴別人這件事，但儘管遭受種種虐待，她奮發圖強，品學兼優，課業成績與運動都很強。只要她想試，她什麼都讓自己拿第一。「我嚴格要求自己，」黛娜解釋，「我活著是為了讓母親開心，母親是我的一切。我什麼都努力，這樣母親才能永遠說自己以我為榮，我是家中有出息的那一個。」

黛娜受虐的人生經歷，或許在多年後拯救了譚雅。譚雅六歲時告訴黛娜，繼父用她不喜歡的方式摸她。黛娜追問幾個問題，把譚雅放在床上檢查，接著怒不可遏。「我感受到一股怒氣——我真的氣到眼前花掉。」黛娜說，「我看不見東西。」然而，黛娜控制住盛怒的情緒，堅持要男友和前妻的丈夫立刻對質。「那個人渣當然否認了。」黛娜傷心地告訴我，「但我打電話給兒童保護服務，他們在隔天過去探訪，好好嚇嚇他。我也告訴譚雅的母親，要是她先生再幫譚雅洗澡，或是以任何方式碰她，他走著瞧。」黛娜誓言保護譚雅，和男友結婚，接下來三年，想盡辦法爭取監護權。譚雅的母親認為，快接近前青少年期的譚雅很難帶，於是同意「試試看」，把女兒交給黛娜，黛娜欣喜若狂。接下來幾年，黛娜和丈夫幾度分分合合，但她和譚雅永遠在彼此的生命裡（黛娜後來又領養了一對雙胞胎男嬰）。

黛娜解釋自己和前夫的關係，「我們分開好幾次，我從來都不想復合，但他威脅我，『你將再也見不到我女兒。』我太害怕失去譚雅，所以一直回去。我不想嫁給他。我和他結婚，為的是不想失去女兒。」黛娜在婚姻破裂的同時，母親也躺在垂死的病床上，黛娜因此罹患憂鬱症。「我全部的人生都繞著母親打轉，母親死了，我努力成功……還有什麼意義？我活著幹什麼？」黛娜或許是為了譚雅活下去。

黛娜開始接受治療，還努力提供譚雅的學校課業需要的輔助。譚雅被診斷出閱讀障礙與學習障礙，但黛娜不相信。「我感覺只不過是沒人關注譚雅辦得到的事，他們只看著她做不到的事，那太愚蠢了。」黛娜帶譚雅再次接受評估，還親自教她閱讀。暑假時，黛娜雇用全職家教，負責在她工作時教譚雅。譚雅在學業上逐漸獲得自信。某個學期，她們一起參加親子科展，譚雅拿了獎。黛娜深感欣慰，也開心譚雅得到的讚美似乎幫了她好大一把。譚雅念高三時，也就是我訪問黛娜的那一年，譚雅是優等生，每一科都拿 A。黛娜自豪地告訴我，「過去每一個人都告訴我，這孩子有學習障礙。」我感到黛娜完全有權自豪：她一手拉拔大這個孩子。譚雅的父親好多年都沒出現了，一毛錢也沒寄回家。生母也住在很遠的地方，偶爾才打一次電話。

黛娜似乎「修補好」自己的人生，也「修補好」譚雅的人生，不過我也替黛娜擔心。她告訴我，她過去遭受的性虐待，經常使她「封閉一部分的自我」，和男性建立關係對她來講不容易。黛娜對待繼女，勝過她自己的母親對待她。黛娜做到十分了不起的事，但我感到在黛娜心底深處，她依舊感到自己「不好」、她會被虐待是自找的，某種層面來講她也是共犯。我主要擔心等有一天譚雅想找回生母的親情，不曉得會發生什麼事。這件事總有一天會發生，對吧？少女抵擋不了浪漫的故事，也抵擋不了親情的呼喚，不論那個親人遺棄了她多久。我們做完訪談沒幾天，黛娜打電話過來，說譚雅和生母敏蒂談過了。敏蒂好多年沒見過女兒，她將搭機過來參加譚雅的高中畢業典禮。「她當然絕對有權利來，」黛娜冷冷地告訴我，「但她喊譚雅她的女兒，還說『我女兒以優異成績畢業，我太以我的女兒自豪。』我想罵她，她替譚雅做過什麼？她給過譚雅什麼？什麼都沒有。」

我知道黛娜沒說出口的心聲：**我才是她媽媽。我才是那個替她做了一切的人。我給了她一切。**黛娜的確才是勞苦功高的那個人。

可是為什麼呢？究竟是什麼原因，讓黛娜和華特曼這麼不同於大多數的繼母？以前人人都認為，繼母就該「像媽媽一樣」，要有母愛，要替孩子做事。專家今日知道，那樣的要求太過頭，整體而言對每一個當事人來講，都不是理想對策。孩子有自己的母親，繼子女不是我們的孩子。硬要強求，幾乎永遠都會帶來傷害、心碎與無所適從。彼此當朋友就好的做法，似乎不但適合絕大多數的繼子女，也適合多數的繼母，甚至以某些例子來講，能保持禮貌也就夠了。繼親家庭面對著種種困難，光是相敬如賓就不容易。

相較於其他繼母，黛娜與華特曼是否人比較好、更充滿愛？她們是否是演化規則的特例，有辦法做到與感受到其他人辦不到的事，因為她們更有愛心、品格更高潔？聽到華特曼與黛娜的故事，會讓不少繼母有罪惡感，我們沒能像她們兩位一樣，以無私的精神投入，我們無法對丈夫的孩子懷有那麼深的情感。黛娜與華特曼是否單純就像行為生態學家艾姆蘭說的那樣，繼親的挑戰其實有辦法靠教育和努力克服？有可能是這樣，只不過她們似乎一點都不需要付出太多的「努力」——她們從一開始就對繼女瘋狂。不，黛娜與華特曼最值得留意的地方，不在於她們的心地或精神（雖然的確值得讚揚），而在於她們獨特的生活情境。黛娜與華特曼看似打破規則的特例，但如同漢彌爾頓的蜜蜂與艾姆蘭的白額蜂虎（見第七章），說不定反而證明了規則。

研究「依附」（我們和孩子的連結、孩子和我們的連結）的心理學家與生物學家告訴我們，依附不是瞬間發生的事，而是一個過程。幾天、幾週、甚至是幾個月，母親與新生兒回應彼此的提示。如果生態、社會與其他情境都對了，母子會愛上彼此。母親和領養的孩子之間也一樣。如果孩子很年幼，雙方建立起的依附，將和生母與孩子沒什麼不同。芝加哥動物學會的動物學家與靈長類動物學華頓告訴我，「就算是比較大的孩子（我們不曉得確切的年齡上限），父母與領養的孩子之間，依舊可能深愛著彼此。」我們人不是老鼠，不會只要是跑進窩裡的小老鼠，一律都餵。然而，我們人也不是綿羊，不會依據小羊身上的氣味，瞬間與某幾隻小羊建立連結，剩下的全部立刻排斥。人類女性落在這兩種極端之間：我們有可能瘋狂愛上任何嬰兒，但即便是親生的孩子，還是需要花點時間才能產生依附感。

以黛娜與華特曼的例子來講，時間很重要，時機尤其重要——幾乎每一件事都剛剛好。黛娜恰巧在譚雅剛滿四歲時遇到她，也就是孩子一般會願意建立有意義的依附的發展時刻，兩人一拍即合。此外，對黛娜有利的是，譚雅的親生母親基本上不見蹤影。生母最初先是忙著顧新生兒，接著又搬到很遠的地方，切斷與譚雅的聯繫，消失在女兒的生活裡。接下來，譚雅的父親也離開了。雖然失去父母無疑對譚雅來講很不容易，但也替譚雅與黛娜的關係鋪好路，兩人的愛是雙向的。譚雅不同於許多繼子女，她需要也想要「媽咪」。黛娜這邊也剛好「一直很想當媽媽」。黛娜後來告訴我，她在認識譚雅的前一年曾流產，有不孕的問題。在譚雅出現在她的人生數年後，她靠著收養的方式才有了兩個兒子。簡而言之，譚雅與黛娜的相遇是雙向道路。此外，黛娜這一生碰上忽視孩子的母親、虐待孩子的繼父型人物、無動於衷的自私繼母，她願意也有能力拯救譚雅於水火之中，避免憾事重演，這點也絕對有幫助。黛娜在最剛好的時刻，進入譚雅的人生。黛娜的人生經歷與動機，似乎像是替譚雅量身打造，有辦法全心全意把自己奉獻給譚雅。

相較之下，華特曼認識繼女時，繼女十五歲——在這個人生階段，孩子一般不容易接受大人，不會想和大人建立相互依偎的溫暖關係。事實上，她們的熱情繼母出現的時間點，正好就在她們多少忍不住要排斥父母與家長型人物的年齡。乍看之下，華特曼和黛娜不一樣，華特曼碰上的時間點再糟糕不過。華特曼本身是心理學家，她絕對意識到這點。我們可以假設她知道自己在對抗什麼，靠著聰明才智，想辦法贏得繼女的心。不過，華特曼意識到相關議題這點，大概不是她能成功的唯一原因，甚至不是主因，其他因素也對她有利。

首先，華特曼提到，她繼女的親生母親願意幫忙。兩個青春期的孩子「心情起起伏伏」，連親媽都感到束手無策，無力招架。事實上，親生母親一下子就同意更動監護權，似乎或多或少同意與華特曼聯手，一起分擔困難的教養工作與母親的榮耀。這點和一般的情形相當不同。一般而言，繼母有責無權，好事沒她們的份，像是過母親節、和女兒聊喜歡的男生。第二，華特曼獲得繼女父親的支持。她先生小時候主要也是由父親與繼母帶大，也因此對他來說，他不覺得繼親家庭特有的狀況有什麼不尋常。我們可以假設，他多多少少放手讓妻子按她的意思做，不太干涉，不會小事也要管，或是占有欲太強。在華特曼需要的時候，先生八成支持她，清楚告訴女兒，華特曼會一直留在這個家，繼母愛她們，也有權管教她們。雙親都支持或雙親都缺席，兩種情形都能方便繼母做事。雙方都支持的效果大概更佳。

華特曼碰上的兩項優勢，讓她得以好好「當媽媽」。不過，這兩個因素都無法解釋，為什麼華特曼興致勃勃接下繼母工作。華特曼表示，太多繼母聽從書籍與心理學家推廣的建議：你就算想親近繼子女，也別做那種事，或是不要設法贏得繼子女的愛。然而，對多數的繼母而言，問題比較不在於服從欲望，真的跑去接近繼子女。問題比較出在她們根本不想那麼做。華特曼想要她想要的東西，極度想要，這就是為什麼她的例子如此特殊，也是為什麼她能得到如此理想的結果。除了親生父母很配合，情況有利於建立連結與愛，我們還能如何解釋華特曼如此渴望和繼女在一起？事情似乎再度與情境和時機有關。

華特曼在認識先生前，好幾次試圖懷孕，小產好幾次，她和黛娜一樣，與不孕的問題搏鬥。此外，華特曼還經歷四次的失望透頂，「差一點」就能領養孩子。每一次眼看孩子觸手可及（焦急期盼、等候多時的孩子），結果又沒了。華特曼為了一圓有孩子的夢，走過很長的一段路，但機會一次又一次消失，每一次的嘗試感覺都像是最後一次機會。對華特曼來講，幾乎快要太遲了，但接著她找到屬於她的家庭：一個帶著兩個青春期女兒的男人。許多人覺得這種婚姻人選很可怕，非常慎重地考慮了許久，才戰戰兢兢進入這種婚姻，甚至乾脆打退堂鼓。然而，這樣的男人對華特曼來講是解答，完美解決了她多年的徬徨，結束長達十年的追尋之旅。看來不只是「另一個媽媽」進入孩子的人生很重要，孩子進入「另一個媽媽」的人生也很重要。講得直白一點，華特曼能成功，原因是她別無選擇，然而那其實也不是重點，因為她**的確**選擇了她要的家庭。

到了最後，對華特曼、黛娜，以及其他情況類似的女性來說，生物現實產生了影響，有沒有血緣則沒那麼重要。

第四部

風險與獎勵

PART IV
Risks and Rewards

Chapter 9

Stepmother Sadness and Depression: Understanding the Risk Factors

繼母的哀傷與憂鬱：了解風險因子

我們苦苦掙扎，想讓一切正常，粉飾太平，假裝一切都很美好。數十年來，從大家庭喜劇影集《脫線家族》，一直到新版的《全方位育兒教養聖經》（*Dr. Spock's Baby and Child Care*），整個社會以各種方式否認差異，宣揚繼親家庭和「正常」家庭沒什麼不同，沒有比較差，也沒有比較困難。大量的研究確實顯示，繼親家庭不需要有罪惡感，也沒有什麼好羞恥的。專家針對有孩子的再婚，做了詳盡的縱貫性研究[1]，絕大多數的孩子得以適應父母離婚與再婚。前文第一章與第六章也提過，有孩子的再婚大約過了五年後[2]，事實上變得更穩固、更快樂，比初婚更可能持久。然而，即便多數的孩子與再婚伴侶最後心理健康，情感上獲得滿足，這點無法改變繼母一項祕密的基本事實。

繼母是悲傷的產物，本質上是一件不快樂的事。

繼母源自「喪失」，和「失去」分不開。不論是從詞源、歷史、社會的角度來看，繼親家庭的經驗與哀悼的經歷密不可分。繼子女的古英文「*steopcild*」也帶有「孤兒」之意；字首的「*steop*」源自動詞「*astiepan/bestiepan*」，也就是「喪失、失去、被搶走」（bereave）的意思。詞源網站解釋，那是一種「孤兒痛失父母（失怙、失恃或怙恃俱失）的感受」。[3]的確，大約在西元八〇〇年之前[4]，「繼父／繼母」的意思是「成為孤兒的父親／母親」。「繼母」（stepmother）與「法律上的母親」（mother-in-law）兩個詞彙可以互換使用。繼母一詞與血緣無關，帶有疏遠、非嫡出、附加的或書面事實等意涵，或許甚至還**帶來**淒涼與哀痛的感受。事實上，繼母這個角色與「失去」的連結，甚至是「被剝奪」，從遠早以前就開始了：拉丁文的「繼子」（*privingus*）源自形容詞「*privus*」，正是「被剝奪」的意思。[5]

然而，到了二十世紀，孕產婦死亡率下降，離婚日益常見。「繼子女」一詞從前帶有「變成孤兒的感受」或「哀悼」之意，今日那樣的含義大多已經消失。社會與人口發生轉變，我們變得（我們覺得自己）「啟蒙了」。許多人（大人小孩都一樣）覺得「有繼母」和「受折磨」是同義詞的概念很可笑。然而，如同心理上的抗拒透露著當事人的脆弱，我們嗤之以鼻與否認的繼母刻板印象，透露出令人坐立難安的深層事實。儘管我們堅持樂觀以對，繼親家庭努力讓大家都是一家人，相關的哀傷感受雖然被遮掩過去，依舊還在。與繼親有關的詞彙背後大家不點破的意思，明白指出有東西被帶走。各種繼親——繼母、繼父、繼子女，依舊由「距離」、

「鴻溝」、「雙方的距離」定義，就是隔了一點什麼。

五十一歲的繼母芭比特告訴我，「我不喜歡一直沉溺在情緒中，我不是負面的人，我是徹頭徹尾的樂觀主義者。然而，某些時候實在是太令人沮喪。我兒子的哥哥姊姊，也就是我丈夫的孩子，他們問題一堆，人生一團亂，覺得全世界都欠他們。我的兒子因此除了爸媽，沒有任何人能依靠。這件事太讓我心煩。」四十歲的繼母朵拉也表示：

有時我會心驚，萬一〔我年紀還小的女兒〕，變得跟〔她們的繼姊姊〕一樣，那該怎麼辦？萬一繼女唆使女兒對付我怎麼辦？我年紀比較大才當媽媽，有時會感到無法遏止的哀傷，想著女兒還沒長大成人，我就要死了。繼女一定多多少少會參與我女兒的成長過程，還會洗腦她們，讓她們覺得我很壞。我甚至已經寫好信，向女兒解釋我這一方的說法，邊寫邊哭。在我心底深處，滿腦子都是這樣的感受。

其他女性也告訴我日復一日的疲憊帶來的憂傷。繼子女不喜歡她們，她們無力左右別人怎麼看她們。至少有十幾位有繼子女的女性，費盡唇舌一直要向我解釋：**我人很好。我真的是好人！**某些女性困在說不出的哀傷裡，原因是她們無法身為「正常」家庭的一員，她們認為自己要為此負責，她們被初婚家庭不會碰上的緊張關係，折磨得死去活來。某些繼母會幻想，要是能怎麼樣就好了，想到那是不可能的，帶來承受不住的感受。不只一位女性告訴我，她們替丈夫憂傷，「〔他的孩子〕排斥他，我先生不該得到這樣的待遇。」繼母蓋比表示，「孩子沒在父親節打給我先生，看到我先生難過的表情，我想死。」某些女性則是另一半信誓旦旦，再婚後願意和她們生孩子，但最後反悔不願意再生，令那些女性感到婚姻沒指望。

當然，不是所有的繼母情形都這麼悲慘。在某些日子，芭比特、朵拉、蓋比感到生活過得下去，甚至連續幾週、幾個月都和先生的孩子處得很好，沒發生衝突。不過，我訪談過的繼母，沒有任何人告訴我，她們完全快樂，甚至沒人能做到大部分的時候沒壓力。一旦我們坦承自己不快樂，那接下來呢？我們如何能不再習慣性裝沒事，不去想，但心一點一滴死去？我們何時才能不再拿孩子或父親失去的東西來比較？

憂鬱，那股強烈、無處不在的悲涼感，讓世界失去顏色、質地與維度，每一件事死氣沉沉。有一種說法很常見：憂鬱可能其實是對某個人、某件事感到憤怒，但我們不敢表達那股怒氣，只能藏在心中。憂鬱是權宜之計，可以有效表達出怒氣，順帶懲罰自己竟有那樣的感受。憂鬱是證據，向自己、向世上的其他人證明，我們並未傷害別人，我們永遠不會做那種事：**你看**，憂鬱的人說，**我才是受苦的那一個**。詭異的是，我們的憂鬱令我們感到安心，我們不是壞人，我們真的不會害人。

尤其是不會害男方的孩子。有繼子女的女性憂鬱問題，出乎意料常見。有一件事廣為人知，記載在大量文獻裡：一般而言，女性遠比男性容易陷入憂鬱，一生中陷入憂鬱的可能性是男性的兩倍左右。[6]不論背後的成因是生物學（女性合成血清素的速度僅男性的一半），荷爾蒙（女性每個月的劇烈震盪，深深影響著血清素濃度與情緒），社會不平等（被剝奪權力導致無望感、憤怒、沮喪），個人史、情緒史或家庭史（廣義而言，憂鬱似乎會「遺傳」[7]，雖然究竟是基因、社會化，也或者是兩者的混合，決定著某個人的後代是否會憂鬱，目前還有爭議），顯然女性只要踏進再婚關係的嚴苛考驗，光是有第二條X染色體，就已經註定飽受折磨。雖然在有孩子的再婚這一塊，研究者長期研究自我通報的不滿、不幸福、調適問題與憂鬱，這些年來卻很少有人去注意繼母本人。婚姻專家易辛格——塔曼、帕斯里，以及其他數位研究者與心理學家指出，繼母遠比母親可能碰上憂鬱問題。[8]此外，臨床心理學家與繼親家庭研究者哈瑟林頓發現，女方嫁給有子的男性時，如果自己也帶著孩子，她們自述的人生滿意度遠遠較沒有帶著孩子的人低，也更沮喪。[9]為什麼會這樣？為什麼繼母會沮喪？風險因子是什麼？

探究這個問題的研究人員，發現許多繼母長期疑心的一件事，比較不幸的繼母更是有第一手的經驗：當繼母是某種憂鬱的「完美風暴」。嫁給有子男性會引發一連串強大的風險因子，環環相扣，禍不單行，最後製造出來的環境，隨時都能生成破壞力最強大的情緒風暴。

繼母有哪些憂鬱風險？

風險因子一：孤立與疏離

曼哈頓精神分析師紐曼告訴我，「依據我的經驗，我留意到相較於一般人，繼母更可能感到孤立、寂寞、懷疑自己，接著這些感受就成真。」我回想起自己懷孕時，如果提到我有青春期的繼女，產前瑜伽班上的其他女性會柔聲說，「哇，有現成的保姆。」她們是好意才那麼講，但她們實在有夠天真，完全不了解我的狀況。此外，她們堅持我應該要像她們一樣樂天，讓我感到我不屬於她們的世界，有點苦澀，有點難過，覺得自己被關在外頭，那種感受就叫疏離。我感到我的天地裡，就只有我一個人。只有我不一樣。我不只即將要和先生組成一個家庭，而是早已有某種現成的家，而繼女不是很開心我懷孕了。

雖然我知道應該怎麼想才對，但我就是生氣。對我來講，懷孕是非常開心的一件事，繼女卻不開心。她們只要看見我在摺嬰兒服，或是讀幫孩子取名字的書，就會嘟嘴躲進房間，好幾個小時都不出來。我了解她們不好受，這是一個很嚇人的重大轉變，但我也恨她們，她們一副好像我對她們做了什麼糟糕的事一樣。我忍不住留意到，她們並未氣自己的父親。我再度被當成壞人。發現這件事之後，再加上我的怒氣，我感到和繼女、先生、這個世界更加疏遠。其他的懷孕女性不一樣，那些女人身處先生的第一段婚姻；她們可以安心築巢，不會有憤憤不平的繼子女，也不會有抓狂的前妻搞破壞；不必在先生面前尖叫，不用為了男方青春期孩子的看電視習慣、喜怒無常與衛生問題，吵到不可開交。我愈明白自己和其他女人不一樣，就愈不想接近她們，也不想接近其他每一個人，朋友愈來愈少。簡單來說，身為繼母讓我感到和世界切斷聯繫，我不一樣，我格格不入，然後就真的讓自己陷入孤立。知名的伴侶研究人員強森著有《抱緊我》一書，她比喻疏離就像是「漸漸麻木」一樣，告訴我，「當缺乏歸屬感帶來太大的痛苦，女性會放棄，或是變得怨天尤人，感到被遺棄。」

其他有繼子女的女性也表示，她們在家庭情境裡有類似的感受，「覺得被放逐到孤島上」。前文第六章提過的凱莎告訴我，「我認識的人，沒有任何人處境和我一樣。沒有人。我認識幾個有繼子女的女性，但她們只有週末才必須和繼子女相處。我沒有人可以交換心得什麼的。我把我的情況，說給有孩子的朋友聽，她們都很同情我，告訴我，『聽起來真的很不容易，你隨時可以來我家聊一聊，喘一口氣。』她們真的很窩心，但她們跟我不一樣。她們真的完全無法想像我的人生是什麼樣子。」我們愈感到孤單與孤立，想縮進一個人的世界的衝動就愈強，交友圈縮小，愈來愈少和這個世界進行日常互動，整天胡思亂想。若是感到自己與先生在繼親家庭的議題上不同調，尤其危險。當不管怎麼談、怎麼吵都是鬼打牆，講來講去都一樣，最後落入相互指責的境地。強森博士做過多年研究，她以斬釘截鐵的語氣告訴我，「與他人有情感上的連結就像氧氣一樣，非常基本，你少不了它。演化把這件事寫入我們的大腦，孤立對我們來講其實很危險。」就這樣，憂鬱的地基打好了。

風險因子二：反芻思考

研究女性憂鬱的耶魯心理學家蘇珊．羅琳—霍絲曼博士（Susan Nolen-Hoeksema）表示，對有繼子女的女性而言，不只是孤立很有害，與世隔絕會引發的思考模式也很危險。[10]羅琳—霍絲曼指出，「女性孤立無援時，很容易覺得一切會這樣，都是因為自己做錯了什麼。」此時女性很容易掉進羅琳—霍絲曼所說的「反芻思考」（ruminative thinking），也就是「不斷回想過去，過分擔心未來，動彈不得，一遍又一遍想著相同的事，放任那股憂慮的情緒感染其他事，直到感覺壞事排山倒海而來，支撐不住」。

羅琳—霍絲曼進一步指出，「你裝潢房間時，繼子女說好醜，讓你想起上次你煮晚餐時，她說好難吃。接著你又想起，有一次她對你態度很差，她爸爸卻沒罵她，於是你開始想，『先生總是站在繼女那邊』，接著你又想起所有你認為先生沒支持你的時刻。」[11]羅琳—霍絲曼發現，女性比男性容易出現反芻思考。事實上，我訪談過的女性，她們幾乎都碰過這種滾雪球效應（例如第四章的電話留言故事）。羅琳—霍絲曼研究多年後指出，反芻思考會導致憂鬱與焦慮，還會帶來自殘行為，例如暴飲暴食與酗酒。

繼母的生活猶如恐怖的百慕達三角洲——孤立於世，導致疏離的感受與反芻思考。我們可能被海水吞沒，先前的自我消失無蹤。莎莉的故事說明了容易陷入反芻思考的現象。莎莉告訴我，有一次她繼子和妻子沒出席家庭聚會。「我就是忍不住一直去想這件事。」莎莉說，「他們做過更過分的事，但這次踩中我的地雷。我想了又想，想了又想。我愈想，就覺得愈生氣，愈無法放下這件事。我思前想後，就是停不下來。」我們抓著一件事不放，或是像這樣反芻思考時，我們損失好幾個小時、好幾天的生命，也失去部分的自我。「我從前那麼執著，讓自己好累，今日我有時依舊會這樣，忘不了先生的孩子做過什麼事。」莎莉的結論是，「我陷入這種執著時，生活中好多事都無法好好去做了。」

風險因子三：建立關係的想望

許多人和莎莉一樣，反覆回想憤怒、憂傷與失望的感受，一遍又一遍，這是繼母的職業傷害。醫師雷妮說男友的兒子（今日成為繼子）「很難搞，很難搞，很難搞，有時會存心搗亂，故意針對你，拒人於千里之外」。雷妮告訴我，她和那個孩子處得特別不好的時候，她會站在淋浴間裡「超用力洗頭，一直抓，一直抓，心中想著，『這個男人真的值得嫁嗎？以後不會只有他而已，還有他的孩子！』我一遍又一遍洗頭，一遍又一遍想著」。

前文第四章提過，與人為善是女性的天性。對我們來講，喜歡與被喜歡是天底下最重要的事，那是某種人際關係的靶眼，命中紅心會讓我們感到成功快樂。可想而知，某些人會承受不住繼子女永不停歇的敵意與排擠。女人十分在意無法建立與修補關係，自尊被踐踏，愈來愈容易焦慮、壓力大，失去價值感。長期感受到這樣的情緒，可能導致（沒錯，你猜對了）憂鬱。

社會學家和家庭專家施瓦茲一針見血指出，「繼親家庭生活不順利時，女性會憂鬱，還會責怪自己。」[12]

就好像感到得替繼親家庭的成敗負責還不夠似的，羅琳—霍絲曼博士指出，關係不順利時，我們會更容易出現反芻思考，變本加厲，加深不平的感受，不斷惡性循環，沒完沒了。我們左思右想，該不會是這樣，該不會是那樣。舉例來說，在我和先生、繼女處得不好的期間（曾經有兩年，他們根本不給我喘口氣的時間），我耿耿於懷，認為他們是在針對我。我有時會坐在辦公室，再次想著某次我和先生談他女兒態度很差，又在亂生悶氣，先生並未支持我。我感到嫁給有孩子的男人，就像是加入邪教。我放棄正常的世界，放棄自己擁有與重視的每一件事，全心為一個累人的新目標而活——其他人無法理解那個目標，那個目標卻是我的人生重心。人類是重視人際關係的動物，這種被隔開來的感受會重重打擊一個人。

心理學家伯恩斯坦告訴我，由於女性比男性更重視人際關係，我們通常比先生更快看見問題，感受也比他們強烈，更覺得一定要解決問題，而且要盡快。這種現象所帶來的互動，有可能把我們的婚姻逼到臨界點。我們的先生因為沒察覺問題，或是覺得那是瑣碎的小事，沒我們說得那麼重要，他們會要我們算了，或是反過來指控**我們**才是問題。結局可想而知：男人的無動於衷，令我們火冒三丈，還感到被背叛與拋棄。

伯恩斯坦博士解釋，我們重視關係的天性，還會引發其他類型的互動，像是「衝突代理人」，也就是嫁給有子男性的女性，代替先生做情緒勞動，替先生「出征」，依據先生沒說出口的心思，替他們出面做事（請見第六章）。伯恩斯坦博士告訴我，由於有孩子的再婚男性遇上衝突時，通常靠什麼都不做來回應（見第五章），他們一般比較遲才明白內心的感受，同時也不習慣表達情緒，妻子因此感到為了家庭關係吵來吵去：先生說那沒什麼，我們堅持那有什麼，而且非常重要。先生如果接著指控我們反應過度、失去理性，衝突將火上加油。

繼親家庭是某種易燃物質：我們女人重視關係，再碰上情商沒那麼好的先生、心懷不滿的繼子女，一個不小心，就會冒出熊熊烈火，一燒再燒。我們可能有辦法讓火暫時不燒幾週、幾個月，甚至是幾年或數十年，但未能真正知道背後是什麼因素在助長那些火焰。沒人感激我們的付出，沒人理解我們滅火有多累，我們是得憂鬱症的最佳人選。

風險因子四：矯枉過正

南達科塔州立大學（South Dakota State University）的社會學家辛蒂．潘諾—西里安博士（Cindi Penor-Ceglian）指出，「我們身處的社會，助長繼母會虐待繼子女的看法。」[13]在這樣的前提下加以延伸，繼母令人感到天生就是一種可疑的壞女人，這樣的暗示會影響我們繼母的心理，也會影響我們的行為。我們無力控制其他人怎麼看我們，也無力主導社會怎麼想我們，我們感到沮喪、痛苦、受傷。我們聽見人們說我們邪惡，而我們容易相信這種說法，尤其是當生活很難熬，引發我們最黑暗的想法。和帶著孩子的男人生活，免不了有那樣的時刻。

我們的文化認為，只要你肯努力，什麼事都辦得到。我們的文化高度重視個人成就，替我們加油打氣：只要有心理治療的輔助，再加上嚴以律己與衝勁，凡事皆有可能。我們以前所未有的程度相信，繼母會有什麼樣的名聲，那要看我們怎麼做。只要有毅力、愛心、善意、努力，就能洗刷邪惡繼母的汙名。邪惡繼母的幽靈在我們頭上盤旋，我們身處巨大的壓力之中，我們必須向世界、向自己證明，我們不是壞人，也不是虐待狂，我們其實是好人，甚至是無從挑剔的完人。五十八歲的繼母貝琳達稱之為「倒過來的灰姑娘症候群」，也就是繼母努力幫自己洗白再洗白，好還要更好，拚命過頭，一直要證明自己真的不是壞人。「或許我和繼女會處得那麼好，原因是她們的父親很嚴厲的時候，我永遠幫她們說話。」貝琳達告訴我，「我永遠會說，『好，我會告訴你們的爸爸，你們不該被禁足。』或『你就挑比較貴的那件結婚禮服，沒關係的——我希望你擁有最好的。』我繼女以前總是說，『爸爸自從和貝琳達結婚後，人變得比以前好太多！』」

每次我先生講起我和他們父女共度的第一個聖誕節，我便清楚看出自己當年沒明說，但感到絕對有必要證明，我不會是邪惡的繼母的意念。在我先生的故事版本，我大費周章準備給他女兒的禮物，為了菜單忙個不停，費盡心思，一切就為了替兩個不領情的少女，親手奉上一個完美的節日。老大看著滿坑滿谷的禮物——每一個禮物都用我以為她會喜歡的豹紋包裝紙包好，再綁上紅色緞帶。她冷冷地評論，「這裡看起來像是禮品店。」她的語氣是在告訴我，她知道我在心虛，好像我感到自己無權做這些事。小的那個一口氣吃了三份甜點，她父親問很好吃吧，她不客氣地說，「還過得去，但也沒**那麼**好。」我現在明白，我的繼女感到當天要是喜歡或感謝我替她們做的準備，就像在背叛母親。我感覺她們不知感恩，但也不能怪她們，畢竟不是她們主動請我讓她們過兩次誇張的奢華聖誕節。她們忍不住感到，我是在試圖和她們的母親競爭。我現在也明白，我當時的動機也不是單純想給孩子一個美好節日。我那麼做也是為了自己，為了我先生，我要證明我這個人慷慨大方，性格溫暖，樂於分享。我希望劈啪作響的火爐、烤箱裡的烤梨（我費盡心思傳達的聖誕精神）將能證明我絕對不是那種自私自利、占有欲強、不愛孩子的邪惡繼母。

其他女性也主要是在無意間，試圖以其他方式證明自己是好人。四十三歲的安瑪莉表示，她每天晚上都花數小時協助繼子的功課，有時早上上學前最後一秒鐘，還在弄作業。安瑪莉家中有兩個幼子，還有一個九歲的繼子，她告訴我，「太瘋狂了。弄到後來，我沒時間放鬆和休息，接著就要迎接隔天壓力龐大的上班時間。我的人生每天都在照顧繼子的需求。當然，是我自己讓這種事發生。我感到碰到和繼子有關的事，我**必須**把自己擺在最後，我沒關係。」

為什麼我們會這樣？為什麼我們這麼努力？繼親家庭研究先驅露西爾・杜博曼博士（Lucile Duberman），在一九七五年直接點破，「繼母什麼都要做到最好，人們才會覺得她們夠格。」[14]然而，試著做到最好，需要付出很大的代價。一九八〇年代中期[15]，加拿大的精神科醫師凱蒂・莫瑞森（Kati Morrison）與艾蒂・湯姆森—古皮（Airdrie Thompson-Guppy）發現，到地方心理健康診所求助的女性中，有一群人明顯很不尋常。那二十二位女性全是繼母，研究人員稱她們求助的問題為「類似於憂鬱疾病的臨床情形」。然而，醫生仔細研究後，發現她們的憂鬱不一樣。這些女性的症狀包括，「擔憂自己在家中的地位，感到疲憊，充滿焦慮感、無力感、罪惡感，覺得被排斥，別人對她們有敵意，失去自尊。」莫瑞森與湯姆森—古皮找出這些症狀背後的原因，發現這群女性其實正在經歷一種特定的倦怠：她們「為了自己扮演的角色過度付出，全力照顧繼子女，想證明自己不是邪惡繼母」。她們把自己燃燒殆盡後，心理困擾浮出水面。研究人員發現這群女性的症狀「高度一致」，甚至把她們碰上的問題視為新型症候群，命名為「灰姑娘的繼母症候群」（Cinderella's Stepmother Syndrome）。相較於繼父，罹患此症的繼母和繼子女有更多的接觸；相較於繼父，人們認為繼母有全力扶養繼子女的責任，繼母也這樣期許自己；此外，繼母還得以親媽的程度，慈愛地對待孩子。

後來的專家依據莫瑞森與古皮的研究，同樣發現「邪惡」的刻板印象造成繼母矯枉過正。研究發現，繼母會以等同親生母親的程度，正面回應繼子女。[16]此外，在多項「家長管教」與「溫情」指標，繼母比較不會出現負面反應。社會學家與繼親家庭專家艾榮絲也指出，相較於繼父，繼母更會努力向他人求教，閱讀遠遠更多如何當好繼父母的書籍。[17]繼母努力再努力，但一次又一次發現，自己「修補不好」繼親家庭，日子久了，挫敗感自然也更強烈。

風險因子五：帶來無力感的雙重標準

我訪談過的繼母，好幾位都提到一件相當不公平的事：繼子女被允許討厭與怨恨繼母，甚至是鼓勵（暗中鼓勵，有時甚至是明示）。我們卻不被允許這麼做，無人理解我們受的苦。成人抱怨「我那個糟糕繼母」是相當常見的話題，但很少有女性膽敢提到任何年齡的繼子女不完美。當繼子女說出心底最深處的怒氣，毫不掩飾地說出他們的恨意，所有人都會站在他們那邊，同仇敵愾，帶著懷疑的眼神看著繼母，等著她們果然做出天怒人怨的事。

某次晚上聚餐時，我在好友兼當天女主人的慫恿下，模仿我繼女如何哭訴她的人生是苦海；老師、校長、同儕、父母、繼母全都在欺負她。正常情況下，家有前青少年期女兒的家長八成會大笑，一起吐苦水，每天都得忍受孩子這種很愛演的行為。當天的情況確實如此，只有一位四十多歲的女性沒加入抱怨大會，冷哼一聲，「你們慢慢吃吧。」接著就頭也不回地離席。

我後來找到那位女性，替那天冒犯到她說對不起，我想知道，到底為什麼她會那麼不舒服。她告訴我，在她十幾歲時，父親和母親離婚後再婚。我們聊了一下，發現兩個人有同齡的孩子，但她本身是繼女，她主要是從繼女的觀點看事情，而我是一個繼母。或許在她心中，我甚至變成**她的**繼母，也由此很荒謬但也不可免的是，我們兩個人因此處於對立面。她警戒著我。我碰到其他母親時，大家通常友善地聊起孩子和學校，但那天我並未成功破冰，把話說開。我致歉——我也不知道我得為了什麼道歉。難道是我讓她父親離開她母親？難道我先生是為了我離開妻子？不是我，一切與我無關，甚至就算我先生真的是為了我離婚好了，那又怎樣？我生氣又疑惑，我和我青春期繼女的事，這個女人與她繼母的事，兩者到底有什麼關係？我們各有立場，一個是繼母，一個是繼子女。雖然我和她彼此不認識，我又小她十歲左右，但繼母與繼女間的互動重演。她不肯敞開胸懷接受我，也不肯承認我有好的特質，甚至不肯和我說話：**你這個惡毒的繼母**。

風險因子六：受氣包症候群

有繼子女的女性知道，努力完美（甚至和「好」沾得上邊就夠了），努力被愛（或是只要被喜歡就夠了），不但不會有人感謝你的付出，有時完全是在自虐。當我提到研究指出繼子女的確有可能把一切的過錯，全怪在繼母頭上。不只一位繼母哼了一聲，「沒錯，就是這樣。」繼親家庭的研究人員與專家，記錄下大量繼母感到冤枉的例子[18]，證實孩子對父親的恨意與怒氣，八成會被投射到繼母身上。為什麼會這樣？為什麼要把父親離開母親的帳，算在繼母頭上（即便父親是離婚多年後，才認識日後的再婚對象，繼子女一般還是會怪繼母）？為什麼父親管教孩子，或是不肯借錢時，人們氣的是繼母？我們的確有可能真的提出新家規或類似的事，先生的孩子因而討厭我們，但繼子女一般不會去怪父親。繼親專家伯恩斯坦博士指出，原因或許是孩子感到，就算得罪繼母也沒關係，他們原本就不喜歡繼母，也不怕和繼母起衝突。伯恩斯坦博士寫道：

繼（母）有可能變成家中人人自由攻擊的對象，人們害怕面對親子衝突，改把矛頭指向繼母。一名十三歲的男孩直接明講，他喜歡惹繼母生氣：惹惱繼母明顯比惹惱父親安全許多……他比較愛父親。就連已經成年的繼子女，他們認為自己童年會不快樂，或是長大後依舊不快樂，那是繼父母的錯，不會去想那是親生父母的問題。[19]

我訪問過一位男性，他離婚的父母在他快二十歲時雙雙再婚，他的故事說明了人們是如何直覺就把問題怪在繼母頭上。湯米是商業藝術家，個性溫和，事業成功，幽默風趣又自謙。他在評估家中發生的事情時，心思細膩，深思熟慮。湯米告訴我，他和繼父之間從來不曾發生過任何問題，但他口中的繼母則是「妖女」。幾分鐘後，湯米坦承，繼母其實在某些方面「很和善，非常、非常溫柔的一個人，默默承受著一切。她這輩子沒怎麼為自己活過，甚至大概有憂鬱症。她不曾工作過，沒有事業，什麼都沒有……我因此看不起她，感覺她只想被人養」。湯米堅信父親會在金錢上吝嗇，都是繼母在背後搞鬼。「有時，」湯米說，「我會跟父親要東西，例如飛機票、看病的錢或什麼的。等我再次跟他提起，他就會說，『你繼母覺得這樣不好。』」

我問湯米，他是否認為這是父親的藉口。父親不好意思說是自己不肯給錢，於是用妻子的名義拒絕？湯米安靜了一會兒，接著說，「嗯，我想我爸不會向她據理力爭。」我想了想這句話，想著這句話所有可能的暗示，沒開口說話。湯米若有所思，「或許我的確是放過爸爸，把錯推給繼母。」幾分鐘後，湯米告訴我，繼母經常沒事打電話留言給他，說很想他，她愛他，邀他到亞利桑那州看她和父親。「任何聽到那些留言的人，都會認為她是正常的好人。」湯米搖了搖頭，「但我曉得那個女人的**真面目**。」在接下來一小時，湯米談到自己有多氣父親。他講一講，提起十幾歲的時候，每週要和父親與繼母吃一、兩次「家庭聚餐」。那些晚餐有夠難熬，因為「父親和繼母永遠精神緊繃，永遠在吵架」。

從我的觀點來看，我完全可以想像，每週要吃兩次那種飯是什麼情形。一個不想出現、怨天尤人的青少年來吃晚餐。湯米是否想過，繼母和父親的精神會那麼緊繃，是因為有**他**在？——因為父親和繼母爭論該如何扶養湯米，吵湯米在他們家應該有規矩？我提出的問題似乎讓湯米大吃一驚。「不是這樣的，不是這樣的，不是這樣的。」湯米一連強調好幾次，「他們不是為了我而吵，他們只是……永遠都在吵架。」我不懂湯米怎麼能那麼確定，不過我沒問出口。湯米飛快地否認那個可能性，他這輩子從來沒那樣想過，但對我這個繼母來講，事情再明顯不過。

訪談結束後，湯米寄電子郵件給我，道歉自己「抱怨個沒完」。我打電話告訴他，他的想法很有趣，幫上很大的忙。湯米說，「我想，我真正氣的人是父親。繼母只是一個包袱，有點像是依附著他。」湯米的繼母很幸運，她的繼子承認沒做好的人其實是他父親，不再把所有的錯怪到繼母頭上。許多繼子女從來不曾意識到那點，永遠把繼母當成投射怒氣的對象。不過，我也很感慨，因為就連湯米這麼成熟、這麼聰明的人，也從來沒想過自己的行為，有可能是父親與繼母出現摩擦的原因。

風險因子七：丈夫不支持

女性能否適應有孩子的再婚，家庭能否順暢運轉，她的丈夫是關鍵（見本書第五章與第六章）。然而，研究發現，有孩子的再婚男性受訪者，近一半的人希望妻子能以「更像個母親」的態度對他們的孩子。[20]這樣的期望可能與女方的目標與欲望起衝突，尤其是當我們努力向他們的孩子示好，卻不斷被推開，不斷失望。不幸的是，當我們抱怨孩子有問題，指出他們的行為哪裡不對，或是純粹想抒發情緒，我們的先生可能火上加油，要我們「別想太多」或「不要在意就好——有那麼嚴重嗎？」我們已經壓力很大，感到被輕視、被無視，甚至是不重要，丈夫的這種話只會雪上加霜。在光譜最極端的地方，許多繼母感到自己失去了聲音。五十八歲的音樂家佩吉告訴我某次的「家庭」旅遊：

我們帶我繼女的女兒出去玩。那孩子在飛機上很不乖，丟臉死了。她一直在尖叫，要東要西，亂發脾氣，大吵大鬧。她當時六歲了，卻表現得像是兩歲的孩子。你看得出來，她一直亂鬧，是因為她知道你不敢罵她，她在測試你的忍耐極限。我先生似乎不曉得該怎麼辦。我們才剛結婚，但我忍不住。我堅定地告訴那孩子，不准鬧了。她再不乖，她麻煩就大了，我會取消這次的出遊。沒想到她還真的就不鬧了。一路上還算順利，她乖了一點……而且我發誓，我強硬起來的時候，她覺得我很酷。反正呢，（那個週末）過去後，我翻白眼，說她真是個死小孩。我先生勃然大怒，「我可以那樣說她，她是我女兒的女兒。我可以批評我女兒和她帶孩子的方法，但你不可以！你不能那樣講她！」媽喔，好吧好吧，我以後不敢再講我的三個繼子女或繼孫子。自從那天起，我不敢再批評他們任何一個，忍住不講。不要向你的先生抱怨他的孩子，也不要批評他的孩子，不要就對了。

佩吉閉上嘴巴，放棄內心的羅盤，放棄是非觀，不去期待先生的小孩（這個例子是孫子），不管她能說什麼、該說什麼，通通不講了。然而，不說出心聲太壓抑了。佩吉的先生希望她不要評論，於是佩吉希望自己不要評論，代價是兩人的婚姻幸福與女方的情緒健康。任何我們感到不能說的感受，最後得有發洩的地方。然而，我們太常把事情悶在心裡，硬是壓下去，心中充滿憎恨、恐懼、憤怒，甚至是憂鬱，總有一天會爆發。先生的孩子（有時還包括兩人的孩子），以及先生期待我們應該愛孩子，有可能加深我們和先生之間的鴻溝。

風險因子八：專業人士的偏見與糟糕的建議

我們的先生以種種方法不支持我們，其中一種是逃避。先生不肯和我們討論問題時，我們只得到別的地方尋求建議與協助，然而，親友就算沒惡意，他們弄不清楚狀況。繼親家庭牽涉的結構與情緒問題太複雜。和有孩子的男人結婚，通常會招來大量不請自來的建議——許多建議是故意講給你聽的，通常還自相矛盾，更別提毫無用處。經過全面篩選後，我們依舊不曉得該扮演什麼角色，不清楚該怎麼做。不過，在嗡嗡作響「你該怎麼做」的聲音中，我們的確聽出最好當個完美的繼母，要不然後果不堪設想：

「你要像個父母一點。」／「不要拿出父母的樣子，當你自己是阿姨就好。」

「不論繼子女對你有多壞，你要繼續努力和他們建立連結。」／「不要表達你的感受。」

「繼續努力，繼續試著接近他們。愛可以克服一切。」／「不要再討好繼子女，他們會不尊重你。」

「有付出才有收穫，你要繼續付出。」／「不要讓他們這樣對你。」

「她非常努力，用心替繼子女付出，那就是為什麼他們能處得那麼好（言下之意：你該多令人眼花撩亂的建議中，最好的一個是，「當繼母不容易。你應該找個心理醫師幫你。」我們的確該找專業人士幫忙，然而接受治療不一定就能解決問題。我們求助的「專家」，可能並未完整意識到繼親家庭有多複雜，尤其是他們可能不懂繼母面臨的挑戰。即便是號稱擁有「伴侶諮商」經驗的治療師，他們可能不曾碰過有孩子的**再婚**夫婦。所謂的「家庭治療師」，也不一定處理過繼親家庭。這種現象其實不令人意外。儘管有孩子的再婚人數愈來愈龐大，繼親家庭研究這個領域，也只不過有三十年左右的歷史。這個領域太新了，尚可稱是新興治療領域。

更麻煩的是，尋找幫得上忙的治療師時，繼親家庭研究領域在最早期的時候帶有偏見。最初的主流研究法今日稱為「不足比較法」（deficit-comparison approach）。心理學家與研究人員比較繼親家庭與初婚家庭，重點放在繼親家庭較低的團結程度與較高的衝突程度，整體而言認定繼親家庭是不足的。如同愛荷華州立大學（Iowa State University）的社會學家與繼親家庭專家史都華博士所言，這種研究法的問題，在於「分析中被視為『較差』的群組[21]，被假定天生有不足之處」，而不是當成本質上就不一樣。這種問題導向的研究，太常成為自我應驗的預言[22]，誇大了不同類型的家庭結果差異，造成汙名一直延續下去。

雖然多數研究人員已經不再採取此種研究法，這種觀點似乎持續影響著不少執業人員的思維。密蘇里大學的某項研究[23]，調查兩百八十五位治療師看待繼父母與繼子女的態度，發現許多治療師依舊以不同的眼光，看待核心家庭與繼親家庭。相較於告知求助者來自完整核心家庭，被告知身分是繼父母的成人，被認定較為無能、適應程度較差。

繼親家庭研究還有一項依舊存在的偏見：以繼父為中心、研究繼父家庭的研究占絕大多數，很少有人研究繼母家庭。由於八六%左右的未成年繼子女[24]，主要和母親與繼父同住，也因為我們傾向於認為「家戶」（household）等同「家庭」（family）（計算初婚家庭時，這麼做有辦法精確、簡單地計算數量），繼母只有「部分時間」與繼子女相處，被視為研究的重要性不如繼父。然而，這種看法是雙重誤解。第一，繼親家庭的居住情形相對而言具備流動性[25]，隨時在變動，孩子會在不同的家戶之間住來住去，有時一次住幾個月，有時一次住幾年，也因此「非全時」的繼母，通常會變成全時同住的繼母（以非正式的方法。這樣的居住安排鮮少登記在法院文件上）。第二，好幾項研究已經發現[26]，擔任非全時繼母，其實比全時繼母難上許多，整體而言也可能比當繼父難。儘管有前述的種種現實，有繼子女的女性，依舊是繼親家庭研究中有待深入研究的主題。

在許多時候，由於專業人士未能快速體認到外在現實也得納入考量，像是繼子女的忠誠矛盾與恨意，外加文化期待繼母應該要當繼子女的「媽媽」，我們試圖當繼母時，不免感到狼狽。這樣的治療師，由於對所有的典型繼親家庭陷阱一無所知，有可能告訴某位繼母，她的問題是內在問題（與她個人的依附風格、家庭歷史或其他問題有關），沒發現那其實是典型的有子再婚婚姻議題。

研究繼親家庭的喬齊指出[27]，她有好幾位研究對象，很難從心理學家、精神科醫師及其他從事「助人行業」的人士那取得協助，既便對方宣稱曾受訓、具備處理繼親家庭的經驗也一樣。喬齊曾和瑪莎與威爾夫這對夫婦談過，兩人告訴她，他們最早求助的家庭治療師告訴他們，他們的婚姻害孩子留下創傷。兩人感到內疚，覺得是自己的錯，於是沒再回去尋求更多「協助」。他們後來碰到的幾位治療師，情況也沒好到哪裡去。好幾名治療師告訴瑪莎，繼子女對她有很深的恨意，她應該試著更像繼子女的「媽媽」。舉例來說，繼女曾經沒先徵求同意，就拿走瑪莎的化妝品與衣服，後來也沒歸還。瑪莎請治療師協助她解決這種情況，結果治療師告訴她「真正的母女本來就是這樣」，建議瑪莎要藉由這樣的「分享」，讓孩子感到他們是「一個和樂的大家庭」。那位治療師顯然沒聽出，繼女的偷竊行為令瑪莎苦惱，或是她認為瑪莎的反應「不正常」。喬齊指出，問題出在「這樣的治療師假設，繼親家庭和沒離過婚、由親生父母主持的家庭是一樣的，也因此可能給出不適當或甚至是有害的指引」。舉例來說，這些治療師可能建議女性要「更像媽媽一點」，或更有害的是，治療師未能向夫婦指出（因為他們自己也不曉得這件事），出現大量衝突對有孩子的再婚來講，原本就是常見的初期現象。內行的繼親專家同意，對前一段婚姻留下孩子的再婚夫婦來講，治療師能做的最重要的事，就是協助夫婦了解，他們疲於應付的許多事，以及他們的挫折感，其實都是正常的。了解這點可以帶來很大的信心與力量，繼親家庭夫婦通常會鬆了很大一口氣，不再互相指責，陷入憤怒與沮喪的情緒。

繼母最難以讓人接受的兩項事實，就是沒有任何事是簡單的、沒有任何事和我們當初預料的一樣。嫁給有子男人的女性，會碰上很多當初沒講好的事。此外，我們做出不少犧牲：我們放棄白籬笆與平均生二．三個孩子的美夢；我們不可能是先生一生中最初與唯一的摯愛；此外，先生永遠不可能是我們一個人的。為了先生與繼子女，我們繼母得放棄許多事，以上只是略舉幾例。不過，我們還失去一個和以上幾件事沒有太大關聯的事，唯有繼母會被剝奪。或許威力最強大、最令人痛苦、我們幾乎絕對會被迫放棄的一件事，就是我們成為繼母後，我們再也無法幻想自己是令人喜愛的好人。沒錯，許多人成為繼母後，才生平第一次被討厭、排擠、怨恨、誤解。我們的痛苦，來自其他人碰到我們的反應，我們有可能驚訝不已。不過，更深層的痛苦來自我們自身的反應：當我們從「我把繼子女當親生的孩子來愛」，變成內心偷偷知道現實很殘酷，我們辦不到。有一位女性寫了以下這封信給提供建議的專欄作家，以誠實到嚇人的筆調，描述她當繼母的經驗：

這件事說來丟臉，但我實在受不了要和兩個年幼的繼子女，同住在一個屋簷下。我先生在三年前取得他們的完整監護權……我天天盼望暑假快點到，他們就會住在媽媽那邊，只有隔週的週末會回來。他們在的時候，就像是討人厭的客人死都不肯走，一直待在我家……我抱怨繼子女時，感到自己是刻板印象中的邪惡繼母，因為他們是好孩子……〔但〕我目前不愛他們，我想我以後一輩子也不會愛。我以前經常在想，我是不是有什麼問題，因為我就是感受不到對繼子女的愛。我懷女兒的時候，希望女兒出生後，會打開我的母愛開關……我愛女兒的同時，可以協助我也愛她同父異母的哥哥姊姊。然而，那種事不曾發生。我深愛自己的孩子，但對繼子女完全無感。老實講，多數時候，我希望繼子女可以自己消失，讓我好好和先生、女兒過日子。我擔心這種念頭會傷到繼子女，或是對他們日後的人生造成問題，但我感到無力改變這件事。事實就是我現在真的不想和繼子女一起生活，我希望他們可以離開。[28]

這位女性在尋求協助與外界的理解時，直話直說到危險的程度，有什麼說什麼，不加掩飾。我們讀這封信的時候，有可能心頭一驚。我可以想像繼子女滿腔怒火，不可置信。「她可是大人，」繼子女說，「她必須接受現實！」沒有繼子女的母親，或是丈夫再婚的人會大呼，「這女人腦袋是有什麼問題？我們可是在談**孩子**。她的想法不可原諒，這女人**有病**。」先生會跳腳，自己娶的女人居然不愛他的孩子，甚至連喜歡都稱不上；他絕不會原諒妻子這點。

沒錯，寫了這封信的女人，的確是**自己選擇**要嫁給有孩子的男人。我們自然會好奇，她怎麼可能結婚時會沒想到這件事。然而，事實就是我們選擇有孩子的男性時，我們選的是**他**。九成九的人會落入自以為是的陷阱，太有自信我們絕對會贏得男方孩子的心，男方孩子也會喜歡上我們，雙方將一拍即合，相親相愛。接著就被現實人生打醒：繼子女惹人厭，排斥我們，對我們充滿敵意。就算繼子女沒那樣，即便他們是「好孩子」（來信的女性也表示，她的繼子女是好孩子），他們不是我們親生的，他們的要求，他們的需求，有可能讓我們煩到要爆炸。我訪談過的每一位繼母，她們在某種程度上，偶爾會感到受不了繼子女，她們需要躲起來，甚至偶爾會希望繼子女消失（就算只是消失一下子也好），讓她們的人生安靜一點。有哪個繼母不曾想要趕走繼子女，看是消失五分鐘或永遠？剛才那位寫信的女性，大概處於光譜的極端（從「受不了」到「希望繼子女永遠消失」），然而我們這些當繼母的人，有誰不曾想過，不曾喃喃自語，不曾偷偷希望過這種事？號稱自己絕不是那種女人，那就太假了。

幾乎每個女人都一樣，當繼母這件事迫使我們哀悼，我們失去完美、理想版的自己——那個我，永遠不會要孩子閉嘴，叫他們滾出去。那個我，永遠不會嫉妒、憎恨或討厭任何孩子，更別說是丈夫的小孩。我們告訴自己，那個「糟糕的女人」，那個寫了那封信的人，不是我們，然而就是。當我們成為繼母，當我們活在繼母的世界，我們變了。我們開始明白繼親家庭生活不容易，我們試圖修補，一路上被推開、被敵視，一直失敗，接著通常是在難以承受的傷心欲絕中，發現我們有自己都不知道的一面。

好消息是，有不少心理學家與心理治療師，花了很多心血，思考如何協助有繼子女的女性。「美國繼親家庭資源中心」可以協助你找到真正的繼親家庭與繼母醫療專家。此外，如果你很幸運，你認識其他繼母，你可以請她們推薦人選。她們說不定還能順便推薦你地方上正式或非正式的繼母支持團體。你請某位治療師幫忙前，永遠要先見過對方。光是詢問，「你平日是否協助再婚夫婦？」與「你平日是否協助有繼子女的女性？」，可能還不夠。你需要問更明確的問題，例如他們是否曾在專門研究繼親家庭議題的機構受訓，或是與「美國繼親家庭資源中心」等相關機構合作。此外，也要詢問他們實際上治療過多少對再婚夫婦或繼親家庭。

如果你找到的人選做的第一件事，首先是提供「心理教育」，談對繼親家庭來講哪些情形是正常的，解釋一路上不免遇上衝突與難關，那麼這個人選顯然是真正的繼親家庭專家。美國繼親家庭資源中心的裴波饒博士告訴我，「舉例來說，得知繼親家庭本來就會吵架，會出現內外之分，或是你會不喜歡繼子女很正常，你原本以為是自己太失敗，了解後會知道不必多慮。」裴波饒博士及其他人建議，伴侶或繼親家庭諮商的下一步，將是學習簡單的人際關係技巧，像是有效向另一半傳達你的訊息、一起建立中間地帶（詳情請見本書第六章）。最後的第三步，將是處理內心的問題。裴波饒博士解釋，「原生家庭帶來的舊傷，有可能在繼親家庭的情境中再度復發。」舉例來說，女性要是覺得娘家不曾重視她們，或是成長過程中像個外人，繼母這個身分會讓她們特別受不了。不過，專家也立刻指出，這個繼親家庭治療的第三階段，永遠**不該**改成擺在最開頭。「展開這個階段時，這個階段會探索每一個人的成長背景，以及每個人的背景是如何影響著家庭歷程，此時處境艱難的那個人，會感覺像被指為壞人。〔那〕幾乎就像是在說，今日會有這麼多問題，她是始作俑者。找戰犯的殺傷力太大。」裴波饒博士表示，「你一開始應該先協助這些女性了解，碰到困難是常態，而非特例，情況有可能好轉，接著才進入其他階段。」

Chapter 10

Women with Adult Stepchildren: Lessons from "Lifers"

有成年繼子女的女性：「無期徒刑者」帶來的啟示

我們的社會在看待繼子女的議題時，似乎有一個不說破但深信不疑的共識，「等他們高中畢業，你就解脫了。」繼親家庭的研究集中在年幼的孩子；市面上的書籍大談如何支持、理解與管教繼子女（也就是假設繼子女處於你能這麼做的年齡）；事情不順利時，朋友大概會建議，「撐著點——還有三年，他就要去上大學了！」誠如繼親家庭研究人員史都華所言[1]，檢視過繼親家庭文獻與社會氛圍後，你會以為等孩子十八歲，繼親家庭生活就結束了。

實情根本不是那樣。西方國家的人口正在老化，有成年子女的年長父母[2]，在配偶死亡或離婚後，愈來愈可能另覓伴侶或再婚。此外，在一九七○年代與一九八○年代形成的繼親家庭，也就是離婚數量大增的年代，那些繼親家庭也正在老化。也就是說，今日的成年繼子女數量創史上新高——有成年繼子女的繼母數量也暴增。而且，青春期如今一路延伸至三十多歲[3]，二十歲世代花比較長的時間建立職業生涯，更晚才成家立業，結婚生子。此外，近日的趨勢是「花更長的時間、投入更多心力養育子女」[4]，成年子女與父母在財務與情感上的牽連，因此更是創史上新高。人口老化，青春期延長，再加上「養孩子的時間多出許多年」，繼子女的議題依舊複雜，甚至通常還會變本加厲——不會隨時間的過去，就煙消雲散，「不知怎麼的就解決了」。我訪問過一位女性，她平日樂觀過人，但和其他好幾位我訪談的五、六十歲女性一樣，談起成年繼子女的經驗時，面露苦笑，「我原本希望等到他們搬出去，去過自己的人生，有了自己忙碌的生活後，我的壓力就會減輕。然而目前為止，那一天遙遙無期。」

「爸爸娶的女人，或管她是什麼」：成年繼子女的議題

許多成人否認在他們十七、十八歲、二十幾歲、三十幾歲、四十幾歲，或甚至是五十幾歲時，多了繼母有什麼大不了的。我訪談的成年繼子女，他們最常講的話就是，「我爸娶她的時候，我已經離家，所以所謂的繼母什麼的，對我來說其實沒差。」、「我和兄弟姊妹已經是成年人，也因此不是什麼問題。」然而，儘管表現出事不關己的樣子，他們通常接下來會一一細數繼母哪裡不好，給出十分詳盡的理由，解釋為什麼他們對父親挑了這樣的伴侶失望。不論是已經形成很久的繼親家庭，也或者剛成形，繼子女的反應都一樣。我最困惑的是，大家對於繼母

的抱怨，聽起來都不是什麼天大的事，友善的成年人應該有辦法輕鬆接納才對：

她品味很差。

她性格冷漠。

她沒在工作，一輩子沒工作過，所以我看不起她。她沒有真正的人生。

我和她的政治理念完全不同。

我帶孩子過去拜訪時，她嚴陣以待。孩子把房子弄亂時，看得出她快爆炸了。

反正她整個人就是很假。

我訪談時多次訝異，眼前是情緒成熟、聰明能幹的成人，但他們似乎「震驚不已」，有時會以相當激烈的語氣，談起多不滿父親的擇偶對象。他們的態度，可以從一位三十多歲的女性的用語窺知，「爸娶的那個女人，或管她是什麼」。我想要了解，為什麼成年的子女會感到無法親近繼母，也想了解為什麼繼母無法親近成年繼子女。為什麼這些基本上身心成熟的成人，對彼此抱持著化解不了的敵意？——明明他們本身都是和善討喜的人，只是恰巧變成了繼子女與繼母。有成年繼子女的繼母又該怎麼做？她們將碰上哪些特定的挑戰與選項？

第一步似乎是從現實的角度了解狀況。一旦不再假設與希望「事情自然會好轉，如果沒有，代表我們有哪裡做得不好」，你將會鬆了很大一口氣。某位女性告訴我，「都過了好多年了，好消息是，現在我們在彼此身旁更自在，相處個幾小時很好，很熟悉，很溫馨。然而壞消息是，事情會一直變動。我繼子女的某些事，以及我先生和他們的關係，依舊快讓我抓狂。隨著人生產生變化，繼子女年齡愈來愈大，你愈來愈老，新的事情會一直冒出來。整體而言，我會說相較於頭幾年，現在我比較能適應了，但永遠稱不上輕鬆自在！」

如果要解開繼母／成年繼子女之間的緊張關係之謎，稱謂可以提供線索——「爸爸娶的女人，或管她是什麼」。對成年的繼子女來講，該如何稱呼繼母是貨真價實的難題，底下有更大的結構性問題。怎麼叫，在很大的程度上，說出了成年繼子女與繼母之間的關係。許多專家提到，在成年後的人生階段，人們比較不需要父母型的人物，甚至不需要其他提供協助的成人。成人的發展任務是獨立——建立自己的人生與事業，結婚生子，建立屬於自己的家庭。繼父母（不論是現在才冒出來，或是很久以前就在）對這個年紀的繼子女來講，更算是「多」出來的一個人，更可能被視為額外的負擔。一名三十多歲的繼女告訴我，「我繼母人還過得去，但我實在是有太多事要做，時間就只有那麼多。我打電話給我爸時，不可能每次都還要跟她順便聊一下，但她就生氣了。我真的不需要有一個繼母在那邊發脾氣，我不想要又回到從前的模式。」從繼母的角度來看，當年輕人逐漸脫離家裡（也或是一直還留在家中）、她試圖在先生家中取得一席之地時，更是弄不清自己的角色。我是誰？他們是誰？我們對彼此來講算什麼？

我該如何面對他們？對繼子女已經成年的女性來講，這一類的問題更是大哉問。五十八歲的奧莉維亞告訴我：

我那麼晚才進入他們的人生，也因此問題比較不是我算不算他們的媽媽。我希望他們能夠理解，我想他們也的確知道，爸爸能有伴侶是多美好的一件事。我不需要他們珍惜我或什麼的，我不期待他們那麼做。我只是希望他們能以禮相待，接受這件事。我想目標就是那樣。我們差不多達到那個境界了……我和我先生在一起前，我其實是他女兒的朋友，她和我年紀差不多，我是在她家派對上認識我先生的！我們之間不是什麼媽媽和女兒，老實講我不確定我們之間是什麼。這些年來，基本上我們重新回到朋友狀態。

六十五歲的莎莉表示，「我猜我大概能說，嫁給他們的父親二十五年後，我在心理上有一點疏離了。他們有自己的忙碌人生，我有我的。我降低期待。那不一定是壞事。繼子女依舊會做出讓我受不了的事，但現在的我，比較像是看著事情發生，不要自己也下去攪和。」

繼母扮演的角色原本就模糊不清，更麻煩的是，成年繼子女心中的矛盾感受一直沒消失——接受我們，將是在背叛母親。父親愛繼母，是在同時背叛母親與孩子（有可能是繼子女下意識的感受）。坎蒂・庫柏（Candy Cooper）在收錄於《我父親娶了你母親》（*My Father*

Married Your Mother: Writers Talk About Stepparents, Stepchildren, and Everyone in Between）的〈繼母震撼〉（Step Shock）一文中，描述她父親再婚的那天：

> 我的新繼母比我結婚沒多久的先生大一歲，她看起來容光煥發。婚禮過後，每個人又興高采烈多慶祝了好幾天。我一個人躺在昏暗的旅館房間裡發高燒，飯店醫師幫我感染的眼部開了抗生素，不過我懷疑我生的其實是別種病——我得的是「繼母熱」，那是一種永無止盡的憂傷帶來的疫情。我的新繼母很努力讓大家都是一家人，她愛孩子，為孩子付出，還盡心盡力照顧我生病的父親——這些我都懂，但被我難過的心情蓋過去。我父親應該要多幸福是很難拿捏的一件事：太不快樂是壞事，太快樂則是一種背叛。[5]

庫柏的例子很具體——孩子感到憂傷，先是失去母親，如今恐懼又要失去父親，幾乎不敢去細想，害怕喪失父女間獨特的親密感，少了最親最愛的人。社會學家史都華回顧相關文獻後指出，相較於年齡較小的繼子女，成年繼子女的議題基本上沒什麼不同[6]，威力也並未減弱。相關議題包括因為父母決定再婚，心中感到痛苦，覺得被冷落、背叛，或是氣父母或繼父母，失去自尊，無法接受繼父母和自己同齡，不喜歡看見父母和繼父母牽手、擁抱、調情，不喜歡父母強迫自己接近繼父母等等。

父親再婚後，成年的繼子女有可能多年感到失落，傷口一直未能癒合。這個現象讓我想起前文第三章安妮的故事。安妮在我的辦公室啜泣，講起父親在母親過世一年後就再婚。我在訪談時，通常扮演「中立的支持角色」，但那一天我忍不住跟著安妮一起哭。我從庫柏那得知的資訊，以及當天從安妮那聽到的故事，讓我了解父親的快樂，感覺不僅像是在否定亡母崇高的重要性，也說出在父親心中，女兒其實沒被擺在首位：

父親只等了一年多就再婚，那感覺只是最起碼的喪期，而且還只是因為我姊姊堅持，那麼快就結不太恰當，父親才稍微等了一下。我感到父親就那樣輕易走開。我繼母在她梅開三度的婚禮上穿著白色，就在我母親去世十四個月後，我百感交集，哭完整場結婚儀式。已經九年了，但在我心中宛如昨日……我感到父親應該等一等，等久一點是最起碼的尊重。

對繼母來講，被年幼的孩子排斥感覺情有可原，但成年人還出現同樣的舉動，就讓人比較難以接受。我們當繼母的人，或許和善又有同理心，我們已經拿出最大的善意，然而在我們嫁給他們父親的婚禮上，成年繼子女卻從頭哭到尾，這種事很難讓人開心。

安妮接著告訴我，「當有人喊我父親和繼母是『你爸媽』，例如最近有一次，租車公司打電話過來，負責派車的人員說，『我們剛剛已經在機場接到您的爸媽。』——我感覺像是被捅了一刀。」安妮不太可能告訴繼母這件事，更可能的做法是離繼母遠一點，或是拒絕繼母的示好。就這樣，婚禮已經過去快十年，安妮和繼母依舊處於對峙狀態，彼此猜疑，彼此誤解。訪談時我問安妮，都過了這麼久了，假設她們其中一人先伸出友誼的手，那會發生什麼事。「如果我邀繼母去吃午餐，她會怎麼做？〔大笑〕好問題，她大概會來，想著我不曉得有什麼目的。如果是她邀我去吃午餐，我也會猜這個女人又想做什麼了，例如要我把家裡鑰匙還回去之類的！」

如果父親不是因為喪偶，而是離婚後再婚，同樣也可能在成年孩子的心中，引發意想不到的強烈悲痛、矛盾與痛苦。英國心理學家柯瑞是少數書寫成年繼子女心理議題的研究人員。柯瑞指出，繼子女可能屬於不安的依附風格（insecure attachment style），其他與父母離婚有關的議題，也尚未完全解決，包括「對於自己和他人的關係，以及整體而言的關係穩定度，抱持著無助於適應的想法」。[7] 或是以紐約市精神分析師紐曼博士的話來講，「父母離婚的孩子，不論年紀還小或成人了，他們整體而言，對關係不抱持太大的信心，有可能因此不但比較沒那麼敬重父親與繼母的婚姻，也比較沒興趣和繼母培養關係。某些父母離婚的成年繼子女，心中可能感到：**何必呢？**」

柯瑞強調，成年的孩子即便已經「接受」親生父母離婚，明白覆水難收，憂傷理想的家庭生活只是一場空，依舊可能出現其他問題。柯瑞特別指出，女性的結婚對象如果有成年的孩子，男方又是因為離婚而再婚，成年的孩子與父母的連結有可能特別深、特別親密，有時甚至如同同儕或配偶。柯瑞寫道：

> 就我的經驗來看，原生家庭瓦解，有可能促使父母與成年孩子之間，發展出（特別）親密的連結。這種現象有可能是因為親子都是大人了，比起小時候更有機會以更為有來有往的方式，互相提供與獲得支持。繼父母的出現，因此有可能被視為干擾到這個連結，帶來憤怒、嫉妒或競爭的感受。如果問題長期未獲解決，這種感受有可能威脅到自尊與安全感。[8]

柯瑞的臨床研究發現，以及她在此處描述的情形，令人感到訝異。先前沒人想到，相較於年紀小的子女，成年子女反而**更可能**無法接受「冒出繼母」或「有繼母」。科瑞表示，成年孩子與父母之間的親密關係十分特殊，雙方的親密度可能更勝年幼孩子與父母的關係。也因此真實情況和常識相反，繼母如果晚一點才在孩子的人生中出現，她帶來的威脅感可能更強烈。在本書第一章首度登場的蓋比，她嫁給先生普萊斯時，先生的孩子是年輕成人，等於算是她的同輩。普萊斯和前妻因為長年無法解決的問題而分開，但蓋比的狀況很典型，在前妻與成年繼子女眼中，她被當成破壞家庭的人。蓋比告訴我，先生的孩子和她年紀差不多這點，可說是雪上加霜：

我想對他們來講，這一切顯得有點……像是老掉牙的故事：父親跟一個年紀和我們這些小孩差不多的人在一起，真噁心，老牛吃嫩草。然而，最大的問題是他們的母親不斷向孩子訴苦，他們感到不得不站在母親那邊反對我。他們不會邀我們參加活動（我不會受邀），理由是「媽會不高興」……不論是過去或現在，我認為他們應該感謝我才對。我和他們的父親在一起時，他原本正在慢性自殺，一天抽三包菸，酒喝個沒完。我幫他擺脫那些習慣，還讓他接受憂鬱症治療。你看他現在多好啊。

蓋比與普萊斯有一個十五歲的女兒。蓋比提到他們一家三口與普萊斯兩個成年兒子之間的關係。其中一個兒子一年會來看他們兩次，「我們的關係有一點僵硬，但漸入佳境」。然而，普萊斯成年的女兒珍妮，已經快五年沒和蓋比他們聯絡了。蓋比告訴我，她感到繼女永遠在找藉口，宣稱被父親傷害，幻想被排擠，認為自己是最不受寵的孩子：

我希望普萊斯全部的孩子都能出席婚禮，這件事對我來說非常重要。婚後，我們永遠特別去看他們……我那時感到和先生的女兒走得很近。不過，氣氛永遠有點緊繃，尤其是在珍妮生完孩子沒多久，我也緊接著生下女兒蘇琪。在那之後，珍妮似乎耿耿於懷，一直在找我先生比較不愛她的證據。有一次，我先生匆匆在電話上和每一個人打招呼，只講一下就掛斷。珍妮告訴哥哥，她為此感到十分受傷。不久後，她哥哥過來看我們，留宿一個晚上，那時蘇琪還很小。我們這邊聽到的故事是，珍妮因此暴跳如雷，理由是她從來沒在我們這邊過夜，哥哥怎麼可以那麼做。我不曉得真正的真相是什麼，因為在那之後，珍妮就不曾和我們講過話。

研究顯示，繼女尤其容易感到要跟繼母競爭，繼母令她們備感威脅（請見第三章與第四章）。更複雜的是，年輕女性通常會在父親再婚前，和父親發展出極度親密的連結；蓋比的例子還多出她與繼女同齡，繼女更是感到混淆；喜歡繼母會讓母親無法承受；還有就是你生完孩子沒多久，繼母也生了，大家的注意力被搶走。即便是心理健全的成年孩子，即便終將能夠克服，一時間也難以消化這種種的一切。然而，對蓋比的繼女來講，她是過度站在母親那邊的孩子，況且她還在舔拭傷口，父母離婚讓她懷疑自己的價值，即便那個創傷是很久以前的事了，她的人際關係自然一團亂。此外不幸的是，成年的繼女要是無法接受改變，或是無法化解內心的不平衡，大概早已心生防備多年。成年人有辦法合理化內心的怒氣，那是年幼的孩子辦不到的。此外，珍妮還握有成人特有的武器——有辦法乾脆永遠離開。

發展學家指出，人在二十多歲時（蓋比進入珍妮的人生時，珍妮恰巧就是那個年紀），特徵是矛盾。既想脫離原生家庭／獨立，也想要和家人在一起／合作。成年的繼子女必須有辦法解決這個人格發展大考驗，平衡「親密」（intimacy）與「孤立」（isolation），要不然繼母很容易成為他們發洩沮喪心情的箭靶。柯瑞提到一名叫路易絲的患者，她因為嫉妒、不安、誤以為必須忠於母親，拒絕了年輕繼母遞出的橄欖枝，一而再、再而三拒絕與繼母好好溝通。然而，路易絲也只能做到不理會繼母，繼母不會消失。路易絲面對著這樣的現實，再加上一定程度上感到挫敗，陷入憂鬱。柯瑞筆下的路易絲，其實也是我訪談的多位成年繼子女的寫照，「路易絲感到就像是被繼母取代，父親改成愛繼母。繼母的出現，再度引發路易絲心中的恐懼，懷疑起自己的人緣與價值。繼母不是成因，而是誘因，那些恐懼原本就在。」[9]柯瑞指出，路易絲的問題主要與內在的自尊問題有關，但她往外投射到繼母身上，繼母因此成為「壞的客體」（bad object），宣稱是繼母讓她「不舒服」。舉例來說，繼母要是主動聯絡，路易絲會感到繼母在侵犯她的領域，但繼母要是保持距離，路易絲又會覺得被冷落，都是繼母切斷她和父親的關係。路易絲認為父母會離婚，母親是無辜的受害者，也因此更是感到和繼母建立關係是「不對的」。

柯瑞指出，女性碰上成年繼子女時，有一件事也特別難：雙方的關係出問題，或是平日有問題時，繼母不曉得是否該和繼子女談一談。要談的話，又要用什麼方式。成年的繼子女很可能壓下父親再婚帶來的矛盾情緒，認為那些情緒軟弱又「不成熟」，那些感受因此一直沒獲得處理。然而，要是父母或繼父母想和成年子女談，孩子可能會不想談。套用柯瑞的話來講，成年的子女會「感到父母或繼父母的高度關懷太過頭或不恰當」。[10] 繼母在這個人格發展階段會碰上的難題，就和其他任何階段一樣，只不過這個階段更容易怎麼做都不對。繼母要是努力親近，繼子女可能感到她太強勢、太自以為是，例如路易絲就是那樣形容繼母。然而，繼母要是完全不接近孩子，人們又會感到這是她不關心或「冷漠」的證據。

不過，由於成年的繼子女更認識自己，也更有能力說出複雜的情緒狀態，他們不但能讓人探索成年繼子女的內心，也能一窺年幼的繼子女在想什麼，例如作家安德魯．所羅門（Andrew Solomon）在〈論擁有喜愛歌劇的繼母〉（On Having a Stepmother Who Loves Opera）一文中，描述他父親喪偶後第一次認真交往的女友：

> 我們安排了一場晚間活動，我坐在父親的女友旁邊。在晚了近十五年後的今天，我可以告訴你，芭比其實是全紐約最好的人，但那天晚上，我們比鄰而坐，她說的每一件事，全都踩到我的地雷。我回家後寫了一封信給父親，告訴他芭比是個糟糕透頂的人。父親打電話給我，我們兩個人一起哭……這對任何人來講都不容易。芭比本身是個好人，但也引發我悲傷的情緒，有時很難理性分辨她是她，母親是母親。[11]

所羅門能說出「芭比本身是個好人，但也引發我悲傷的情緒」這句話，芭比可說是相當幸運。許多成年的繼子女無法欣賞繼母，或是不曾試圖了解她們是什麼樣的人，從自己措手不及的混亂角度看世界，也因此把人當成問題，「全紐約最好的人」就此變成敵人。

所羅門對於父親尋找第二春的事，顯然抱持矛盾的心理。幾個月後，所羅門和哥哥去見父親下一任認真交往的女友「莎拉B」（Sarah B.），還努力撮合他們兩個人。所羅門為莎拉B「感到著迷」，認為她機智幽默，心胸寬大。然而，到了莎拉B和父親還真的要結婚的時候，所羅門當時已經和莎拉B走得很近，但當莎拉B要所羅門挑一個日子，看婚禮辦在哪天他比較方便，一股被背叛的感受湧上所羅門的心頭，他勃然大怒。「我居然這麼氣急敗壞，自己都嚇了一大跳；感覺上，一個維持著微妙平衡的生態系被徹底擾亂，衝擊我的內在生活，我感到被連根拔起。」[12]所羅門寫道，「父親竟然要再婚了，那他和我母親當年的結合算什麼。」這段話再次點出前文的庫柏與安妮提到的背叛感——包括自己被背叛，母親被背叛。

接下來，所羅門提到問題的癥結點，也或者該說是**另一個**癥結點：不論人們是在幾歲成為繼子女，權力之爭與家庭階層的問題，似乎總是如影隨形。所羅門寫道，「還有就是，我也氣我父親〔明明說永遠不會再婚〕，卻出爾反爾。」[13]、「我父親在我面前通常不會反悔，這次他是為了別人說話不算話，我感到嫉妒。他做出這麼重大的決定，居然沒事先和我們兄弟商量。」

許多繼母看到這會點頭。沒錯，父親要不要再婚，甚至是何時再婚，繼子女還以為自己

「理應」有發言權。這裡又回到所羅門寫信給父親談他的女友芭比——所羅門假定自己「有權」判斷父親應該和誰在一起。我先生提醒我，他大女兒第二次見到我時，當時十五歲的她告訴父親，「她還不錯，但我不要你娶她！」我先生告訴女兒，他在乎她的感受，他明白看見父親和母親以外的女人在一起，讓她很難過，但我先生也讓女兒知道，他要不要再婚，她們沒有投票權——由他自己決定。我先生清楚告訴孩子，誰才是當家作主的人。如果孩子已經成年，要劃出這樣的界線不容易，因為孩子已經過了被長輩管教的年齡，還選擇和父親建立關係，而不是因為被迫跟著父親（年幼孩子的狀況），雙方的關係因此比較像同輩。此外，如同庫柏與所羅門的例子，婚姻終結的原因如果是母親過世，更是難上加難。母親是一個鬼魂，一個被理想化的人物，新人的出現（以及接受新人）不免代表著母親真的走了，甚至是拋棄母親。

然而，成年繼子女還恐懼些什麼？所羅門表示，或許他們害怕失去對深愛的父母的掌控，也害怕被擠到一旁，引發孤立、失去與被打敗的原始恐懼：

> 我父親與莎拉B原本是我在撮合，如今超出我的掌控，他們自己處理一切。婚禮開始籌備了……那段時間很難熬，我陷入憂鬱，感到眼前出現一片深不可測的焦慮海洋。如果莎拉B和我意見不一致，父親什麼時候會聽我的？什麼時候會聽她的？母親在的時候，這不是問題——父親聽母親的，因為他們夫妻同心，而母親要的，通常對我來說是最好的。

> 我偷偷害怕，父親會心智軟弱，受莎拉B影響，我將因此疏遠她，連帶失去父親。我過去排在首位，但如今她才重要。[14]

所羅門的這段話，以相當誠實的口吻，具體點出許多事——所羅門明白，莎拉B**不是**他的母親，她和芭比一樣，有自己的意志，和所羅門不同調。莎拉B有可能取代他的地位，甚至想辦法趕他走——如同典型的邪惡繼母。所羅門感到好像又重返無助的孩提時代，**一個不是我母親的人**，有可能傷害我。所羅門在文中告訴我們，莎拉B個性溫暖，有著過人的愛心，幫所羅門的姑婆清理褪色的地毯，還幫她修剪倒插的指甲，其他人根本沒注意到姑婆有這些需求。然而，所羅門依舊害怕莎拉B有可能是邪惡的女人，那種恐懼的核心，其實是「父親可能愛她和愛我一樣多，甚至愛她勝過愛我」。所羅門有自知之明，稱自己的反應為「內心深處的疑神疑鬼」，因為那種恐懼是退行性的、原始的，難以靠理性驅散。

奧本大學（Auburn University）的繼親專家阿德勒—畢德博士告訴我，「孩子需要與父母建立連結，尤其是他們還小的時候。」阿德勒—畢德博士解釋，繼親家庭專家艾蜜莉．韋賽博士（Emily Visher）與約翰．韋賽醫學博士（John Visher）的研究指出，孩子「感受到繼父母威脅到自己的基本人類需求，把繼父母當成威脅。就連我們成年人也一樣，有可能退回我們感到最脆弱、最需要情感依附的時刻。有時那就是為什麼感覺上繼父母是一種長期的威脅」。

即便成年的孩子否認多了繼母是大事，他們實際上必須克服龐大的情緒障礙。也就是說，憤怒、嫉妒、被取代的感受，有可能混在一起，最後得出繼母是「邪惡生物」的結論。紐曼博士告訴我，「感到被父親無視或冷落，有可能變成習慣性**對繼母**吹毛求疵。」許多成年人擺擺手，認為多了繼母沒什麼，「他們結婚時，我已經成年了」。然而，對他們父親的妻子來講，她們顯然不太可能感到與繼子女的關係「沒問題」或「不是問題」。我們嫁給繼子女的父親時，不論繼子女是二十歲、三十歲或再上去，也或者我們是多年前就嫁進有繼子女的家庭，一路看著先生的孩子長大，有繼子女的女性踏進人生後期的不同階段時，八成會碰上五花八門的議題與挑戰，例如莎莉似乎什麼都碰上了。

當了三十年繼母後：莎莉的故事

我最初是在近二十年前認識莎莉，莎莉是那種人們會說「真希望我媽媽跟她一樣」的人，我也有這種感覺。莎莉在二十五年前嫁給丹，但已經和丹在一起三十年。莎莉和丹兩個孩子的關係（今日是四十多歲的成人），除了橫跨三十年，中間還經歷了幾次人生的過渡期（她的、他的、他們的）。莎莉自己有兩個成年的孩子，一雙兒女事業有成，也結婚生子了。他們讀高中時和莎莉、丹同住，今日依舊住在附近。丹的孩子和莎莉的孩子年齡相仿，高中時也住在舊金山，但與母親同住，長大後分別住在美國東西岸。莎莉最近剛退休，原本在北加州當家庭治療師。值得一提的是，她多年主持繼親家庭的支持團體。莎莉相當務實，她近日描述自己「從前非常、非常努力嘗試和繼子女建立關係，但今日感到有點放手了。」莎莉還說，「我每一個當繼母的朋友……她們把快樂的門檻設得非常低……事實上，（客觀上來講，）我甚至不會說那叫快樂，只是得以安生。」莎莉兒孫滿堂，不得不排出優先順序，「當你有孩子、繼子、繼孫子、孫子，你無法面面俱到！」莎莉辛苦多年後，近日對於繼母生活，採取較為超脫、較為平和的觀點。她最近告訴我，「那就像是放棄掌控，你變得更像是從外人的角度，看進去另一個世界。」

莎莉坐進我辦公室的沙發喝茶，讚美我的衣服。這是典型的莎莉——即便她才是主角，就算她幫我一個大忙，特地趕過來受訪，還在調時差，她依舊噓寒問暖，把別人擺第一。莎莉個性慷慨，如同母親般溫暖，但在我們最初的訪談過程中，她好幾次擔心在繼子女的事情上，自己是不是「自私」與「殘忍」：

> 我感到繼母是不能碰的議題！人們不想聽見繼母的事。有幾次，我相當誠實地說出當繼母有多難，我當繼母的熱情有點退燒了，結果人們瞪著我，眼神像是在說：你這人是有什麼問題？你說想和我聊，我一直在想：她不可能想跟我聊，我現在沒那麼努力為繼子女付

出！我經常有罪惡感，我不是那麼喜歡繼子女，現在的我沒有太多力氣可以留給他們。你會以為，既然我的職業就是做這一行的諮商，沒有什麼難得倒我。然而，做治療對我來講，經常是從他人身上學到東西！……我以前非常努力要當一個好繼母，但現在……我知道扮演父母的角色會對婚姻產生影響，要當繼父母又更難了。此外，我還是祖母與繼祖母——有好多責任！我想至少有一個繼子女希望，我能「更像繼祖母一點」，多投入一點。

角色緊張

阿德勒—畢德博士指出，莎莉出現她這個人生階段的典型現象，她其實和許多有繼子女的女性一樣。莎莉已經走到的階段，生活中不只有自己與子女、繼子女的關係，還有媳婦與女婿、繼媳婦與繼女婿、孫子與繼孫子。再加上（繼）媳婦與（繼）女婿的父母，你可能需要一張關係圖，才有辦法弄清楚每一件事。阿德勒—畢德博士解釋：

到了這個階段，女性有時得務實一點，排出優先順序，有好多人際關係。女性此時不只分身乏術，人們對她們的期待又更多了，不只指指點點她們該怎麼當母親與繼母，還指教她們該如何當繼祖母與祖母。有時到了人生這個時間點，她們選擇回過頭來，改把精力放在婚姻上，以及親生的孫子。當你想到，孩子自有親生的祖父母疼，你會感到她們做出相當中立的決定，我認為很合理。然而，繼子女有可能認為這是你該做的——認為女性重新分配精力是偏心的決定，或是在某種層面上不公平。

如同莎莉觀察到的那樣，放手可能被當成冷漠（「至少有一個繼子女希望，我能『更像繼祖母一點』，多投入一點。」）

更麻煩的是，女性的成年繼子女，大概同樣也會碰上「角色緊張」（role strain）的問題。成年的繼子女有可能必須周旋於四個家庭（例如：他的母親、他的父親與繼母、她的父親、她的母親與繼父），他們努力盡量做到闔家安寧的境界，討好每一個想過「團圓佳節」的家人。任何處於這種困境的人——帶著年幼的孩子長途跋涉，而不是待在家休息——八成會感到精疲力竭，叫苦連天。這點可以解釋為什麼碰上節日時，成年的繼子女特別容易覺得，繼母只顧她自己親生的孩子與孫子是不對的，或是不公平。過節通常是某種繼親家庭的引爆點。莎莉說出她最近和整個大家族過節的經驗：

〔我先生的兒子〕艾薩克決定帶著妻子、孩子、岳母，過來我們這邊過聖誕節。我兒子和媳婦是主辦人，他們親切答應。我忙著一起做準備，預備餐點，還要照顧小孫子。我還以為一切都完美。然而，艾薩克事後打電話給丹，說他們全都感到「不受尊重」，沒人理他們。丹嚇了一跳——每一件事感覺都很順利啊！艾薩克指控，「而且你還錯過了〔我女兒的〕體操比賽。我以為只有莎莉會做這種事，沒想到你也一樣。」我真的大吃一驚，我還以為我已經做得夠多了。這些年來，我真的在艾薩克身上花了很大的力氣……所以我感到非常失望。

莎莉和丹通常每年會參加孫女的體操比賽，但地點離他們住的地方，有好幾個小時的車程。那一年，他們已經直接告訴艾薩克，他們不會過去看比賽，因為兩個月後他們會過去一趟，到時候就能見到大家。這是務實的決定，但看來引發了艾薩克心中的新仇舊恨，艾薩克再次感到被排擠、被忽視，總而言之他被擺在「第二順位」。後來在春假時，丹的女兒諾拉與女婿，帶著四個精力旺盛、全都還不到十歲的孩子，一起到莎莉與丹的加州納帕谷（Napa Valley）別墅度假，還提到哥哥一個月前可能碰上的感受。莎莉表示：

諾拉的那群孩子跟龍捲風過境一樣。他們是好孩子，但諾拉和先生不是很會管教孩子，整個家一團亂。孩子在客廳打打鬧鬧，差點弄翻咖啡桌。我出聲制止，「這裡不是遊樂場，麻煩不要在這裡玩摔角。」孩子肯聽話，但諾拉看了我一眼。接下來，諾拉兩歲的孩子拿著奶油刀走來走去，我說，「你就不能給她玩具嗎？那是刀子。」〔諾拉〕再次感到不快，她說，「你要我們走是不是？我們可以現在就離開！」我說，「我沒趕你們走！」她說，「你知道嗎？我想起小時候的事了，你總是偏心你自己的孩子。」我說，「聽著，我愛你，我希望你們留下。我只是希望孩子可以乖一點，就只是這樣而已。忘了這件事好嗎？」（莎莉嘆氣。）那次我息事寧人，但我其實很想大喊：媽喔，拜託喔！我的繼子女就是這麼彆扭。

被掏空的繼母

從莎莉的例子不難看出，女人的耐性是如何在三十年間（因為諾拉所說的不斷發生「事情」）被消磨殆盡——更別提感到被誣賴，成為代罪羔羊。有些事別的女人聽了可能大喊，「神經啊，不要煩了！」——如果孩子長大後「指控」父母，提到小時候某一次他們是失職的父母，但父母覺得那根本是不重要的小事，已經過去很久了，父母常常會那樣回應。然而，繼母就不能那樣回答。莎莉和多數的繼母一樣，在繼子女面前說話比較謹慎，不像在親生孩子面前有話直說。莎莉告訴我，「如果是我自己的孩子，我們可以爭論，我們會吵架，但發洩完就算了。」莎莉和艾薩克、諾拉之間的關係，則沒有那樣的減壓閥。多年小心翼翼不敢得罪繼子女，只加深了壓力與怨氣。

一切的一切，最後的結果可能是「繼母耗竭」（stepmother depletion）。我發現我訪談的長期處於繼親家庭情境的女性，幾乎所有人都出現某種程度的心力交瘁。如果又多出繼女婿和繼媳婦，原本就很複雜的情況，又多添一層複雜的人際關係，繼母耗竭的情形有時會惡化。琪琪表示，「我就是沒當年那麼有耐性了。」琪琪有兩個成年的繼子，其中一個已經結婚生子。琪琪表示，自從繼子的老婆也會出現後，雖然經過多年的「練習」，在鄉下別墅一起過週末，依舊讓她壓力很大：

我那個繼媳婦覺得一切都理所當然，別人要幫她把事情弄得好好的，所以她和我繼子待在我房子裡的時候，把用過的濕毛巾扔在浴室地板上。他們離開時，也不會幫忙把床罩拉下來，甚至不會問需不需要那麼做。所有那種你我到別人家叨擾時該有的禮貌，他們全都沒有。基本上，他們就是把孩子丟在我們這邊，在我做牛做馬的時候，悠閒躺在吊床上。以前每次他們過來，我都會煮豐盛的大餐，他們甚至不曾幫忙收拾善後。我現在都叫外賣。我覺得我又不是什麼負責帶孩子的女傭。我先生看到浴室門關著，開口問，「為什麼關著？有人在裡面嗎？」我告訴他，「沒有，只是他們把毛巾扔在地上，我不想看到」，然後就走開。這是在明爭暗鬥，我不想再參與這種事。我會被講成壞人，我不想讓他們有機會那麼做。

琪琪的新策略實務上似乎可行，但她依舊感到被看不起、被欺負。繼子女已經成年，但還是一副沒長大的樣子，沒拿出應有的樣子，琪琪因此更是無法忍受。

我問莎莉，她是在什麼時候如她自己所言，感到「夠了」──「你知道的，受夠了要耗費那麼大的力氣，受夠了要送禮物卻沒人說謝謝，受夠了要當超級繼母與超級繼祖母。」莎莉努力回想那一刻，一開始她回答，起火點可能是那次艾薩克抱怨過節和體操比賽的事，但我們後來再度碰面時，莎莉分享不一樣的發現：

我想起來，那次是在什麼時候發生什麼事。我女兒和女婿多年不孕，我和丹在財務上盡量幫他們，替他們加油打氣。他們很想要一個孩子，我們也希望他們能有孩子。後來，我女兒終於懷孕，在我們家辦準媽媽派對，我的繼子女都沒來。我女兒裝作不在乎，但其實很傷心。我繼媳婦來了，但整整遲了四小時，還說，「我把禮物忘在家中的廚房桌子上。」我想我就是在那個時候放手。整整十二年，我和丹為了參加孫女的體操舞棒競賽和生日派對，要舟車勞頓七小時……（但繼子女沒有禮尚往來，）我感到繼子女認為，我女兒和她先生不重要。準媽媽派對過後，我的繼子女又過了很久很久，才來看新生兒。孩子受洗的時候，他們也沒出席儀式。

我有點像是終於不再對繼子女、不再對他們的人生那麼感興趣。有一次，丹告訴我艾薩克的某件事，我沒說什麼，只是點點頭。丹說，「你不喜歡他，對吧？」丹沒有用指控的語氣，他只是想知道答案。我說，「也不是那樣，只是我感到夠了。我試過了，我真的試過了，我不想再掏心掏肺。」丹能夠諒解，只是這樣的事，有時依舊令人感到我這個人可真鐵石心腸。

莎莉和許多我聊過的女性一樣，因為繼子女沒跟她們一樣「那麼努力嘗試」，沒像個成年人以禮相待，感到彈性疲乏了。此外，莎莉感到繼子女如今是成人了，自己的責任自己負責。對琪琪與莎莉等有成年繼子女的女性來講，希望破碎，得不到你對我好、我也對你好的關係，她們特別無法承受這樣的結果，因為她們已經忍受繼子女叛逆的青春期，以及只顧自己的二十歲時期——在那些歲月裡，繼子女如果對父親有任何尚未完全化解的怒氣，繼母成為出氣筒。繼母原本情有可原地希望，等繼子女到了三、四十歲，情況就會好轉，沒想到結果還是一樣，此時繼母心中的失望之情，有可能特別猛烈。或許這就是為什麼，許多有成年繼子女的女性告訴我，她們感到精疲力竭，「被消耗殆盡」。

複雜的繼親家庭，複雜的感受

莎莉的繼子女艾薩克與諾拉發出的種種抱怨，其中一個重點是他們特殊的繼親家族排列

（stepfamily constellation，指家人之間的親疏遠近與互動關係）帶來的持續性困擾。莎莉與丹組成的是「複雜的」（complex）繼親家庭——學術上的定義是男方和女方兩邊都帶著孩子再婚。研究人員與身處這種繼親家庭的成員都指出，在這種類型的繼親家庭，猜忌與指控誰比較愛誰是常見的現象。維吉尼亞大學的心理學家哈瑟林頓博士指出，「在複雜的繼親家庭，家庭關係較為混亂，孩子出現更多的行為問題。」[15]怎麼一回事？哈瑟林頓解釋，背後的道理和機器一樣，「繼親家庭被複雜的原則支配：零件愈多，故障的風險就愈高。」哈瑟林頓提醒：問題可能以形成小圈圈、代罪羔羊、分裂的忠誠議題等形式出現。

七十五歲的關恩有三個孩子，她在這方面有一套自己的哲學。關恩告訴我身為繼女的經驗，「我喜歡我的繼母，我知道她真的關心我。她是很好的女人，由於她的緣故，我得以在充滿溫暖與歡笑的家庭中長大。不過我也明白，她愛我的程度，不及愛她自己的女兒。她怎麼可能一視同仁？」關恩告訴我，她不氣，也不恨。然而，以繼女的身分生活在一群親生的孩子中，「不免有某種渴望愛的感受。」

丹的孩子不曾與父親和繼母莎莉同住，但莎莉的孩子則與他們夫婦共同生活好幾年。此外，莎莉描述丹和她的孩子之間的關係，「相較於他和他親生的孩子，可說是沒什麼問題，沒有那麼多的壓力與叫囂。丹對我的孩子沒什麼期待，也不會給他們太多壓力，他們就是處得來。現在也還是一樣，他們的關係十分親近。」這是典型的繼父與繼子女的長期關係[16]，許多人都是這樣。研究人員發現，相較於繼母／繼子女的關係，繼父／繼子女的關係特徵是衝突少很多，自述的「親密」程度也高很多。事實上，我訪問的成年繼子女，大多表示和繼父擁有相親相愛的正面關係。對所有年齡的孩子來講，多一個人支持是好事。然而，看在男方親生的孩子眼裡，卻是多帶來一道情緒挑戰——一個時間不一定會解決一切的挑戰。

顯然，就像關恩描述的那樣，看見不只是繼母莎莉和她親生的成年孩子、孫子處得很好，就連自己的父親也一樣，引發了艾薩克與諾拉心中「渴望愛的感受」。那種感受不斷以對莎莉發洩恨意與怒氣的形式表達出來。他們認為是莎莉「剝奪」了他們的孩子原本可以享有的東西。時間不但不會沖淡這種忿忿不平的感受，繼子女也有了孩子後，不公平的感覺只會愈來愈放大。繼子女感到自己的孩子受寵程度較低、得到的較少，都是因為繼母和她的孩子、孫子也在的緣故。對諾拉和艾薩克來講，在他們的童年時期、青少年時期、二十多歲的時期，同住的母親與再婚的父親給的關懷還不夠。繼母與她親生子女的存在，以及父親選擇與繼母那邊同住，還和她們母女建立起充滿愛的親密連結，諾拉與艾薩克到了今日都還無法接受。

陰魂不散的鬼屋：叛逆青少年的半衰期

人員組成複雜的繼親家庭，不免讓一切更難以掌控。不過，繼母對只有單方面付出所產生的怨氣，最主要的源頭可能不是家庭結構，而在於「舊恨」。感受到成年的繼子女只拿不給，通常會令人回想起繼子女先前最棘手的發展階段，那個孩子最自私、最不懂得付出的時期：青春期。某位繼母以黑色幽默，一針見血地形容她青春期的繼子女是「一直索取的黑洞，有著源源不絕的恨意」。舉例來說，當莎莉談到她的繼子女不回饋，「只會要，不會給」，她似乎特別是在講艾薩克。艾薩克在青春期特別難搞，買賣毒品、退學，還涉入酒駕事件，車上的友人死了。此外，艾薩克一直在偷莎莉的東西——從她的皮夾拿錢，從屋裡拿走小東西，甚至順走莎莉的珠寶。我訪談的另一位女性，她的青春期繼女最喜歡講的問候語是，「靠夭，你說的話我不必聽，你給我滾。」

繼親家庭研究人員柯曼與嘉諾表示，也難怪繼母有時會無法輕易原諒與忘記繼子女的青春期。在那段時期，繼子女可能故意針對繼母，專門欺負繼母。繼母也是人，我們的忍耐有極限，我們有脾氣。柯曼與嘉諾寫道，「繼子女決定不理睬、不重視或刻意針對繼父母時，〔她〕能做的不多。繼子女有時會逐漸改變對繼父母的心態，但改得太少、太遲。繼父母為了保護自尊與面子，有可能不再敞開胸懷。孩子可能早忘了從前對繼父母有多壞，〔或是〕不覺得自身的行為造成什麼了不起的後果。」[17]

同樣地，研究人員與老化專家芭芭拉．維尼克博士（Barbara Vinick）與蘇珊．藍佩瑞博士（Susan Lanspery），研究二十五名女性及其成年繼子女的長期關係，先生和先前的妻子離婚的女性，四四％自認與繼子女關係「不密切」。然而，嫁給鰥夫的女性，全數自認與繼子女關係「親密」或「非常親密」。兩個組別有差異的原因，我們第一個直覺會想到的，就只有親生的母親在不在這點。我們知道有親媽在，每一件事起衝突的可能性就愈高，繼子女與繼母的關係因而較為緊張與疏離（請見本書第六章）。然而，維尼克與藍佩瑞指出，「好結果」vs.「壞結果」最顯著的影響因素，其實在於「父母離婚的孩子，繼母遠遠更常必須處理混亂的青少年時期。鰥夫的孩子則全是在二十多歲與三十多歲時，才碰上父親再婚，此時通常已經好好在過自己的人生」。[18]

即便是最盡心盡力的妻子與繼母，也可能招架不住棘手的青春期。即便青春期已經過去很久，繼母依舊更容易感到「受夠了」。此時成年的繼子女可能會奇怪，為什麼父親的妻子不肯再給他們一次機會。然而，如同莎莉告訴我，「我現在比較能心安理得和繼子女保持距離。我不再那麼常邀請他們，有時也會有罪惡感，認為自己沒能多做一點努力。然而另一方面，我也發現一旦不再那麼努力，降低期待，我的怨氣也減少了。我想，像我現在這樣放手，對每個人來說都好。」

重新思考「永遠過著幸福快樂的日子」：有成年繼子女的結局

如果我們放寬幸福的定義，實際一點，那麼對有成年繼子女的女性來講，有幾種可能的「快樂結局」。對莎莉來講，快樂結局的意思是「保持距離，以策安寧」，改把力氣放在婚姻、親生子女與孫子身上，不再冒出罪惡感。

對南與貝琳達來講，也就是我訪問的其他兩位有成年繼子女的女性，快樂的結局則是全心投入由繼子女、繼子女的配偶、繼孫子構成的家庭體系。比較可能這麼做的女性，包括沒有親生子女的女性（例如南和貝琳達的例子），以及成長過程中是獨生女、很希望家裡熱鬧一點、人多一點的女性（南和貝琳達再次符合條件）。貝琳達表示，她的成長過程「很孤單——我是家中唯一的孩子，我爸媽本身也是獨生子、獨生女」。貝琳達很興奮能一起籌備繼女的婚禮，她告訴我，「我做好心理準備，我扮演綠葉就好，我超開心能和繼女一起挑婚紗。」此外，貝琳達也很開心能和另一半，偕同成年的繼女、繼女婿同遊歐洲。貝琳達表示，這是她得到的獎賞，獎勵她當年忍過了繼女棘手的青春期。貝琳達開玩笑，「我某些時候很想揍她們！」貝琳達還告訴我，她非常期盼繼女快點生小孩，「這樣我才可以當外婆，我準備好了！」

六十三歲的南從前是律師助理，她笑著告訴我，「我在一個非常安靜、極度古板的家庭中成長，但後來嫁進一個人來瘋的大家庭。」南有五個繼子女，受訪時已經有十五個繼孫子女。我們邊吃午餐邊聊，南問我要不要看她的家人，接著給我看照片，上面是她先生所有的孩子與孫子，甚至連先生的前妻都在。南已經當了二十五年繼母，她的繼母哲學是「隨遇而安」，包括和所有人一起度過盛大的節日，她先生的前妻同樣也在，坐在同一張桌子。南解釋，她的父母因為女兒嫁給有孩子的離婚男人，拒絕跟她說話，說那麼做是「不對的」，有違他們的宗教價值觀。在那之後，南和夫家共度節日的傳統就開始了。南表示，「我從來沒想過先生不該和前妻與孩子們共度節日。」（事實上，其他女性可能會訝異先生**應該這麼做**的想法。這樣的女性和南同樣都「觀念正確」。）南要面對不計其數的人際關係，要是換了其他人，可能感到吃不消，但南認為她自己、先生、先生的前妻，全都屬於「一九七〇年代的嬉皮產物，反權威，以新方式做事，前進到新領域。我們的生活有點像是實驗」。當然，也有不順利的時候。南指出在頭幾年，先生的前妻對於前夫居然又找了新伴侶，感到很受傷。此外，南說自己年輕的時候「毫無頭緒，不知道該如何面對繼子女。」雖然南描述她的繼母經驗時，經常用「不知所措」四個字（「孩子有夠多！」），她講話時伴隨著大笑，向我解釋，「我那時才二十八歲。我先生的孩子，某些才比我小八歲。此外，我不認識任何當繼母的人。」南似乎不後悔沒和先生生下共同的孩子：

這件事聽起來或許很可惜，但我先生忙得不可開交，他已經有五個孩子了。我有時會不同意他的教養方式，我們不只一次談過這件事。我希望他的孩子能更有秩序一點，但我先生沒有任何管教的天分，他就不是那種個性！我只是想，我們連他的五個孩子都快要應付不來，不該再多生了。再說了，木已成舟，就這樣吧，別再去想、再去後悔。你要做決定，然後就往前走。我有十五個可愛的孫子女，十五個！我很滿意現況。

我請南總結她的繼母經驗，她想了好久，接著說起繼子女，「我很慶幸他們全部都在。」南是個隨性的人，不去反芻思考，也不去恨誰。她的波西米亞精神、她獨特的家庭史，全都如她自己所言，讓她最後選了「擁抱嬉鬧與混亂」。人生的種種，讓南有辦法開心接受與感恩這樣的生活形態，換了別人可能又是另一回事。的確，在繼子女長大成人、結婚生子的過程中，女性會多願意、多有能力助繼子女一臂之力，女性的個性和她個人的家族史，有可能是背後更大的主因。

此外還有一點大概叫緣分。某些女性就是和繼子女很合得來——或是和幾個孩子中的其中一個處得特別好。其他女性則和繼子女處於較為焦慮的關係。我訪談的好幾位女性告訴我，這比較不是離婚後再婚帶來的問題，比較是每個人個性不一樣。不只一位女性提起成年繼子女時表示，「如果我們在一場派對上，彼此是陌生人，我們不會有太多話可聊」、「我們不是對方會喜歡的類型」。繼親關係可能有很大一部分，純粹是運氣問題——我們和先生的孩子個性與想法合不合。

芝加哥動物學會的華頓博士，對此不會感到訝異。華頓多年觀察我們人類最近的親戚大猩猩。由於大猩猩的社會組成是一隻公猩猩，加上數隻沒有血緣關係的母猩猩，一公和多母生下子嗣，不難看出這種社會形態和繼母有相似之處——或許我們能從中獲得啟發。華頓告訴我，「以大猩猩來講，『母猩猩』與『她們的丈夫和其他母猩猩生下的孩子』，雙方的關係真的可說是純粹要看投不投緣」，「每一隻動物的性情，決定了彼此之間的關係。有幾隻比較親，其他幾隻比較容易起衝突。」所以結論是「最好讓關係按照緣分發展，不要扯進媽媽這件事」。另外一點則是以盡量不要摻進情緒的方式體認到，「除了做到相敬如賓，可能無法更進一步了，但也有可能變成好朋友」。

對於長期的繼親家庭而言，或是男方在孩子成人了、到了人生後面的階段才再婚的家庭而言，沒有所謂「對」的結果。不是每個人都能和南與貝琳達一樣，想要或有能力擁抱這個階段、這種類型的繼親家庭挑戰。某些人會奮不顧身或持續投入大量心血，經營與成年繼子女的關係；某些人則和莎莉與琪琪一樣，決定縮手與保持距離。

社會上難免出現「女性」加「有子男性」的組合，然而前途不是太光明。從統計上來看，結成這樣的伴侶關係機率很高，但大概也會風波不斷，以失敗告終。曾在無望的繼母經歷中苦苦掙扎的女性都知道，「繼母永遠不能放棄嘗試」這個口號不切實際，非但不能帶來我們不肯放棄希望的「幸福快樂」，反而會滋生怨氣，扭曲期待，替故事劃下休止符。長期扮演繼母角色的女性，某些戲稱自己是在「服無期徒刑」，不過她們也明白一個出乎意料、卻又簡單深刻的事實：維持與有子男性的婚姻，這種事真的有可能辦得到。

邪惡繼母告訴我們的事

服著無期徒刑的繼母似乎感受到（從多年跌跌撞撞的經驗中學到）邪惡繼母有許多能教我們的事，讓我們知道我們是誰。此外，或許違反直覺的是，邪惡繼母還能教我們幾招，傳授如何既保住自尊，又能撐過繼母生涯。有繼子女的女性中最快樂、最成功的人，她們做到的第一件事，就是接受一個難堪的事實：我們在某些天就是會醜陋，心中充滿妒意、恨意、怒意。成功保住繼母婚姻的女性逐漸學到，這一類的激烈情緒除了是可怕的禁忌，其實還奠基於現實。繼親家庭專家喬齊寫道，嫉妒源自無力感，而繼母確實經常出現無力感。怨恨則顯示我們感到無人感激，我們釋出善意，卻沒得到善意——這是繼母與繼子女的關係中，另一個令人抓狂的常見事實。憤怒則象徵著我們不切實際的期待被打碎，無法讓繼親家庭全家和樂。此外，憤怒也可能是一種健康的反應，源頭是我們多年感到被排擠，未能獲得支持。此外，憤怒最終可以激勵我們——以及我們的先生，採取有建設性的行動。

如同典型的邪惡繼母，最快樂的無期徒刑繼母，學會不再怕東怕西，不求被繼子女喜歡。如果事情順利，那很好。萬一沒有，她們聳肩，像是在說：**如果你已經盡全力了，停止努力也沒關係。某些戰役註定會輸，不值得花這個力氣**。此外，成功的無期徒刑繼母不會不敢說話，害怕要是要求大家尊重她們、以禮相待，或是要求孩子在父親面前，把她們當成人看待，而不是「大型家具」或女傭，繼子女、先生、朋友，以及整個世界，將把她們視為邪惡的繼母。這種期望獲得他人認可的恐懼與需求，大概是繼母必須克服的最大障礙。克服後，才有辦法把自己的幸福，當成和家中其他人的幸福一樣重要。勇於表達自己，一開始可能不容易，或是怕怕的，很容易感到這個家沒有我們的位置，沒有我們說話的餘地，然而不這麼做會更糟。我一次又一次看到，有繼子女的女性一下子就每下愈況，從「先生的孩子對我講難聽的話，對我不尊重，我忍著不說話，因為我不想和他們吵起來」，變成「我害怕在自己家立規矩」，接下來是「我在先生耳邊嘮叨，要他的孩子態度好一點，對我好一點，然後我們就大吵了一架」，再來是「我痛恨當繼母」，最後抵達「我再也受不了了」。

典型的邪惡繼母所使用的部分計策（比較溫和、但直接汲取自邪惡繼母最明目張膽的惡行）可以把我們從深淵的邊緣拉回來，甚至讓嫁給有子男人的婚姻生活愉快。舉例來說，邪惡的繼母每天會看著鏡子問自己，「魔鏡，魔鏡，誰是世上最美麗的女人？」當然，運用在真實人生時，不是叫你要自戀善妒，還跑去殺人。繼母的倦怠與憂鬱程度研究顯示，繼母在面對與試圖解決繼親家庭關係的問題時，把錯攬到自己身上，持續忘記自身的需求，甚至可說是忘了自己是誰。記得要分給自己一點愛，你將能抗衡強大但不合理的文化力量，那個要求你把男人的孩子擺第一的文化。此外，微量的虛榮心也是最好的解藥，可以化解典型的繼母困境。你有時太過沉浸於在身邊不快樂之中，忘了自己是個有魅力的女性、令人心動的妻子，也是性感小野貓——也就是說，你除了是繼母，你還有別的身分。某位家有兩名青少年的繼母告訴我，

「記得愛自己，因為你的繼子女可不會愛你。」

當然，邪惡繼母不只會凝視著鏡子裡的自己，還會想計策，套交情，鞏固自身勢力。真實人生中的繼母不需要那樣，大多數繼母不需要。然而，對有繼子女的女性來講，精明一點確實不是壞事，你要好好觀察，處理丈夫與他孩子的事情時，要用點方法。舉例來說，不要怕協助你的丈夫看到他孩子在你面前的惡形惡狀，為此感到受傷（在你讓先生看見他孩子實際上做出什麼事之前，做父親的自然會把孩子想得太美好）。沒關係的，天底下比這邪惡的手腕多著呢。此外別忘了，男人比較願意安撫難過或痛苦的妻子，至於張牙舞爪、憤憤不平的母老虎，只會讓他們退避三舍。學習讓先生看見，你那麼生氣，那麼不近人情，其實是在隱藏你的脆弱與傷心，這麼做不會有什麼壞處。此外，說到爭權奪利，別忘了你的確是家中的女王。你和先生是家中的兩個主人，繼子女要是不尊敬你這個一家之主，不管他們幾歲，對繼子女屈意奉承、卑躬屈膝，不會讓他們喜歡你，只會讓你自己更是無法喜歡他們。服終身徒刑的繼母知道，如果能鼓起勇氣說出，「麻煩別在我家欺負我」，那將是每個人都獲勝的局面。

當然，典型的邪惡繼母還有一個特徵是冷酷無情，吝於付出情感。她們這麼做是有原因的——勉強算吧。畢竟出於種種合理的原因，你為繼子女所做的努力，他們會領情的可能性相當低，更別說要感激你。此外，繼子女十之八九不可能滿足你希望被愛的渴望。面對這種局面時，你的回應將是永遠別給太多，別給繼子女機會破壞你珍惜的事物，包括你的心。降低對繼子女的期待，把重心擺在你自己的人生——採取溫和版的冷酷。如此一來，你將創造出一個沒有壓力的環境，友誼反而有一天真的可能生根，甚至開花結果。

邪惡繼母最令人髮指的事，或許是最愛自己的孩子，毫不猶豫地把親生的兒女擺第一。當然，我們要做的，不是當個心胸狹窄的女人，排擠繼子女，也不是要過分偏袒自己的兒女。然而，經驗老道的繼母與專家都同意：不要試圖假裝你以相同的程度，愛著男方的孩子與你自己親生的孩子，也不必認為有義務做到那樣。這種事只會適得其反。先生的孩子不是你的，你大概也沒見過那些孩子討喜的嬰幼兒期，而他們現在八成也沒努力要討喜。如果有不明就裡的人說，「你應該視他們如己出吧」，你想翻白眼也不必有罪惡感，不必痛責自己。外人的期待，尤其是所謂的你應該「像個媽媽」一樣，對繼母而言是特別沉重的負擔。然而，沒必要把別人的期待當成自己的責任。你實際上能做到的事，以及別人認為你**應該**做到的事，兩者有差別。有繼子女的女性絕對要能明白這點。繼母雷妮告訴我，「我無法創造奇蹟。我只是一個有女兒、要上班的媽媽。我有一個非常叛逆的繼子。某些時候，光是要一整天都不吼他，就已經很難做到。」有繼子女的女性若是能滿意人生與婚姻，她們採取的哲學似乎是當個「夠好的繼母」就好，不必完美。渴望當完美繼母，只不過是害怕變成典型的邪惡繼母，露出自己的另一面。

本書試圖解釋繼母經驗的共通之處，也點出各種不同的狀況。我希望藉由說出有繼子女的女性最無法說出口的感受——憤怒、嫉妒、憎恨，以及一般的普通感受——疲憊、失望、憂鬱，透過人類學、文學批評、演化生物學等領域的視角來檢視繼母，讓大家看見深奧又多元的繼母現實。我們的文化激動地看待繼母，態度十分矛盾——我們假設繼母卑鄙無恥，卻要求她們對非親生的孩子視如己出；我們既把繼母當成日常生活中會見到的普通女人，又把她們當成嚇人的邪惡象徵（或心理有病）；我們描繪的繼母自私自利又自戀，但期待繼母會是無私的「繼母烈士」——有繼子女的女性真正的面貌是什麼，她們應該做到什麼，她們應當如何看待自己的身分，我們抱持著扭曲的想法。

人們一下說繼母是這樣，一下又說繼母是那樣，用各種說不通的矛盾講法來描述她們。有繼子女的女性，因此很難認識自己。她們因為感到有必要證明自己事實上並不邪惡，連捍衛最基本的權利都不敢，無法說出內心的感受。然而，有繼子女的女性，的確有著很明確的情緒需求，她們是特殊的歷史產物，背負著相當明顯的文化包袱。偶爾一次把繼母當成主角，深入探索繼母面對的現實，鼓勵她們把心力放在自己身上和自己的人生，感覺是一件該做的事。對我來說，替繼母發聲具備特殊的個人意義：我因此進行研究，寫下一本我希望能找到、自己所需要的一本書。如果這本書，能讓另一位有繼子女的女性，感到有人理解她，她不再那麼孤單，她其實很正常；如果這本書，能讓繼子女進一步了解父親娶的人的真實面貌；讓男人終於知道，自己的另一半面對著什麼樣的窘境，了解妻子已經做到很了不起的事，本書也算是功德無量了。

謝辭

擁有繼子女的女性，終日被人指指點點。我不僅感激還欽佩那些願意接受訪談邀請的人。她們告訴我故事、透露細節、分享悄悄話，大幅增進我對於繼母這個主題的了解。我要感謝的女性，雖然無法在這裡提到她們的名字，但這本書能問世，絕對要感謝她們的真知灼見與心路歷程。

我在研究的過程中，以第一手的方式認識到，「家族」與「親屬」等概念除了是與基因有關的事實，其實也是抽象的隱喻，而且並非那麼絕對。我要感謝先生的女兒亞麗珊卓（Alexandra）與凱薩琳（Katharine）提供有趣的想法，讓我重新審視過去的十年；也要感謝當父親再婚為她們的人生帶來種種變化，她們表現得可圈可點。在我過去幾年的思索與寫作過程中，好幾位朋友像家人一樣，一直支持著我。在此特別感謝：Lucy Barnes、Sally Foster、Mary Ghiorsi、Elizabeth Kandall-Slone、

Wellington Love、Rebecca Mannis、Stephanie Newman、Jeff Nunokawa、Ellie Steinman，謝謝你們的聆聽與發問，一起參與這趟旅程。

這本書的截稿日期，與我小兒子的預產期同一天，真是太令人緊張的巧合。幸好我生了一個乖寶寶，他允許我除了把大量心力放在他身上，同時也兼顧這本書。他哥哥也在媽媽工作時，不只一個晚上在我的辦公室沙發上，自己乖乖畫圖和玩遊戲。萊爾（Lyle）和艾略特（Eliot），謝謝你們。本書的好幾位「繼母」，就跟世界各地的繼母一樣，碰上本書不乖、狀況不理想、拖拖拉拉的時候，用耐心加以體諒。我要感謝珍・羅森曼（Jane Rosenman）與狄安・巫米（Deanne Urmy）的忍耐，也感謝她們擁有說故事的才華與超能力。此外，感謝賈桂・坎特（Jackie Cantor）很早就鼓勵我以不同的方式，說出有關於繼母的事實。也感謝瑪麗安・亞書勒（Miriam Altshuler）以開放的心胸提供支持。

過去幾年，好幾位女性替我的孩子付出非凡的心力。要是沒有她們的協助，我不可能好好坐下來工作：Sarah Swatez、Gina Edward、Amelia Swan、Clementine Swan、Ellen Murphy、Karen Hemmings，謝謝你們讓我有辦法同時兼顧媽媽和作家的角色。

多位專家慷慨提供見解與時間，我尤其要感謝人類學者與演化生物學家史蒂芬・喬瑟森回答我的問題。丹・華頓也無私分享時間、專長，以及他對於靈長類家庭的看法。我非常感謝克米特・安德森、馬丁・戴利、理察・普魯姆的協助，我將他們提出的觀點用於繼親研究。我也要感謝法蘭西斯卡・阿德勒—畢德、史蒂芬妮・紐曼、派翠西亞・裴波饒，以及其他多位心理學家和研究人員，他們全都分享了時間與深入的見解。艾麗西亞・包爾（Alexia Paul）協助我讓草稿成形，布倫特・貝威爾（Brent Bagwell）留意到所有我沒掌握到的細節。瑞秋・摩瑟（Rachel Moser）與茱莉・西格爾（Julie Segal）不但替先前的寫作計劃挖掘事實、分析趨勢，這次也協助豐富了本書的內容。

我最要感謝的是我先生約珥（Joel）。他從一開始就以種種方式支持我，包括煮飯、照顧孩子、打掃、當我的啦啦隊。他協助我把概念與想法去蕪存菁，自己還被放大檢視、抓來測試，這本書要獻給他。

Zhang, Zhenmei, and Mark D. Hayward. "Childlessness and the Psychological Well-Being of Older Persons." *Journal of Gerontology* 56 (February 2001): 311–20.

Maglin and Nancy Schniedewind. Philadelphia: Temple University Press, 1989.
University of Florida. Institute of Food and Agricultural Sciences. "Stepping Stones for Stepfamilies—Lesson 3: Building Step Relationships," http://edis.ifas.ufl.edu/FY034.
Verhoef, Heidi. " 'A Child Has Many Mothers': Views of Child Fostering in Northwestern Cameroon." *Childhood* 12 (2005): 369–90.
Verner, Elizabeth. "Marital Satisfaction in Remarriage." *Journal of Marriage and the Family* 51 (1989): 713–25.
Vinick, Barbara, and Susan Lanspery. "Cinderella's Sequel: Stepmothers' Long-Term Relationships with Adult Stepchildren." *Journal of Comparative Family Studies* 31 (June 2000): 377–84.
Visher, Emily B., and John S. Visher. *Stepfamilies: Myths and Realities.* Secaucus, NJ: Citadel, 1979.
Visher, Emily, John Visher, and Kay Pasley. "Remarriage Families and Stepparenting." In *Normal Family Processes: Growing Diversity and Complexity,* edited by Froma Walsh. New York: Guilford, 2003.
Wald, Esther. *The Remarried Family: Challenge and Promise.* New York: Family Services Association of America, 1981.
Waldman, Ayelet. *Love and Other Impossible Pursuits.* New York: Anchor, 2007.
Waldren, Terry. "Cohesion and Adaptability in Post-Divorce Remarried and First Married Families: Relationships with Family Stress and Coping Styles." *Journal of Divorce and Remarriage* 14, no. 1 (1990): 13–28.
Walters, Marianne, Betty Carter, Peggy Papp, and Olga Silverstein. *The Invisible Web: Gender Patterns in Family Relationships.* New York: Guilford, 1991.
Waterman, Barbara. *The Birth of an Adoptive, Foster or Stepmother: Beyond Biological Mothering Attachments.* London: Jessica Kingsley, 2004.
Watson, Patricia. *Ancient Stepmothers: Myth, Misogyny, and Reality.* Leiden: Brill Academic Publishers, 1997.
Weitzman, Lenore. *The Divorce Revolution: The Unexpected Social and Economic Consequences for Women and Children in America.* New York: Simon & Schuster, 1987.
West-Eberhard, Mary Jane. "Foundress Associations in Polistine Wasps: Dominance Hierarchies and the Evolution of Social Behavior." *Science* 157 (1967): 1584–85.
White, Lynn. "Stepfamilies over the Life Course." In *Stepfamilies: Who Benefits? Who Does Not?* edited by Alan Booth and Judith F. Dunn. Hillsdale, NJ: Erlbaum, 1994.
White, Lynn, D. Brinkerhoff, and A. Booth. "The Effect of Marital Disruption on Child's Attachment to Parents." *Journal of Family Issues* 6 (1985): 5–22.
Whitsett, D., and H. Land. "The Development of a Role Strain Index for Stepparents." *Families in Society* 73 (January 1992): 14–22.
Wilsey, Sean. *Oh the Glory of It All.* New York: Penguin, 2005.
Wilson, E. O. *Sociobiology: The New Synthesis.* Cambridge, MA: Belknap Press, 1975.

Rutter, Virginia. "Lessons from Stepfamilies." *Psychology Today,* May 1, 1994, pp. 1–10.

Salwen, Laura V. "The Myth of the Wicked Stepmother." *Women and Therapy* 10 (1990): 117–25.

Sauer, Laurence E., and Mark A. Fine. "Parent-Child Relationships in Stepparent Families." *Journal of Family Psychology* 1 (1998): 434–51.

Schmeeckle, Maria. "Gender Dynamics in Stepfamilies: Adult Stepchildren's Views." *Journal of Marriage and the Family* 69 (2007): 174–89.

Schrodt, Paul. "Sex Differences in Stepchildren's Reports of Stepfamily Functioning." *Communication Reports* 21, no. 1 (January 2008): 46–58.

Seyfarth, Robert M., and Dorothy L. Cheney. "Grooming, Alliances, and Reciprocal Altruism in Vervet Monkeys." *Nature* 308 (April 1984): 541–43.

Shostak, Marjorie. *Nisa: The Life and Words of a !Kung Woman.* Cambridge: Harvard University Press, 1981.

Solomon, Andrew. *The Noonday Demon: An Atlas of Depression.* New York: Scribner, 2001.

———. "On Having a Stepmother Who Loves Opera." In *My Father Married Your Mother: Writers Talk About Stepparents, Stepchildren, and Everyone in Between,* edited by Anne Burt. New York: Norton, 2006.

StepTogether.org. "Disengaging," http://www.steptogether.org/disengaging.html.

Stewart, Susan D. *Brave New Stepfamilies: Diverse Paths Toward Stepfamily Living.* London: Sage, 2007.

———. "How the Birth of a Child Affects Involvement with Stepchildren." *Journal of Marriage and the Family* 67, no. 2 (May 2005): 461–78.

Strassman, Beverly I. "Polygyny, Family Structure, and Child Mortality: A Prospective Study Among the Dogon of Mali." In *Adaptation and Human Behavior: An Anthropological Perspective,* edited by Lee Cronk, Napoleon Chagnon, and William Irons. New York: Aldine, 2000.

Strayer, Janet. "Trapped in the Mirror: Psychosocial Reflections on Mid-Life and the Queen in *Snow White.*" *Human Development* 39 (1996): 155–72.

Tatar, Maria M., ed. *The Annotated Brothers Grimm.* New York: Norton, 2004.

Trivers, Robert. "The Evolution of Reciprocal Altruism." *Quarterly Review of Biology* 46, no. 4 (1971): 35–57.

———. "Parental Investment and Sexual Selection." In *Sexual Selection and the Descent of Man, 1871–1971,* edited by B. Campbell. Chicago: Aldine, 1972.

———. "Parent-Offspring Conflict." *American Zoologist* 14 (1974): 249–64.

Turke, Paul W. "Helpers at the Nest: Childcare Networks on Ifaluk." In *Human Reproductive Behavior: A Darwinian Perspective,* edited by Laure Betzig, Monique Borgerhoff Mulder, and Paul Turke. Cambridge: Cambridge University Press, 1988.

Turner, Sarah. "My Wife-in-Law and Me: Reflections on a Joint-Custody Stepparenting Relationship." In *Women in Stepfamilies: Voices of Anger and Love,* edited by Nan Bauer

Relations 33 (1984): 355–63.
———. "Stepfamily Role Development: From Outsider to Intimate." In *Relative Strangers: Studies of the Stepfamily Processes,* edited by William R. Beer. Totowa, NJ: Rowman and Littlefield, 1992.
Parish, Thomas S., and Bruno M. Kappes. "Impact of Father Loss on the Family." *Social Behavior and Personality* 8 (1980): 107–12.
Parker-Pope, Tara. "Marital Spats, Taken to Heart." *New York Times,* October 2, 2007.
Pasley, Kay, and Marilyn Ihinger-Tallman. "Divorce and Remarriage in the American Family: A Historical Review." In *Remarriage and Stepparenting: Current Research and Theory,* edited by Kay Pasley and Marilyn Ihinger-Tallman. New York: Guilford, 1987.
———. *Remarriage.* Beverly Hills, CA: Sage, 1987.
———, eds. *Remarriage and Stepparenting: Current Research and Theory.* New York: Guilford, 1987.
———, eds. *Stepparenting: Issues in Theory, Research, and Practice.* Westport, CT: Praeger, 1995.
Penor-Ceglian, Cindi, and Scott Gardner. "Attachment Style and the Wicked Stepmother Spiral." *Journal of Divorce and Remarriage* 34 (2000): 111–26.
Peterson, Mary. "With Evelyn." In *Mercy Flights.* Columbia: University of Missouri Press, 1985.
Pill, C. J. "Stepfamilies: Redefining the Family." *Family Relations* 39 (1990): 186–93.
Power, Harry. "Mountain Bluebirds: Experimental Evidence Against Altruism." *Science* 189 (1975): 142–43.
Powers, T. K. "Dating Couples' Attachment Style and Patterns of Cortisol Reactivity and Recovery in Response to Relationship Conflict." *Journal of Personality and Social Psychology* 90, no. 4 (April 2006): 613–28.
Preece, Melady. "Exploring the StepGap: How Parents' Ways of Coping with Daily Family Stressors Impact Stepparent-Stepchild Relationship Quality in Stepfamilies." University of British Columbia Publications, 1996, http://www.psych.ubc/ca/mpreece.compdoc.pdf.
Prilick, P. K. *The Art of Stepmothering.* Waco, TX: WRS Publishing, 1994.
Quick, Donna S., Patrick C. McKenry, and Barbara M. Newman. "Stepmothers and Their Adolescent Stepchildren." In *Stepparenting: Issues in Theory, Research, and Practice,* edited by Kay Pasley and Marilyn Ihinger-Tallman. Westport, CT: Praeger, 1995.
Robins, Lee, and Michael Rutter. *Straight and Devious Pathways from Childhood to Adulthood.* New York: Cambridge University Press, 1990.
Rohwer, Sievert. "Selection for Adoption Versus Infanticide by Replacement 'Mates' in Birds." *Current Ornithology* 3 (1986): 353–93.
Rohwer, Sievert, J. Herron, and M. Daly. "Stepparental Behavior as Mating Effort in Birds and Other Animals." *Evolution and Human Behavior* 20 (1999): 367–90.
Rosenbloom, Stephanie. "My Father, American Inventor." *New York Times,* August 16, 2007.

Mason, Mary Ann. "The Modern American Stepfamily: Problems and Possibilities." In *All Our Families: New Policies for a New Century,* edited by Mary Ann Mason, Arlene Skolnick, and Stephen D. Sugarman. New York: Oxford University Press, 1998.

McLanahan, Sarah, and Gary Sandefur. *Growing Up with a Single Parent: What Hurts, What Helps.* Cambridge: Harvard University Press, 1994.

Meyers, L. "Relationship Conflicts Stress Men More Than Women." *Monitor on Psychology* 37 (2006): 14.

Miller, Michael Vincent. *Intimate Terrorism: The Crisis of Love in an Age of Disillusion.* New York: Norton, 1996.

Mintz, Stephen. *Huck's Raft: A History of American Childhood.* Cambridge, MA: Belknap Press, 2006.

Mock, Douglas W., and Geoffrey Parker. *The Evolution of Sibling Rivalry.* Oxford: Oxford University Press, 1997.

Morrison, Kati, and Airdrie Thompson-Guppy. "Cinderella's Stepmother Syndrome." *Canadian Journal of Psychiatry* 30 (1985): 521–29.

Mulder, Monique Borgerhoff, and Maryanna Milton. "Factors Affecting Infant Care in the Kipsigis." *Journal of Anthropological Research* 41, no. 3 (1985): 255–60.

Nevis, Sonia. "Diagnosis: The Struggle for a Meaningful Paradigm." In *Gestalt Therapy: Perspectives and Applications,* edited by Edwin C. Nevis (New York: Routledge, 1997).

Nielsen, Linda. "College Daughters' Relationships with Their Fathers: A 15-Year Study." *College Student Journal* 41 (March 2007): 1–10.

———. "Stepmothers: Why So Much Stress? A Review of the Research." *Journal of Divorce and Remarriage* 30, nos. 1/2 (1999): 115–48.

Nolen-Hoeksema, Susan. *Women Who Think Too Much: How to Break Free of Overthinking and Reclaim Your Life.* New York: Henry Holt, 2003.

Norton, A. J., and L. F. Miller. *Marriage, Divorce, and Remarriage in the 1990s.* U.S. Census Bureau, Current Population Reports, Series P23-180, 1992.

Notermans, Catrien. "Fosterage in Cameroon: A Different Social Construction of Motherhood." In *Cross-Cultural Approaches to Adoption,* edited by Fiona Bowie. London: Routledge, 2004.

Orchard, Ann L., and Kenneth B. Solberg. "Expectations of the Stepmother's Role." *Journal of Divorce and Remarriage* 31, nos. 1/2 (1991): 107–23.

Packer, Craig. "Reciprocal Altruism in *Papio Anubis.*" *Nature* 265 (February 1977): 441–43.

Papernow, Patricia. *Becoming a Stepfamily: Patterns of Development in Remarried Families.* Cleveland: Analytic Press, 1993.

———. " 'Blended' Family Relationships: Helping People Who Live in Stepfamilies." *Family Therapy Magazine,* May–June 2006, pp. 34–42.

———. "Meeting the Challenge of Stepfamily Architecture." Handout.

———. "The Stepfamily Cycle: An Experiential Model of Stepfamily Development." *Family*

Routledge, 1993.
Jordan, Judith, Alexandra Kaplan, Jean Baker Miller, Irene Stiver, and Janet Surrey. *Women's Growth in Connection.* New York: Guilford, 1991.
Josephson, Steven. "Does Polygyny Reduce Fertility?" *American Journal of Human Biology* 14, no. 2 (February 2002): 222–32.
Kaplan, David, and Molly Vanduser. "Evolution and Stepfamilies: An Interview with Dr. Stephen T. Emlen." *Family Journal: Counseling and Therapy for Couples and Families* 7, no. 4 (October 1999): 408–13.
Kate, N. "The Future of Marriage." *American Demographics* 12 (June 1996): 1–6.
Keshet, Jamie Kelem. "Gender and Biological Models of Role Division in Stepmother Families." *Journal of Feminist Family Therapy* 1 (1989): 29–50.
———. *Love and Power in the Stepfamily.* New York: McGraw-Hill, 1987.
Klein, Melanie. "Envy and Gratitude." In *Envy and Gratitude and Other Works.* 1957. Reprint, New York: Delacorte, 1975.
Knox, D., and M. Zusman. "Marrying a Man with 'Baggage': Implications for Second Wives." *Journal of Divorce and Remarriage* 35 (2001): 67–80.
Kramer, Karen L. "Children's Help and the Pace of Reproduction: Cooperative Breeding in Humans." *Evolutionary Anthropology* 14, no. 6 (2005): 225–37.
———. *Maya Children: Helpers at the Farm.* Cambridge: Harvard University Press, 2005.
Lack, David. "The Significance of Clutch Size." *Ibis* 89 (1947): 302–52.
Lancaster, Jane, and Hilliard Kaplan. "Parenting Other Men's Children: Costs, Benefits, and Consequences." In *Adaptation and Human Behavior: An Anthropological Perspective,* edited by Lee Cronk, Napoleon Chagnon, and William Irons. New York: Aldine, 2000.
Laythe, Joseph. "The Wicked Stepmother? The Edna Mumbulo Case of 1930." *Journal of Criminal Justice and Popular Culture* 9 (2002): 33–54.
Levine, I. "The Stepparent Role from a Gender Perspective." *Marriage and Family Review* 26 (1997): 177–90.
Lorah, Peggy. "Lesbian Stepmothers: Navigating Invisibility." *Journal of LGBT Issues in Counseling* 1 (2006/2007): 59–76.
Lown, Jean M., and Elizabeth M. Dolan. "Remarried Families' Economic Behavior." *Journal of Divorce and Remarriage* 22 (1994): 103–19.
Lutz, Patricia. "The Stepfamily: An Adolescent Perspective." *Family Relations* 32 (1980): 367–75.
MacDonald, W., and A. DeMaris. "Parenting Stepchildren and Biological Children." *Journal of Family Issues* 23 (1996): 5–25.
Maglin, Nan Bauer, and Nancy Schniedewind, eds. *Women in Stepfamilies: Voices of Anger and Love.* Philadelphia: Temple University Press, 1989.
Marlowe, Frank. "Showoffs or Providers? The Parenting Effort of Hadza Men." *Evolution and Human Behavior* 20 (1999): 391–404.

Hetherington, E. Mavis, and M. Stanley-Hagan. "The Effects of Divorce on Fathers and Their Children." In *The Role of the Father in Child Development,* edited by Michael E. Lamb. New York: Wiley, 1997.

Hewlett, Barry. "Demography and Childcare in Preindustrial Societies." *Journal of Anthropological Research* 47, no. 1 (Spring 1991): 1–37.

Hively, Will. "Family Man." *Discover,* October 1997, http://discovermagazine.com/1997/oct/familyman1237/?searchitemstephen%20emlen.

Hobart, Charles. "Conflict in Remarriages." *Journal of Divorce and Remarriage* 15 (1991): 69–86.

———. "Experiences of Remarried Families." *Journal of Divorce* 13 (1989): 121–44.

———. "The Family System in Remarriage: An Exploratory Study." *Journal of Marriage and the Family* 50 (1988): 649–61.

Hrdy, Sarah Blaffer. "Comes the Child Before the Man: How Cooperative Breeding and Prolonged Post-Weaning Dependency Shaped Human Potential." In *Hunter-Gatherer Childhoods,* edited by Barry S. Hewlett and Michael E. Lamb. New Brunswick, NJ: Transaction, 2005.

———."Fitness Tradeoffs in the History and Evolution of Delegated Mothering with Special Reference to Wet-Nursing, Abandonment, and Infanticide." *Ethology and Sociobiology* 13 (1992): 409–42.

———. *Mother Nature: Maternal Instincts and How They Shape the Human Species.* New York: Random House/Ballantine, 1999.

———. "On Why It Takes a Village: Cooperative Breeders, Infant Needs, and the Future." *Tanner Lectures on Human Values,* vol. 23, pp. 57–110. Salt Lake City: University of Utah Press, 2002.

———. "The Past, Present, and Future of the Human Family." Tanner Series Lecture on Human Values, University of Utah, Salt Lake City, February 27 and 28, 2001.

Ivey, Paula K. "Cooperative Reproduction in Ituri Forest Hunter-Gatherers: Who Cares for Efe Infants?" *Current Anthropology* 41, no. 5 (December 2000): 856–66.

Jacobson, David."Financial Managementin Stepfamily Households."*Journal of Divorce and Remarriage* 19 (2001): 221–38.

Jankowiak, William, and Monique Diderich. "Sibling Solidarity in a Polygamous Community in the USA: Unpacking Inclusive Fitness." *Evolution and Human Behavior* 2, nos. 1/2 (March 2000): 125–39.

Johnson, Sue. *Hold Me Tight: Conversations for a Lifetime of Love.* New York: Little, Brown, 2008.

Jones, Anne C. "Transforming the Story: Narrative Applications to a Stepmother Support Group." *Families in Society* 85 (January 2004): 129–39.

Jordan, Judith. "The Relational Self: A Model of Women's Development." In *Daughtering and Mothering,* edited by J. Van Mens-Verhulst, K. Schreus, and L. Woertman. London:

299–327.
Gilbert, Sandra, and Susan Gubar. *The Madwoman in the Attic: The Woman Writer and the Nineteenth-Century Literary Imagination.* New Haven, CT: Yale University Press, 2000.
Glass, Shirley. "Infidelity." *Clinical Update* (American Association of Family and Marital Therapy) 2, no. 1 (2000): 1–8.
Glick, P. C. "Remarried Families, Stepfamilies, and Stepchildren: A Brief Demographic Profile." *Family Relations* 38 (1989): 24–38.
Glick, P. C., and S. L. Lin. "Remarriage After Divorce: Recent Changes and Demographic Variation." *Social Perspectives* 30 (1987): 99–109.
Goffman, Erving. *Stigma: Notes on the Management of Spoiled Identity.* New York: Simon & Schuster, 1963.
Gottleib, R. M. "Refusing the Cure: Sophocles' Philoctetes and the Clinical Problems of Self-Injurious Spite, Shame, and Forgiveness." *International Journal of Psychoanalysis* 85, no. 3 (2004): 669–89.
Gottman, John. *Ten Lessons to Transform Your Marriage.* New York: Three Rivers, 2007.
———. "A Theory of Marital Dissolution and Stability." *Journal of Family Psychology* 7, no. 1 (1993): 57–75.
———. *Why Marriages Succeed or Fail and How You Can Make Yours Last.* New York: Fireside, 1994.
Gottman, John, and Nan Silver. *The Seven Principles for Making Marriage Work.* New York: Norton, 1999.
Gross, Jane. "A Long-Distance Tether to Home." *New York Times,* November 5, 1999.
Haebich, Anna. "Murdering Stepmothers: The Trial and Execution of Martha Rendell." *Journal of Australian Studies* (December 1, 1998): 1–16.
Hagen, Edward, Raymond B. Hames, Nathan M. Craig, Matthew T. Lauer, and Michael E. Price. "Parental Investment and Child Health in a Yanomamo Village Suffering Short-Term Food Stress." *Journal of Biosocial Sciences* 33 (2001): 503–28.
Hamilton, William. *The Narrow Roads of Gene Land: Collected Papers of William Hamilton.* Vol. 1: *The Evolution of Social Behavior.* New York: Oxford University Press, 1998.
Hays, Sharon. *The Cultural Contradictions of Motherhood.* New Haven, CT: Yale University Press, 1996.
Hetherington, E. Mavis. Personal conversation, quoted by Dr. Ron L. Deal. "The Stepcouple Divorce Rate May Be Higher Than We Thought." Successful Stepfamilies, http://www.successfulstepfamilies.com/view/176.
Hetherington, E. Mavis, and W. Glenn Clingempeel. "Coping with Marital Transitions: A Family Systems Perspective." *Monographs of the Society for Research in Childhood Development* 57 (1992).
Hetherington, E. Mavis, and John Kelly. *For Better or for Worse: Divorce Reconsidered.* New York: Norton, 2002.

Chicago: Nelson Hall, 1975.
———. "Step-Kin Relations." *Journal of Marriage and the Family* 35 (1973): 283–92.
Ebata, Aaron, Anne C. Petersen, and J. Conger. "The Development of Psychopathology in Adolescence." In *Risk and Protective Factors in the Development of Psychopathology,* edited by J. Rolf. New York: Cambridge University Press, 1990.
Einstein, Elizabeth, and Linda Albert. "The Instant Love Expectation: Downhill Slide to Trouble." In *Strengthening Your Stepfamily.* Circle Pines, MN: American Guidance Association Press, 1986.
Emlen, Stephen T. "The Evolution of Cooperative Breeding in Birds and Mammals." In *Behavioural Ecology: An Evolutionary Approach,* edited by John R. Krebs and Nick B. Davies. London: Blackwell, 1984.
Erera-Weatherley, Pauline I. "On Becoming a Stepparent: Factors Associated with the Adoption of Alternative Stepparenting Styles." *Journal of Divorce and Remarriage* 25, nos. 3/4 (1996): 155–74.
Falke, Stephanie, and Jeffry Larson. "Premarital Predictions of Remarital Quality." *Contemporary Family Therapy* 29, nos. 1/2 (June 2007): 9–23.
Ferri, Elsa. *Stepchildren: A National Study.* Windsor, Eng.: Routledge, 1984.
Fine, Mark A., and Andrew I. Schwebel. "Stepparent Stress." *Journal of Divorce and Remarriage* 17 (1992): 1–15.
Fine, Mark A., P. Voydanoff, and B. W. Donnelly. "Relations Between Parental Control and Warmth and Child Well-Being in Stepfamilies." *Journal of Family Psychology* 7 (1993): 222–32.
Flinn, Mark V. "Step and Genetic Parent/Offspring Relationships in a Caribbean Village." *Ethology and Sociobiology* 9, no. 6 (1988): 335–69.
Foucault, Michel. "Truth and Power." In *Power/Knowledge: Selected Interviews and Other Writings, 1972–1977,* edited by C. Gordon. New York: Pantheon, 1980.
Furstenberg, Frank, and C. Nord. "Parenting Apart: Patterns of Childrearing After Marital Disruption." *Journal of Marriage and the Family* 47 (1985): 893–904.
Gabe, Grace, and Jean Lipman-Blumen. *Step Wars: Overcoming the Perils and Making Peace in Adult Stepfamilies.* New York: St. Martin's, 2004.
Gamache, Susan. "Stepfamily Life and Then Some." *Family Connections,* Summer 1999, pp. 1–5.
Ganong, Lawrence, and Marilyn Coleman. "Adolescent Stepchild and Stepparent Relationships." In *Stepparenting: Issues in Theory, Research, and Practice,* edited by Kay Pasley and Marilyn Ihinger-Tallman. Westport, CT: Greenwood, 1995.
———. "Stepchildren's Perceptions of Their Parents." *Journal of Genetic Psychology* 148 (1986): 5–17.
Ganong, Lawrence, Marilyn Coleman, M. Fine, and P. Martin. "Stepparents' Affinity-Seeking and Affinity-Maintaining Strategies with Stepchildren." *Journal of Family Issues* 20 (1999):

University Press, 2000.
Crohn, Helen. "Five Styles of Positive Stepmothering from the Perspective of Young Adult Stepdaughters." *Journal of Divorce and Remarriage* 46, nos. 1/2 (2006): 119–34.
Cronin, Helena. *The Ant and the Peacock: Altruism and Natural Selection from Darwin to Today.* Cambridge: Cambridge University Press, 1991.
Crosbie-Burnett, Margaret. "The Interface Between Stepparent Families and Schools: Research, Theory, Policy, and Practice." In *Remarriage and Stepparenting: Current Research and Theory,* edited by Kay Pasley and Marilyn Ihinger-Tallman. New York: Guilford, 1987.
Crosbie-Burnett, Margaret, and J. Giles-Sims. "Adolescent Adjustment and Stepparenting Styles." *Family Relations* 43 (1994): 394–99.
Crosbie-Burnett, Margaret, and E. A. Lewis. "Use of African-American Family Structures and Functioning to Address the Challenges of European-American Post-Divorce Families." *Family Relations* 42 (1993): 243–48.
Dahl, Ann Sale, K. Cowgill, and R. Asmundsson. "Life in Remarriage Families." *Social Work* 32 (1987): 40–45.
Dainton, Marianne. "Myths and Misconceptions of the Stepmother Identity." *Family Relations* 42 (1992): 93–98.
Daly, Martin, and Margo Wilson. *Homicide.* New Brunswick, NJ: Transaction, 1988.
———. "Is the Cinderella Effect Controversial?" In *Foundations of Evolutionary Psychology,* edited by Charles Crawford and Dennis Krebs. New York: Psychology Press, 2008.
———. *The Truth About Cinderella: A Darwinian View of Parental Love.* New Haven, CT: Yale University Press, 1998.
Deater-Deckard, Kirby, Kevin Pickering, Judith Dunn, and Jean Golding. "Family Structure and Depressive Symptoms in Men Preceding and Following the Birth of a Child." *American Journal of Psychiatry* 155 (June 1998): 818–23.
Debold, Elizabeth, Marie C. Wilson, and Idelisse Malave. *Mother Daughter Revolution: From Good Girls to Great Women.* New York: Addison-Wesley, 1992.
Deetz, James, and Patricia Deetz. *The Times of Their Lives: Life, Love, and Death in Plymouth Colony.* New York: Random House, 2000.
Demos, John. *A Little Commonwealth: Family Life in Plymouth Colony.* New York: Oxford University Press, 1999.
Draper, Patricia, and Anne Buchanan. " 'If You Have a Child You Have a Life': Demographic and Cultural Perspectives on Fathering in Old Age in !Kung Society." In *Father-Child Relations: Cultural and Biosocial Contexts,* edited by Barry S. Hewlett. New York: Aldine, 1992.
Draper, Patricia, and Henry Harpending. "Parental Investment and the Child's Environment." In *Parenting Across the Lifespan: Biosocial Dimensions,* edited by Jane B. Lancaster, Jeanne Altman, Alice S. Rossi, and Lonnie R. Sherrod. New York: Aldine, 1987.
Duberman, Lucile. *The Reconstituted Family: A Study of Remarried Couples and Their Children.*

Chodorow, Nancy. *The Reproduction of Mothering: Psychoanalysis and the Sociology of Gender.* Berkeley: University of California Press, 1978.
Church, Elizabeth A. "The Poisoned Apple: Stepmothers' Experience of Envy and Jealousy." *Journal of Feminist Family Therapy* 11 (1999): 1–18.
———. *Understanding Stepmothers: Women Share Their Struggles, Successes, and Insights.* Toronto: HarperCollins, 2004.
———. "Who Are the People in Your Family? Stepmothers' Diverse Notions of Kinship." *Journal of Divorce and Remarriage* 31, nos. 1/2 (1999): 83–105.
Cissna, Kenneth, Dennis Cox, and Arthur Bochner. "Relationships Within the Stepfamily." In *The Psychosocial Interior of the Family,* edited by G. Handel and G. Whitchurch. New York: Aldine, 1994.
Claxton-Oldfield, Stephen. "Deconstructing the Myth of the Wicked Stepparent." *Marriage and Family Review* 30 (2000): 51–58.
Coleman, Marilyn, and Lawrence Ganong. "Remarriage and Family Research in the 80s: New Interest in an Old Family Form." *Journal of Marriage and the Family* 52 (1990): 925–40.
———. "Stepfamilies from the Stepfamily's Perspective." *Marriage and Family Review* 26, nos. 1/2 (1997): 107–21.
———. "Stepparent: A Pejorative Term?" *Psychological Reports* 52 (1997): 919–22.
Coleman, Marilyn, Lawrence Ganong, and M. Fine. "Reinvestigating Remarriage: Another Decade of Progress." *Journal of Marriage and the Family* 62 (2000):1288–1307.
Coleman, Marilyn, and S. E. Weaver. "A Mothering but Not a Mother Role: A Grounded Theory of the Nonresidential Stepmother Role." *Journal of Personal and Social Relationships* 22 (2005): 477–97.
Collins, Patricia Hill. "The Meaning of Motherhood in Black Culture and Black Mother-Daughter Relationships." In *Double Stitch: Black Women Write About Mothers and Daughters,* edited by Patricia Bell-Scott. New York: Harper Perennial, 1991.
Comanor, William S., ed. *The Law and Economics of Child Support Payments.* Northampton, MA: Edward Elgar, 2004.
Coontz, Stephanie. *Marriage, a History: From Obedience to Intimacy, or How Love Conquered Marriage.* New York: Viking, 2005.
———. "The Origins of Modern Divorce." *Family Process* 46, no. 1 (February 2007): 7–16.
———. *The Way We Really Are: Coming to Terms with America's Changing Families.* New York: Basic Books, 1997.
Cooper, Candy. "Step Shock." In *My Father Married Your Mother: Writers Talk About Stepparents, Stepchildren, and Everyone in Between,* edited by Anne Burt. New York: Norton, 2006.
Corrie, Sarah. "Working Therapeutically with Adult Stepchildren: Identifying the Needs of a Neglected Client Group." *Journal of Divorce and Remarriage* 37, nos. 1/2 (2002): 135–50.
Cott, Nancy. *Public Vows: A History of Marriage and the Nation.* Cambridge: Harvard

Erlbaum, 1994.
Booth, Alan, and John N. Edwards. "Starting Over: Why Remarriages Are More Unstable." *Journal of Family Issues* 13, no. 2 (1992): 179–94.
Bove, Riley B., Claudia R. Valeggia, and Peter T. Ellison. "Girl Helpers and Time Allocation of Nursing Women Among the Toba of Argentina." *Human Nature* 1, nos. 3/4 (2002): 457–72.
Brand, E., and W. Glenn Clingempeel. "Interdependence of Marital and Stepparent-Stepchild Relationships and Children's Psychological Adjustment." *Family Relations* 36 (1987): 140–45.
Bray, James H., and John Kelly. *Stepfamilies: Love, Marriage, and Parenting in the First Decade.* New York: Random House/Broadway Books, 1998.
Brown, Lyn Mikel, and Carol Gilligan. *Meeting at the Crossroads: Women's Psychology and Girls' Development.* Cambridge: Harvard University Press, 1992.
Bryan, S. H., Lawrence Ganong, Marilyn Coleman, and Linda R. Bryan. "Counselors' Perceptions of Stepparents and Stepchildren." *Journal of Counseling Psychology* 32, no. 2 (April 1985): 279–82.
Buckle, Leslie, Gordon G. Gallup Jr., and Zachary A. Rodd. "Marriage as a Reproductive Contract: Patterns of Marriage, Divorce, and Remarriage." *Ethology and Sociobiology* 17 (1996): 363–77.
Bumpass, Larry L., R. Kelly Raley, and James A. Sweet. "The Changing Character of Stepfamilies: Implications of Cohabitation and Nonmarital Childbearing." *Demography* 32 (1995): 425–36.
Burgess, Ernest W., and Harvey Locke. *The Family: From Institution to Companionship.* New York: American Book, 1960.
Burgoyne, Jacqueline Lesley, and David Clark. *Making a Go of It: A Study of Stepfamilies in Sheffield.* London: Routledge, 1984.
Burns, Cherie. *Stepmotherhood: How to Survive Without Feeling Frustrated, Left Out, or Wicked.* New York: Random House, 2001.
Cherlin, Andrew J. "The Deinstitutionalization of American Marriage." *Journal of Marriage and the Family* 66 (November 2004): 848–61.
———. *Marriage, Divorce, Remarriage.* Cambridge: Harvard University Press, 1981.
———. *Public and Private Families.* Boston: McGraw-Hill, 1999.
———. "Remarriage as an Incomplete Institution." *American Journal of Sociology* 84, no. 3 (November 1978): 634–50.
Cherlin, Andrew J., and Frank Furstenberg Jr. "Stepfamilies in the United States: A Reconsideration." *Annual Review of Sociology* 20 (1994): 359–81.
Chillman, C. S. "Remarriage and Stepfamilies: Research Results and Implications." In *Contemporary Families and Alternative Lifestyles: Handbook on Research and Theory,* edited by Eleanor D. Macklin and Roger H. Rubin. Beverly Hills, CA: Sage, 1983.

Nature 16, no. 1 (2005): 3–25.

Anderson, Kermyt G., Hilliard Kaplan, David Lam, and Jane Lancaster. "Paternal Care by Genetic Fathers and Stepfathers. II: Reports by Xhosa High School Students." *Evolution and Human Behavior* 20, no. 6 (November 1999): 433–51.

Anderson, Kermyt G., Hilliard Kaplan, and Jane Lancaster. "Men's Financial Expenditures on Genetic Children and Stepchildren from Current and Former Relationships." Population Studies Center Research Report No. 01-484, Ann Arbor, MI, 2001.

Ayers, Lauren. *Teenage Girls: A Parent's Survival Manual.* New York: Crossroad, 1996.

Baxter, Leslie A., Dawn O. Braithwaite, and John H. Nicholson. "Turning Points in the Development of Blended Families." *Journal of Personal and Social Relationships* 16 (1999): 291–314.

Beer, W. R., ed. *Relative Strangers: Studies of the Stepfamily Processes.* Totowa, NJ: Rowman and Littlefield, 1992.

Bell-Scott, Patricia, ed. *Double Stitch: Black Women Write About Mothers and Daughters.* New York: Harper Perennial, 1991.

Berger, Roni. *Stepfamilies: A Multidimensional Perspective.* New York: Haworth, 1998.

Berke, Melvyn A., and Joanne B. Grant. *Games Divorced People Play.* Englewood Cliffs, NJ: Prentice Hall, 1981.

Bernstein, Anne C. "Between You and Me: Untangling Conflict in Stepfamilies." SAA's Counseling Corner, Stepfamily Association of America, spring 1993, http://www.stepfamilies.info/education/Articles/counseling/conflict.php.

———. "Remarriage: Redesigning Couplehood." In *Couples on the Fault Line: New Directions for Therapists,* edited by Peggy Papp. New York: Guilford, 2000.

———. "Revisioning, Restructuring, and Reconciliation: Clinical Practice with Complex Post-Divorce Families." *Family Process* 46, no. 1 (March 2007): 67–78.

———. *Yours, Mine, and Ours: How Families Change When Remarried Parents Have a Child Together.* New York: Norton, 1991.

Bettelheim, Bruno. *The Uses of Enchantment: The Meaning and Importance of Fairy Tales.* New York: Vintage, 1989.

Bjornsen, Sally. *The Single Girl's Guide to Marrying a Man, His Kids, and His Ex-Wife: Becoming a Stepmother with Humor and Grace.* New York: New American Library, 2005.

Blankenhorn, David. *Fatherless America: Confronting Our Most Urgent Social Problem.* New York: Basic Books, 1994.

Bledsoe, Caroline. " 'No Success Without Struggle': Social Mobility and Hardship for Foster Children in Sierra Leone." *Man* 25, no. 1 (1990): 70–88.

———. "The 'Trickle-Down' Model Within Households: Foster Children and the Phenomenon of Scrounging." In *Health Transition: Methods and Measures,* edited by J. Cleland and A. G. Hill. Canberra: Australian National University, 1991.

Booth, Alan, and Judith F. Dunn, eds. *Stepfamilies: Who Benefits? Who Does Not?* Hillsdale, NJ:

參考書目

Abraham, Laurie. "Can This Marriage Be Saved? A Year in the Life of a Couples-Therapy Group." *New York Times Magazine,* August 12, 2007.

Adler-Baeder, Francesca. "Development of the Remarriage Belief Inventory for Researchers and Educators." *Journal of Extension* 43 (June 2005): 1–7, http://www. joe.org/joe/2005june/iw2.shtml.

———. "What Do We Know About the Physical Abuse of Stepchildren? A Review of the Literature." *Journal of Divorce and Remarriage* 44 (2006): 67–81.

Adler-Baeder, Francesca, and Brian Higginbotham. "Implications of Remarriage and Stepfamily Formation for Marriage Education." *Family Relations* 53 (2004): 448–58.

Ahrons, Constance R. *The Good Divorce: Keeping Your Family Together When Your Marriage Falls Apart.* New York: HarperCollins, 1994.

———. *We're Still Family: What Grown Children Have to Say About Their Parents' Divorce.* New York: HarperCollins, 2004.

Ahrons, Constance R., and Roy H. Rodgers. *Divorced Families: A Multidisciplinary Developmental View.* New York: Norton, 1987.

Ahrons, Constance R., and L. Wallisch. "Parenting in the Binuclear Family: Relationships Between Biological and Stepparents." In *Remarriage and Stepparenting: Current Research and Theory,* edited by Kay Pasley and Marilyn Ihinger-Tallman. New York: Guilford, 1987.

Alexander, Richard. *Darwin and Human Affairs.* Seattle: University of Washington Press, 1979.

Anderson, Kermyt G. "Relatedness and Investment in Children in South Africa." *Human*

12. 同前：p. 56.
13. 同前。
14. 同前：p. 57.
15. E. Mavis Hetherington and John Kelly, *For Better or for Worse: Divorce Reconsidered* (New York: Norton, 2002), p. 196.
16. Paul Schrodt, "Sex Differences in Stepchildren's Reports of Stepfamily Functioning," *Communication Reports* 21, no. 1 (January 2008): 46–58.
17. Marilyn Coleman and Lawrence Ganong, "Stepfamilies from the Stepfamily's Perspective," *Marriage and Family Review* 26, nos. 1/2 (1997): 119.
18. Barbara Vinick and Susan Lanspery, "Cinderella's Sequel: Stepmothers' Long-Term Relationships with Adult Stepchildren," *Journal of Comparative Family Studies* 31 (June 2000): p. 381.

Remarriage 17 (1992): 1–15; Nan Bauer Maglin and Nancy Schniedewind, eds., *Women in Stepfamilies: Voices of Anger and Love* (Philadelphia: Temple University Press, 1989); Charles Hobart, "The Family System in Remarriage: An Explor atory Study," *Journal of Marriage and the Family* 50 (1988): 649–61; Charles Hobart, "Conflict in Remarriages," *Journal of Divorce and Remarriage* 15 (1991): 69–86; Patricia Papernow, *Becoming a Stepfamily: Patterns of Development in Remarried Families* (Cleveland: Analytic Press, 1993); Donna S. Quick, Patrick C. McKenry, and Barbara M. Newman, "Stepmothers and Their Adolescent Stepchildren," in *Remarriage and Stepparenting: Current Research and Theory,* ed. Kay Pasley and Marilyn Ihinger-Tallman, pp. 105–27 (Westport, CT: Praeger, 1995); Sarah Turner, "My Wife-in-Law and Me: Reflections on a JointCustody Stepparenting Relationship," in *Women in Stepfamilies: Voices of Anger and Love,* ed. Nan Bauer Maglin and Nancy Schniedewind, pp. 310–30 (Philadelphia: Temple University Press, 1989); Lynn White, "Stepfamilies over the Life Course," in *Stepfamilies: Who Benefits? Who Does Not?* ed. Alan Booth and Judith F. Dunn, pp. 109–37 (Hillsdale, NJ: Erlbaum, 1994); D. Whitsett and H. Land, "The Development of a Role Strain Index for Stepparents," *Families in Society* 73 (January 1992): 14–22.

27. Church, *Understanding Stepmothers,* pp. 275–79.
28. Letter, *Salon,* December 1, 2005.

第十章　有成年繼子女的女性：「無期徒刑者」帶來的啟示

1. Susan D. Stewart, *Brave New Stepfamilies: Diverse Paths Toward Stepfamily Living* (London: Sage, 2007), p. 190.
2. 同前：p. 202.
3. 同前：p. 193.
4. 例如可參見：Jane Gross, "A Long-Distance Tether to Home," *New York Times,* November 5, 1999; Stephen Mintz, *Huck's Raft: A History of American Childhood* (Cambridge: Belknap Press, 2006).
5. Candy Cooper, "Step Shock," in *My Father Married Your Mother: Writers Talk About Stepparents, Stepchildren, and Everyone in Between,* ed. Anne Burt (New York: Norton, 2006), p. 239.
6. Stewart, *Brave New Stepfamilies,* p. 195.
7. Sarah Corrie, "Working Therapeutically with Adult Stepchildren: Identifying the Needs of a Neglected Client Group," *Journal of Divorce and Remarriage* 37, nos. 1/2 (2002): 141.
8. 同前：p. 137.
9. 同前：p. 144.
10. 同前：p. 138.
11. Andrew Solomon, "On Having a Stepmother Who Loves Opera," in *My Father Married Your Mother: Writers Talk About Stepparents, Stepchildren, and Everyone in Between,* ed. Anne Burt (New York: Norton, 2006), p. 51.

14. Lucile Duberman, *The Reconstituted Family: A Study of Remarried Couples and Their Children* (Chicago: Nelson Hall, 1975), p. 50.
15. Kati Morrison and Airdrie Thompson-Guppy, "Cinderella's Stepmother Syndrome," *Canadian Journal of Psychiatry* 30 (1985): 521–29.
16. Mark A. Fine, P. Voydanoff, and B. W. Donnelly, "Relations Between Parental Control and Warmth and Child Well-Being in Stepfamilies," *Journal of Family Psychology* 7 (1993): 222–32.
17. Ahrons, *The Good Divorce,* p. 233; 亦見：Linda Nielsen, "Stepmothers: Why So Much Stress? A Review of the Research," *Journal of Divorce and Remarriage* 30, nos. 1/2 (1999): 134.
18. Elizabeth A. Church, *Understanding Stepmothers: Women Share Their Struggles, Successes, and Insights* (Toronto: HarperCollins, 2004), p. 84; Hetherington and Kelly, *For Better or for Worse,* p. 193; Anne C. Bernstein, "Between You and Me: Untangling Conflict in Stepfamilies," SAA's Counseling Corner, Stepfamily Association of America, spring 1993, http://www.stepfamilies.info/education/Articles/counseling/conflict.php; Melvyn A. Berke and Joanne B. Grant, *Games Divorced People Play* (Englewood Cliffs, NJ: Prentice Hall, 1981).
19. Bernstein, "Between You and Me," p. 2.
20. Ann L. Orchard and Kenneth B. Solberg, "Expectations of the Stepmother's Role," *Journal of Divorce and Remarriage* 31, nos. 1/2 (1991): 120.
21. Susan D. Stewart, *Brave New Stepfamilies: Diverse Paths Toward Stepfamily Living* (London: Sage, 2007), p. 30.
22. 同前。亦見：Marilyn Coleman and Lawrence Ganong, "Remarriage and Family Research in the 80s: New Interest in an Old Family Form," *Journal of Marriage and the Family* 52 (1990): 925–40.
23. S. H. Bryan, Lawrence Ganong, Marilyn Coleman, and Linda R. Bryan, "Counselors' Perceptions of Stepparents and Stepchildren," *Journal of Counseling Psychology* 32, no. 2 (April 1985): 279–82.
24. Mary Ann Mason, "The Modern American Stepfamily: Problems and Possibilities," in *All Our Families: New Policies for a New Century,* ed. Mary Ann Mason, Arlene Skolnick, and Stephen D. Sugarman, pp. 96–116 (New York: Oxford University Press, 1998).
25. James H. Bray and John Kelly, *Stepfamilies: Love, Marriage, and Parenting in the First Decade* (New York: Random House/ Broadway Books, 1998); Marilyn Coleman, Lawrence Ganong, and M. Fine, "Reinvestigating Remarriage: Another Decade of Progress," *Journal of Marriage and the Family* 62 (2000): 1288–1307.
26. Alan Booth and Judith F. Dunn, eds., *Stepfamilies: Who Benefits? Who Does Not?* (Hillsdale, NJ: Erlbaum, 1994); Andrew J. Cherlin and Frank Furstenberg Jr., "Stepfamilies in the United States: A Reconsideration," *Annual Review of Sociology* 20 (1994): 359–81; Mark A. Fine and Andrew I. Schwebel, "Stepparent Stress," *Journal of Divorce and*

28. Beverly I. Strassman, "Polygyny, Family Structure, and Child Mortality: A Prospective Study Among the Dogon of Mali," in *Adaptation and Human Behavior: An Anthropological Perspective,* ed. Lee Cronk, Napoleon Chagnon, and William Irons, pp. 49–67 (New York: Al dine, 2000).
29. Stephen Emlen, quoted in David Kaplan and Molly Vanduser, "Evolution and Stepfamilies: An Interview with Dr. Stephen T. Emlen," *Family Journal: Counseling and Therapy for Couples and Families* 7, no. 4 (October 1999): 409.
30. Barbara Waterman, *The Birth of an Adoptive, Foster or Stepmother: Beyond Biological Mothering Attachments* (London: Jessica Kingsley, 2004), pp. 11–13, 81.
31. 同前:pp. 52–53.

第九章　繼母的哀傷與憂鬱：了解風險因子

1. Constance R. Ahrons, *The Good Divorce: Keeping Your Family Together When Your Marriage Falls Apart* (New York: HarperCollins, 1994); E. Mavis Hetherington and John Kelly, *For Better or for Worse: Divorce Reconsidered* (New York: Norton, 2002).
2. Virginia Rutter, "Lessons from Stepfamilies," *Psychology Today,* May 1, 1994, p. 6.
3. Take Our Word for It, http://www.takeourwordforit.com/Issue009.html.
4. 同前。
5. Watson, *Ancient Stepmothers: Myth, Misogyny and Reality,* p. 3.
6. Andrew Solomon, *The Noonday Demon: An Atlas of Depression* (New York: Scribner, 2001), p. 173.
7. 同前:p. 174.
8. Kay Pasley and Marilyn Ihinger-Tallman, eds., *Remarriage and Stepparenting: Current Research and Theory* (New York: Guilford, 1987), p. 101. 亦見：Laurence E. Sauer and Mark A. Fine, "Parent-Child Relationships in Stepparent Families," *Journal of Family Psychology* 1 (1998): 434–51.
9. Hetherington and Kelly, *For Better or for Worse,* pp. 196–97.
10. Susan Nolen-Hoeksema, phone interview, spring 2006. 亦見：Susan Nolen-Hoeksema, *Women Who Think Too Much: How to Break Free of Overthinking and Reclaim Your Life* (New York: Henry Holt, 2003).
11. Nolen-Hoeksema, interview.
12. Rutter, "Lessons from Stepfamilies," p. 8. 亦見：Judith Jordan, "The Relational Self: A Model of Women's Development," in *Daughtering and Mothering,* ed. J. Van Mens-Verhulst, K. Schreus, and L. Woertman, pp. 135–44 (London: Routledge, 1993). 亦見：Judith Jordan, Alexandra Kaplan, Jean Baker Miller, Irene Stiver, and Janet Surrey, *Women's Growth in Connection* (New York: Guilford, 1991); Nancy Chodorow, *Psychoanalysis and the Sociology of Gender* (Berkeley: University of California Press, 1978).
13. Cindi Penor-Ceglian and Scott Gardner, "Attachment Style and the Wicked Stepmother Spiral," *Journal of Divorce and Remarriage* 34 (2000): 111–26.

Human Nature 16, no. 1 (2005): 3–25; Kermyt G. Anderson, Hilliard Kaplan, and Jane Lancaster, "Men's Financial Expenditures on Genetic Children and Stepchildren from Current and Former Relationships" (Population Studies Center Research Report No. 01-484, Ann Arbor, MI, 2001); Kermyt G. Anderson, Hilliard Kaplan, David Lam, and Jane Lancaster, "Paternal Care by Genetic Fathers and Stepfathers. II: Reports by Xhosa High School Students," *Evolution and Human Behavior* 20, no. 6 (November 1999): 433–51; Mark V. Flinn, "Step and Genetic Parent/Offspring Re lationships in a Caribbean Village," *Ethology and Sociobiology* 9, no. 6 (1988): 335–69; Jane Lancaster and Hilliard Kaplan, "Parenting Other Men's Children: Costs, Benefits, and Consequences," in *Adaptation and Human Behavior: An Anthropological Perspective,* ed. Lee Cronk, Napoleon Chagnon, and William Irons, pp. 179–203 (New York: Aldine, 2000); Frank Marlowe, "Showoffs or Providers? The Parenting Effort of Hadza Men," *Evolution and Human Behavior* 20 (1999): 391–404.

17. Edward Hagen, Raymond B. Hames, Nathan M. Craig, Matthew T. Lauer, and Michael E. Price, "Parental Investment and Child Health in a Yanomamo Village Suffering Short-Term Food Stress," *Journal of Biosocial Sciences* 33 (2001): 503–28.
18. Steven Josephson, "Does Polygyny Reduce Fertility?" *American Journal of Human Biology* 14, no. 2 (February 2002): 222–32. *People in the United States:* Steven Josephson, personal communication, March 2008.
19. Catrien Notermans, "Fosterage in Cameroon: A Different Social Construction of Motherhood," in *Cross Cultural Approaches to Adoption,* ed. Fiona Bowie (London: Routledge, 2004), p. 1.
20. Patricia Draper and Anne Buchanan, " 'If You Have a Child You Have a Life': Demographic and Cultural Perspectives on Fathering in Old Age in !Kung Society," in *Father-Child Relations: Cultural and Biosocial Contexts,* ed. Barry S. Hewlett, pp. 131–52 (New York: Aldine, 1992).
21. Notermans, "Fosterage in Cameroon," p. 2.
22. Hrdy, *Mother Nature,* p. 374.
23. Heidi Verhoef, " 'A Child Has Many Mothers': Views of Child Fostering in Northwestern Cameroon," *Childhood* 12 (2005): 369–90.
24. 同前：p. 370.
25. 同前：p. 382.
26. Hrdy, *Mother Nature,* pp. 373–74. Hrdy is citing Caroline Bledsoe, "The 'Trickle-Down' Model Within Households: Foster Children and the Phenomenon of Scrounging," in *Health Transition: Methods and Measures,* ed. J. Cleland and A. G. Hill, pp. 115–31 (Canberra: Australian National University, 1991); Caroline Bledsoe, " 'No Success Without Struggle': Social Mobility and Hardship for Foster Children in Sierra Leone," *Man* 25, no. 1 (1990): 70–88.
27. Notermans, "Fosterage in Cameroon," pp. 4–5.

3. 同前：p. 56.
4. Paula K. Ivey, "Cooperative Reproduction in Ituri Forest Hunter-Gatherers: Who Cares for Efe Infants?" *Current Anthropology* 41, no. 5 (December 2000): 856–66.
5. 見：Monique Borgerhoff Mulder and Maryanna Milton, "Factors Affecting Infant Care in the Kipsigis," *Journal of Anthropological Research* 41, no. 3 (1985): 255–60; Riley B. Bove, Claudia R. Valeggia, and Peter T. Ellison, "Girl Helpers and Time Allocation of Nursing Women Among the Toba of Argentina," *Human Nature* 1, nos. 3/4 (2002): 457–72; Patricia Draper and Henry Harpending, "Parental Investment and the Child's Environment," in *Parenting Across the Lifespan: Biosocial Dimensions,* ed. Jane B. Lancaster, Jeanne Altman, Alice S. Rossi, and Lonnie R. Sherrod, pp. 207–35 (New York: Aldine, 1987); Karen L. Kramer, *Maya Children: Helpers at the Farm* (Cambridge: Harvard University Press, 2005); Karen L. Kramer, "Children's Help and the Pace of Reproduction: Cooperative Breeding in Humans," *Evolutionary Anthropology* 14, no. 6 (2005): 225–37; Paul W. Turke, "Helpers at the Nest: Childcare Networks on Ifaluk," in *Human Reproductive Behavior: A Darwinian Perspective,* ed. Laure Betzig, Monique Borgerhoff Mulder, and Paul Turke, pp. 173–89 (Cambridge: Cambridge University Press, 1988).
6. Sarah Blaffer Hrdy, "On Why It Takes a Village: Cooperative Breeders, Infant Needs, and the Future," *Tanner Lectures on Human Values,* vol. 23 (Salt Lake City: University of Utah Press, 2002), pp. 57–110; Sarah Blaffer Hrdy, "Comes the Child Before the Man: How Cooperative Breeding and Prolonged Post-Weaning Dependency Shaped Human Potential," in *Hunter-Gatherer Childhoods,* ed. Barry S. Hewlett and Michael E. Lamb, pp. 65–91 (New Brunswick, NJ: Transaction, 2005); Sarah Blaffer Hrdy, *Mother Nature: Maternal Instincts and How They Shape the Human Species* (New York: Random House/Ballantine, 1999); Ivey, "Cooperative Reproduction"; Kramer, *Maya Children;* Kramer, "Children's Help"; Stephen T. Emlen, "The Evolution of Cooperative Breeding in Birds and Mammals," in *Behavioural Ecology: An Evolutionary Approach,* ed. John R. Krebs and Nick B. Davies (London: Blackwell, 1984).
7. Shostak, *Nisa,* p. 155.
8. 同前：p. 154.
9. 同前：pp. 248–49.
10. 同前：pp. 249–50.
11. 同前：p. 250.
12. 同前：pp. 168, 203.
13. 同前：pp. 282–83.
14. Barry Hewlett, "Demography and Childcare in Preindustrial Societies," *Journal of Anthropological Research* 47, no. 1 (Spring 1991): 19.
15. 同前：pp. 19–23.
16. Kermyt G. Anderson, "Relatedness and Investment in Children in South Africa,"

27. Charles Hobart, "The Family System in Remarriage: An Exploratory Study," *Journal of Marriage and the Family* 50 (1988): 649–61; Charles Hobart, "Conflict in Remarriages," *Journal of Divorce and Remarriage* 15 (1991): 69–86; Bray and Kelly, *Stepfamilies;* Leslie A. Baxter, Dawn O. Braithwaite, and John H. Nicholson, "Turning Points in the Development of Blended Families," *Journal of Personal and Social Relationships* 16 (1999): 291–314; Patricia Papernow, *Becoming a Stepfamily: Patterns of Development in Remarried Families* (Cleveland: Analytic Press, 1993); Terry Waldren, "Cohesion and Adaptability in Post-Divorce Remarried and First Married Families: Relation ships with Family Stress and Coping Styles," *Journal of Divorce and Remarriage* 14, no. 1 (1990): 13–28.
28. Martin Daly and Margo Wilson, *The Truth About Cinderella: A Darwinian View of Parental Love* (New Haven, CT: Yale University Press, 1998), p. 19.
29. 同前：pp. 63, 64.
30. 同前：p. 32.
31. Martin Daly and Margo Wilson, "Is the Cinderella Effect Controversial?" in *Foundations of Evolutionary Psychology,* ed. Charles Crawford and Dennis Krebs (New York: Psychology Press, 2008).
32. Daly and Wilson, *The Truth About Cinderella,* p. 38.
33. Daly and Wilson, "Is the Cinderella Effect Controversial?" p. 383.
34. Hrdy, *Mother Nature,* pp. 130–34.
35. Martin Daly and Margo Wilson, *Homicide* (New Brunswick, NJ: Transaction, 1988), pp. 85–93.
36. Paula K. Ivey, "Cooperative Reproduction in Ituri Forest Hunter-Gatherers: Who Cares for Efe Infants?" *Current Anthropology* 41, no. 5 (December 2000): 856–66; Sarah Blaffer Hrdy, "The Past, Present, and Future of the Human Family," Tanner Series Lecture on Human Values, University of Utah, Salt Lake City, February 27 and 28, 2001.
37. Hrdy, *Mother Nature,* p. 237.
38. 同前。
39. Martin Daly and Margo Wilson, personal communication, March 2008.
40. Daly and Wilson, *The Truth About Cinderella,* p. 30.
41. 同前：p. 65.
42. 同前：p. 59.
43. 同前：p. 61.
44. 同前：p. 62.
45. Hrdy, *Mother Nature,* pp. 288–317.

第八章　全球各地的繼母：人類學、依附、情境

1. Marjorie Shostak, *Nisa: The Life and Words of a !Kung Woman* (Cambridge: Harvard University Press, 1981), p. 3.
2. 同前：p. 46.

10. Robert Trivers, "Parental Investment and Sexual Selection," in *Sexual Selection and the Descent of Man, 1871–1971,* ed. B. Campbell (Chicago: Aldine, 1972), p. 173.
11. Robert Trivers, "Parent-Offspring Conflict," *American Zoologist* 14 (1974): 249.
12. Hrdy, "Fitness Tradeoffs," p. 429.
13. Marjorie Shostak, *Nisa: The Life and Words of a !Kung Woman* (Cambridge: Harvard University Press, 1981), p. 46.
14. Stephen Emlen, quoted in Will Hively, "Family Man," *Discover,* October 1997, http://discovermagazine.com/1997/oct/familyman1237/?searchitem=stephen%20emlen.
15. 同前。
16. Craig Packer, "Reciprocal Altruism in *Papio Anubis,*" *Nature* 265 (February 1977): 441–43; Robert M. Seyfarth and Dorothy L. Cheney, "Grooming, Alliances, and Reciprocal Altruism in Vervet Monkeys," *Nature* 308 (April 1984): 541–43; Dan Wharton, phone interview, February 2008.
17. Emlen, quoted in Hively, "Family Man."
18. Hively, "Family Man."
19. Emlen, quoted in Hively, "Family Man."
20. 同前。
21. Stephen Emlen, quoted in David Kaplan and Molly Vanduser, "Evolution and Stepfamilies: An Interview with Dr. Stephen T. Emlen," *Family Journal: Counseling and Therapy for Couples and Families* 7, no. 4 (October 1999): 410.
22. William Jankowiak and Monique Diderich, "Sibling Solidarity in a Polygamous Community in the USA: Unpacking Inclusive Fitness," *Evolution and Human Behavior* 2, nos. 1/2 (March 2000): 125–39.
23. 同前：p. 135.
24. Andrew J. Cherlin and Frank Furstenberg Jr., "Step families in the United States: A Reconsideration," *Annual Review of Sociology* 20 (1994): 359–81.
25. Francesca Adler-Baeder, phone interview, February 2007; James H. Bray and John Kelly, *Stepfamilies: Love, Marriage, and Parenting in the First Decade* (New York: Random House/Broadway Books, 1998), p. 35; Lawrence Ganong, Marilyn Coleman, M. Fine, and P. Martin, "Stepparents' Affinity-Seeking and Affinity-Maintaining Strategies with Stepchildren," *Journal of Family Issues* 20 (1999): 299–327; Marilyn Coleman, Lawrence Ganong, and M. Fine, "Reinvestigating Remarriage: Another Decade of Progress," *Journal of Marriage and the Family* 62 (2000): 1288–1307; E. Mavis Hetherington and W. Glenn Clingempeel, "Coping with Marital Transitions: A Family Systems Perspective," *Monographs of the Society for Research in Childhood Development* 57 (1992).
26. Melady Preece, "Exploring the StepGap: How Parents' Ways of Coping with Daily Family Stressors Impact StepparentStepchild Relationship Quality in Stepfamilies" (University of British Columbia Publications, 1996), http://www.psych.ubc/ca/～mpreece.compdoc.pdf.

Guilford, 1987).
56. Nielsen, "Stepmothers: Why So Much Stress?"
57. Lucile Duberman, "Step-Kin Relations," *Journal of Marriage and the Family* 35 (1973): 283–92; Lucile Duberman, *The Reconstituted Family: A Study of Remarried Couples and Their Children* (Chicago: Nelson Hall, 1975); Thomas S. Parish and Bruno M. Kappes, "Impact of Father Loss on the Family," *Social Behavior and Personality* 8 (1980): 107–12; Jacqueline Lesley Burgoyne and David Clark, *Making a Go of It: A Study of Stepfamilies in Sheffield* (London: Routledge, 1984); Elsa Ferri, *Stepchildren: A National Study* (Windsor, Eng.: Routledge, 1984).
58. Bernstein, "Revisioning."
59. Ahrons, *The Good Divorce.*
60. Adler-Baeder and Higginbotham, "Implications of Remarriage."
61. Hetherington and Kelly, *For Better or for Worse,* p. 139.

第七章　社會生物學：鳥、蜜蜂、白額蜂虎能傳授的繼母課程

1. Sarah Blaffer Hrdy, *Mother Nature: Maternal Instincts and How They Shape the Human Species* (New York: Random House/ Ballantine, 1999), p. 29.
2. 同前：p. 30.
3. Helena Cronin, *The Ant and the Peacock: Altruism and Natural Selection from Darwin to Today* (Cambridge: Cambridge University Press, 1991).
4. 同前：p. 31.
5. 同前：p. 61.
6. 同前：p. 63
7. Richard Alexander, *Darwin and Human Affairs* (Seattle: University of Washington Press, 1979); Kermyt G. Anderson, Hilliard Kaplan, David Lam, and Jane Lancaster, "Paternal Care by Genetic Fathers and Stepfathers. II: Reports by Xhosa High School Students," *Evolution and Human Behavior* 20, no. 6 (November 1999): 433–51; Kermyt G. Anderson, Hilliard Kaplan, and Jane Lancaster, "Men's Financial Expenditures on Genetic Children and Stepchildren from Current and Former Relationships" (Population Studies Center Research Report No. 01-484, Ann Arbor, MI, 2001); Mark V. Flinn, "Step and Genetic Parent/Offspring Relationships in a Caribbean Village," *Ethology and Sociobiology* 9, no. 6 (1988): 335–69; Douglas W. Mock and Geoffrey Parker, *The Evolution of Sibling Rivalry* (Oxford: Oxford University Press, 1997); Mary Jane West-Eberhard, "Foundress Associations in Polistine Wasps: Dominance Hierarchies and the Evolution of Social Behavior," *Science* 157 (1967): 1584–85.
8. Hrdy, *Mother Nature,* p. 63.
9. Sarah Blaffer Hrdy, "Fitness Tradeoffs in the History and Evolution of Delegated Mothering with Special Reference to Wet-Nursing, Abandonment, and Infanticide," *Ethology and Sociobiology* 13 (1992): 427.

42. 同前。
43. Papernow, "The Stepfamily Cycle."
44. Hetherington and Kelly, *For Better or for Worse;* Constance R. Ahrons and Roy H. Rodgers, *Divorced Families: A Multidisciplinary Developmental View* (New York: Norton, 1987); Constance R. Ahrons, *The Good Divorce: Keeping Your Family Together When Your Marriage Falls Apart* (New York: HarperCollins, 1994).
45. Bernstein, *Yours, Mine, and Ours,* p. 150; Hetherington and Kelly, *For Better or for Worse,* p. 189.
46. Hetherington and Kelly, *For Better or for Worse,* p. 58; Ahrons, *The Good Divorce,* pp. 218–19.
47. Hetherington and Kelly, *For Better or for Worse,* p. 57.
48. E. Mavis Hetherington and M. Stanley-Hagan, "The Effects of Divorce on Fathers and Their Children," in *The Role of the Father in Child Development,* ed. Michael E. Lamb, pp. 191–211 (New York: Wiley, 1997); Hetherington and Kelly, *For Better or for Worse,* pp. 57–59.
49. Anne C. Bernstein, "Revisioning, Restructuring, and Reconciliation: Clinical Practice with Complex Post-Divorce Families," *Family Process* 46, no. 1 (March 2007): 67–78.
50. Arthur and Elizabeth Seagull, quoted in Shirley Glass, "Infidelity," *Clinical Update* (American Association of Family and Marital Therapy) 2, no. 1 (2000): 1–18.
51. Linda Nielsen, "Stepmothers: Why So Much Stress? A Review of the Research," *Journal of Divorce and Remarriage* 30, nos. 1/2 (1999): 115–48.
52. Nielsen, "Stepmothers."
53. Ahrons, *The Good Divorce;* Patricia Bell-Scott, ed., *Double Stitch: Black Women Write About Mothers and Daughters* (New York: Harper Perennial, 1991); David Blankenhorn, *Fatherless America: Confronting Our Most Urgent Social Problem* (New York: Basic Books, 1994); Lyn Mikel Brown and Carol Gilligan, *Meeting at the Crossroads: Women's Psychology and Girls' Development* (Cambridge: Harvard University Press, 1992); Patricia Hill Collins, "The Meaning of Motherhood in Black Culture and Black MotherDaughter Relationships," in *Double Stitch: Black Women Write About Mothers and Daughters,* ed. Patricia Bell-Scott (New York: Harper Perennial, 1991); Elizabeth Debold, Marie C. Wilson, and Idelisse Malave, *Mother Daughter Revolution: From Good Girls to Great Women* (New York: Addison-Wesley, 1992); Sharon Hays, *The Cultural Contradictions of Motherhood* (New Haven, CT: Yale University Press, 1996); Hetherington and Stanley-Hagan, "The Effects of Divorce."
54. Stephanie Coontz, *The Way We Really Are: Coming to Terms with America's Changing Families* (New York: Basic Books, 1997), pp. 119–21.
55. Margaret Crosbie-Burnett, "The Interface Between Stepparent Families and Schools: Research, Theory, Policy, and Practice," in *Remarriage and Stepparenting: Current Research and Theory,* ed. Kay Pasley and Marilyn Ihinger-Tallman, pp. 199–216 (New York:

and Stepparenting," in *Normal Family Processes: Growing Diversity and Complexity,* ed. Froma Walsh, pp. 153–75 (New York: Guilford, 2003); Patricia Papernow, *Becoming a Stepfamily: Patterns of Development in Remarried Families* (Cleveland: Analytic Press, 1993).

19. Papernow, "Stepfamily Role Development," p. 54.
20. Burns, *Stepmotherhood,* p. 35.
21. Anne C. Bernstein, *Yours, Mine, and Ours: How Families Change When Remarried Parents Have a Child Together* (New York: Norton, 1991), p. 319.
22. 同前：p. 151.
23. 同前：pp. 25–28.
24. Bray and Kelly, *Stepfamilies,* p. 23.
25. Papernow, *Becoming a Stepfamily;* Patricia Papernow, "The Stepfamily Cycle: An Experiential Model of Stepfamily Development," *Family Relations* 33 (1984): 355–63.
26. Tara Parker-Pope, "Marital Spats, Taken to Heart," *New York Times,* October 2, 2007.
27. Michael Vincent Miller, *Intimate Terrorism: The Crisis of Love in an Age of Disillusion* (New York: Norton, 1996).
28. Anne C. Bernstein, "Remarriage: Redesigning Couplehood," in *Couples on the Fault Line: New Directions for Therapists,* ed. Peggy Papp, pp. 306–33 (New York: Guilford, 2000).
29. Hetherington and Kelly, *For Better or for Worse,* pp. 26–27; John Gottman, *Why Marriages Succeed or Fail and How You Can Make Yours Last* (New York: Fireside, 1994), pp. 137–62.
30. Anne Bernstein, phone interview, February 2008.
31. Anne C. Bernstein, "Between You and Me: Untangling Conflict in Stepfamilies." SAA's Counseling Corner, Stepfamily Association of America, Spring 1993, http://www.stepfamilies.info/education/Articles/counseling/conflict.php.
32. Bernstein, interview.
33. Patricia Papernow, phone interview, February 2008.
34. John Gottman and Nan Silver, *The Seven Principles for Making Marriage Work* (New York: Norton, 1999), pp. 25–46.
35. Bray and Kelly, *Stepfamilies,* pp. 28–29.
36. Burns, *Stepmotherhood,* p. 31.
37. Bray and Kelly, *Stepfamilies,* p. 146.
38. Jamie Kelem Keshet, *Love and Power in the Stepfamily* (New York: McGraw-Hill, 1987), pp. 7–10.
39. Sonia Nevis, "Diagnosis: The Struggle for a Meaningful Paradigm," in *Gestalt Therapy: Perspectives and Applications,* ed. Edwin C. Nevis (New York: Routledge, 1997), pp. 57–78. 亦見：Dahl, Cowgill, and Asmundsson, "Life in Remarriage Families."
40. Papernow, interview.
41. 同前。

(London: Sage, 2007), p. 9; Kay Pasley and Marilyn Ihinger-Tallman, "Divorce and Remarriage in the American Family: A Historical Review," in *Remarriage and Stepparenting: Current Research and Theory,* ed. Kay Pasley and Marilyn Ihinger-Tallman (New York: Guilford, 1987).
3. John Demos, *A Little Commonwealth: Family Life in Plymouth Colony* (New York: Oxford University Press, 1999), p. 196; Stewart, *Brave New Stepfamilies,* p. 9.
4. Susan Gamache, "Stepfamily Life and Then Some," *Family Connections,* Summer 1999, pp. 1–5.
5. Stewart, *Brave New Stepfamilies,* p. 5; Gamache, "Stepfamily Life"; Pasley and Ihinger-Tallman, "Divorce and Remarriage," p. 33.
6. Larry L. Bumpass, R. Kelly Raley, and James A. Sweet, "The Changing Character of Stepfamilies: Implications of Cohabitation and Nonmarital Childbearing," *Demography* 32 (1995): 425–36.
7. Andrew J. Cherlin, "The Deinstitutionalization of American Marriage," *Journal of Marriage and the Family* 66 (2004): 848–61.
8. Stewart, *Brave New Stepfamilies,* p. 42.
9. Andrew J. Cherlin and Frank Furstenberg Jr., "Stepfamilies in the United States: A Reconsideration," *Annual Review of Sociology* 20 (1994): 359–81.
10. E. Mavis Hetherington and John Kelly, *For Better or for Worse: Divorce Reconsidered* (New York: Norton, 2002); E. Mavis Hetherington, personal conversation, quoted by Dr. Ron L. Deal, "The Stepcouple Divorce Rate May Be Higher Than We Thought," Successful Stepfamilies, http://www.successfulstepfamilies.com/view/176.
11. Hetherington and Kelly, *For Better or for Worse,* p. 178.
12. 同前：p. 182.
13. Kay Pasley and Marilyn Ihinger-Tallman, *Remarriage* (Beverly Hills, CA: Sage, 1987), pp. 93–95.
14. Patricia Papernow, "Stepfamily Role Development: From Outsider to Intimate," in *Relative Strangers: Studies of the Stepfamily Processes,* ed. William R. Beer (Totowa, NJ: Rowman and Littlefield, 1992), p. 59.
15. Maria Schmeeckle, "Gender Dynamics in Stepfamilies: Adult Stepchildren's Views," *Journal of Marriage and the Family* 69 (2007): 174–89; Adler-Baeder and Higginbotham, "Implications of Remarriage."
16. Cherie Burns, *Stepmotherhood: How to Survive Without Feeling Frustrated, Left Out, or Wicked* (New York: Random House, 2001), p. 35. *stepfamily experts such as:* Emily B. Visher and John S. Visher, *Stepfamilies: Myths and Realities* (Secaucus, NJ: Citadel, 1979); Bray and Kelly, *Stepfamilies.*
17. Bray and Kelly, *Stepfamilies,* p. 24.
18. Ann Sale Dahl, K. Cowgill, and R. Asmundsson, "Life in Remarriage Families," *Social Work* 32 (1987): 40–45; Emily Visher, John Visher, and Kay Pasley, "Remarriage Families

224–29.
7. Melanie Klein, "Envy and Gratitude," in *Envy and Gratitude and Other Works* (1957; repr., New York: Delacorte, 1975).
8. Elizabeth A. Church, "The Poisoned Apple: Stepmothers' Experience of Envy and Jealousy," *Journal of Feminist Family Therapy* 11 (1999), pp. 1–18.
9. 同前：p. 4.
10. 同前：p. 5.
11. 同前：p. 8.
12. StepTogether.org, "Disengaging," http://www.steptogether.org/disengaging.html.

第五章　他：弄懂你的丈夫在想什麼

1. Posting, Urban Baby message board, UrbanBaby.com, 2007.
2. Stephanie Rosenbloom, "My Father, American Inventor," *New York Times,* August 16, 2007.
3. Peter Crabb, quoted in Jane Gross, "A Long-Distance Tether to Home," *New York Times,* November 5, 1999.
4. Leslie Buckle, Gordon G. Gallup Jr., and Zachary A. Rodd, "Marriage as a Reproductive Contract: Patterns of Marriage, Divorce, and Remarriage," *Ethology and Sociobiology* 17 (1996): 363–77.
5. Zhenmei Zhang and Mark D. Hayward, "Childlessness and the Psychological Well-Being of Older Persons," *Journal of Gerontology* 56 (February 2001): S311–20.
6. L. Meyers, "Relationship Conflicts Stress Men More Than Women," *Monitor on Psychology* 37 (2006): 14.
7. Kirby Deater-Deckard, Kevin Pickering, Judith Dunn, and Jean Golding, "Family Structure and Depressive Symptoms in Men Preceding and Following the Birth of a Child," *American Journal of Psychiatry* 155 (June 1998): 818–23.
8. Lenore Weitzman, *The Divorce Revolution: The Unexpected Social and Economic Consequences for Women and Children in America* (New York: Simon & Schuster, 1987).
9. William S. Comanor, ed., *The Law and Economics of Child Support Payments* (Northampton, MA: Edward Elgar, 2004).
10. Linda Nielsen, "College Daughters' Relationships with Their Fathers: A 15-Year Study," *College Student Journal* 41 (March 2007): 1–10.

第六章　你的婚姻

1. Francesca Adler-Baeder and Brian Higginbotham, "Implications of Remarriage and Stepfamily Formation for Marriage Education," *Family Relations* 53 (2004): 448–58; Andrew J. Cherlin, *Marriage, Divorce, Remarriage* (Cambridge: Harvard University Press, 1981); U.S. Census Bureau, 1998 census, table 157.
2. Susan D. Stewart, *Brave New Stepfamilies: Diverse Paths Toward Stepfamily Living*

11. Stephen Mintz, *Huck's Raft: A History of American Childhood* (Cambridge, MA: Belknap Press, 2006).
12. Hetherington and Kelly, *For Better or for Worse,* p. 201.
13. Lauren Ayers, *Teenage Girls: A Parent's Survival Manual* (New York: Crossroad, 1996).
14. Hetherington and Kelly, *For Better or for Worse,* p. 7.
15. David Jacobson, "Financial Management in Stepfamily Households," *Journal of Divorce and Remarriage* 19 (2001): 221–38; Susan D. Stewart, *Brave New Stepfamilies: Diverse Paths Toward Stepfamily Living* (London: Sage, 2007), pp. 44–46.
16. Jean M. Lown and Elizabeth M. Dolan, "Remarried Families' Economic Behavior," *Journal of Divorce and Remarriage* 22 (1994): 103–19.
17. Grace Gabe and Jean Lipman-Blumen, *Step Wars: Overcoming the Perils and Making Peace in Adult Stepfamilies* (New York: St. Martin's, 2004), p. 222.
18. Nielsen, "Stepmothers: Why So Much Stress?" p. 135.
19. Kenneth Cissna, Dennis Cox, and Arthur Bochner, "Relationships Within the Stepfamily," in *The Psychosocial Interior of the Family,* ed. G. Handel and G. Whitchurch (New York: Aldine, 1994), p. 265.

第四章　「你又不是我孩子！」：憤怒、嫉妒、憎恨

1. Virginia Rutter, "Lessons from Stepfamilies," *Psychology Today,* May 1, 1994, p. 8. 亦見：Judith Jordan, "The Relational Self: A Model of Women's Development," in *Daughtering and Mothering,* ed. J. Van MensVerhulst, K. Schreus, and L Woertman, pp. 135–43 (London: Routledge, 1993); Judith Jordan, Alexandra Kaplan, Jean Baker Miller, Irene Stiver, and Janet Surrey, *Women's Growth in Connection* (New York: Guilford, 1991); Nancy Chodorow, *The Reproduction of Mothering: Psychoanalysis and the Sociology of Gender* (Berkeley: University of California Press, 1978).
2. Elizabeth Carter, quoted in Rutter, "Lessons from Step-families," p. 8.
3. James H. Bray and John Kelly, *Stepfamilies: Love, Marriage, and Parenting in the First Decade* (New York: Random House/ Broadway Books, 1998), p. 156.
4. Marilyn Coleman and Lawrence Ganong, "Stepfamilies from the Stepfamily's Perspective," *Marriage and Family Review* 26, nos. 1/2 (1997): 114–15; Patricia Papernow, *Becoming a Stepfamily: Patterns of Development in Remarried Families* (Cleveland: Analytic Press, 1993); Linda Nielsen, "Stepmothers: Why So Much Stress? A Review of the Research," *Journal of Divorce and Remarriage* 30, nos. 1/2 (1999): 115; E. Mavis Hetherington and W. Glenn Clingempeel, "Coping with Marital Transitions: A Family Systems Perspective," *Monographs of the Society for Research in Childhood Development* 57 (1992).
5. Jamie Kelem Keshet, *Love and Power in the Stepfamily* (New York: McGraw-Hill, 1987), p. 38.
6. Ayelet Waldman, *Love and Other Impossible Pursuits* (New York: Anchor, 2007), pp.

第三章 「你又不是我媽！」：以及其他五種舉世皆然的繼母難為

1. 可參見：C. J. Pill, "Stepfamilies: Redefining the Family," *Family Relations* 39 (1990): 186–93; James H. Bray and John Kelly, *Stepfamilies: Love, Marriage, and Parenting in the First Decade* (New York: Random House/Broadway Books, 1998).
2. Lawrence Ganong and Marilyn Coleman, "Adolescent Stepchild and Stepparent Relationships," in *Stepparenting: Issues in Theory, Research, and Practice,* ed. Kay Pasley and Marilyn Ihinger-Tallman, pp. 87–105 (Westport, CT: Greenwood, 1995); Lawrence Ganong and Marilyn Coleman, "Stepchildren's Perceptions of Their Parents," *Journal of Genetic Psychology* 148 (1986): 5–17; E. Mavis Hetherington and W. Glenn Clingempeel, "Coping with Marital Transitions: A Family Systems Perspective," *Monographs of the Society for Research in Childhood Development* 57 (1992); Charles Hobart, "Experiences of Remarried Families," *Journal of Divorce* 13 (1989): 121–44.
3. Patricia Papernow, "Meeting the Challenge of Stepfamily Architecture" (handout).
4. E. Mavis Hetherington and John Kelly, *For Better or for Worse: Divorce Reconsidered* (New York: Norton, 2002), p. 232.
5. Constance R. Ahrons, *We're Still Family: What Grown Children Have to Say About Their Parents' Divorce* (New York: HarperCollins, 2004), p. 134.
6. Jamie Kelem Keshet, "Gender and Biological Models of Role Division in Stepmother Families," *Journal of Feminist Family Therapy* 1 (1989): 29–50.
7. Hetherington and Kelly, *For Better or for Worse,* p. 191; Melvyn A. Berke and Joanne B. Grant, *Games Divorced People Play* (Englewood Cliffs, NJ: Prentice Hall, 1981); Ganong and Coleman, "Adolescent Stepchild and Stepparent Relationships"; Ganong and Coleman, "Stepchildren's Perceptions"; Patricia Lutz, "The Stepfamily: An Adolescent Perspective," *Family Relations* 32 (1980): 367–75; C. S. Chillman, "Remarriage and Stepfamilies: Research Results and Implications," in *Contemporary Families and Alternative Lifestyles: Handbook on Research and Theory,* ed. Eleanor D. Macklin and Roger H. Rubin, pp. 147–63 (Beverly Hills, CA: Sage, 1983); E. Brand and W. Glenn Clingempeel, "Interdependence of Marital and Stepparent-Stepchild Relationships and Children's Psychological Adjustment," *Family Relations* 36 (1987): 140–45.
8. Linda Nielsen, "Stepmothers: Why So Much Stress? A Review of the Research," *Journal of Divorce and Remarriage* 30, nos. 1/2 (1999): 115–48; Aaron Ebata, Anne C. Petersen, and J. Conger, "The Development of Psychopathology in Adolescence," in *Risk and Protective Factors in the Development of Psychopathology,* ed. J. Rolf, pp. 308–34 (New York: Cambridge University Press, 1990); Lee Robins and Michael Rutter, *Straight and Devious Pathways from Childhood to Adulthood* (New York: Cambridge University Press, 1990).
9. Nielsen, "Stepmothers: Why So Much Stress?" p. 138.
10. Nan Bauer Maglin and Nancy Schniedewind, eds., *Women in Stepfamilies: Voices of Anger and Love* (Philadelphia: Temple University Press, 1989); Elizabeth Verner, "Marital Satisfaction in Remarriage," *Journal of Marriage and the Family* 51 (1989): 713–25.

(1992): 93–98.

2. Linda Nielsen, "Stepmothers: Why So Much Stress? A Re view of the Research," *Journal of Divorce and Remarriage* 30, nos. 1/2 (1999): 121.
3. Anne C. Jones, "Transforming the Story: Narrative Applications to a Stepmother Support Group," *Families in Society* 85 (January 2004): 129. 亦見：Roni Berger, *Stepfamilies: A Multidimensional Perspective* (New York: Haworth, 1998).
4. Andrew J. Cherlin, *Public and Private Families* (Boston: McGraw-Hill, 1999); Elizabeth A. Church, *Understanding Stepmothers: Women Share Their Struggles, Successes, and Insights* (Toronto: HarperCollins, 2004), p. 4; Wald, *The Remarried Family.*
5. Sean Wilsey, *Oh the Glory of It All* (New York: Penguin, 2005).
6. Joseph Laythe, "The Wicked Stepmother? The Edna Mumbulo Case of 1930," *Journal of Criminal Justice and Popular Culture* 9 (2002): 33–54.
7. Anna Haebich, "Murdering Stepmothers: The Trial and Execution of Martha Rendell," *Journal of Australian Studies* (December 1, 1998): 1–16. 亦見：Michel Foucault, "Truth and Power," in *Power/Knowledge: Selected Interviews and Other Writings, 1972–1977,* ed. C. Gordon (New York: Pantheon, 1980).
8. Laythe, "The Wicked Stepmother?" p. 33.
9. Maria M. Tatar, ed., *The Annotated Brothers Grimm* (New York: Norton, 2004).
10. Sandra Gilbert and Susan Gubar, *The Madwoman in the Attic: The Woman Writer and the Nineteenth-Century Literary Imagination* (New Haven, CT: Yale University Press, 2000).
11. Tatar, *The Annotated Brothers Grimm,* pp. 208–23.
12. Haebich, "Murdering Stepmothers," p. 7.
13. Tatar, *The Annotated Brothers Grimm,* p. 243.
14. Patricia Watson, *Ancient Stepmothers: Myth, Misogyny, and Reality* (Leiden: Brill Academic Publishers, 1997), pp. 2–5.
15. Euripides, *Alcestis* 305–10, quoted in Watson, *Ancient Stepmothers,* p. 7.
16. *Garland of Philip,* quoted in Watson, *Ancient Stepmothers,* p. 13.
17. Seneca, quoted in Watson, *Ancient Stepmothers,* p. 99.
18. Sally Bjornsen, *The Single Girl's Guide to Marrying a Man, His Kids, and His Ex-Wife: Becoming a Stepmother with Humor and Grace* (New York: New American Library, 2005).
19. Church, *Understanding Stepmothers,* pp. 6–7.
20. 同前：p. 7.
21. Cindi Penor-Ceglian and Scott Gardner, "Attachment Style and the Wicked Stepmother Spiral," *Journal of Divorce and Remarriage* 34 (2000): 114. 亦見：Dainton, "Myths and Misconceptions," pp. 93–98; Elizabeth Einstein and Linda Albert, "The Instant Love Expectation: Downhill Slide to Trouble," in *Strengthening Your Stepfamily* (Circle Pines, MN: American Guidance Association Press, 1986).

4. Sarah Corrie, "Working Therapeutically with Adult Stepchildren: Identifying the Needs of a Neglected Client Group," *Journal of Divorce and Remarriage* 37, nos. 1/2 (2002): 135–50.
5. Linda Nielsen, "Stepmothers: Why So Much Stress? A Review of the Research," *Journal of Divorce and Remarriage* 30, nos. 1/2 (1999):115–48.
6. Lawrence Ganong, Marilyn Coleman, M. Fine, and P. Martin, "Stepparents' Affinity-Seeking and Affinity-Maintaining Strategies with Stepchildren," *Journal of Family Issues* 20 (1999): 299–327.
7. Jamie Kelem Keshet, *Love and Power in the Stepfamily* (New York: McGraw-Hill, 1987), p. 42.
8. 見：Elizabeth A. Church, *Understanding Stepmothers: Women Share Their Struggles, Successes, and Insights* (Toronto: HarperCollins, 2004), p. ix; Elizabeth A. Church, "Who Are the People in Your Family? Stepmothers' Diverse Notions of Kinship," *Journal of Divorce and Remarriage* 31, nos. 1/2 (1999): 83–105; Susan D. Stewart, *Brave New Stepfamilies: Diverse Paths Toward Stepfamily Living* (London: Sage, 2007), pp. 11, 118–20.
9. J. Lawton, Stepfamily Project, University of Queensland, cited in Virginia Rutter, "Lessons from Stepfamilies," *Psychology Today,* May 1, 1994, p. 5.
10. Ann L. Orchard and Kenneth B. Solberg, "Expectations of the Stepmother's Role," *Journal of Divorce and Remarriage* 31, nos. 1/2 (1991): 116.
11. Pauline I. Erera-Weatherley, "On Becoming a Stepparent: Factors Associated with the Adoption of Alternative Stepparenting Styles," *Journal of Divorce and Remarriage* 25, nos. 3/4 (1996): 155–74.
12. 同前：p. 161.
13. James H. Bray and John Kelly, *Stepfamilies: Love, Marriage, and Parenting in the First Decade* (New York: Random House/Broadway Books, 1998), pp. 28, 42.
14. 同前。
15. 同前：p. 163; Church, "Who Are the People in Your Family?"

第二章　「她真是個心腸狠毒的女巫！」童話故事的歷史與繼母拿到的劇本

1. Laura V. Salwen, "The Myth of the Wicked Stepmother," *Women and Therapy* 10 (1990): 117–25; Marilyn Coleman and Lawrence Ganong, "Stepparent: A Pejorative Term?" *Psychological Reports* 52 (1997): 919–22; Stephen Claxton-Oldfield, "Deconstructing the Myth of the Wicked Stepparent," *Marriage and Family Review* 30 (2000): 51–58; Emily B. Visher, *Stepfamilies: Myths and Realities* (Secaucus, NJ: Citadel, 1979); Esther Wald, *The Remarried Family: Challenge and Promise* (New York: Family Services Association of America, 1981); Janet Strayer, "Trapped in the Mirror: Psychosocial Reflections on Mid-Life and the Queen in *Snow White,*" *Human Development* 39 (1996): 155–72; Marianne Dainton, "Myths and Misconceptions of the Stepmother Identity," *Family Relations* 42

and W. Glenn Clingempeel, "Interdependence of Marital and Stepparent-Stepchild Relationships and Children's Psychological Adjustment," *Family Relations* 36 (1987): 140–45.

4. P. K. Prilick, *The Art of Stepmothering,* cited in Ann L. Orchard and Kenneth B. Solberg, "Expectations of the Stepmother's Role," *Journal of Divorce and Remarriage* 31, nos. 1/2 (1991): 107–23; Anne C. Bernstein, *Yours, Mine, and Ours: How Families Change When Remarried Parents Have a Child Together* (New York: Norton, 1991), p. 49; Jamie Kelem Keshet, "Gender and Biological Models of Role Division in Stepmother Families," *Journal of Feminist Family Therapy* 1 (1989): 29–50; Jamie Kelem Keshet, *Love and Power in the Stepfamily* (New York: McGraw-Hill, 1987), pp. 7–10, 73–82; Marilyn Coleman and Lawrence Ganong, "Stepfamilies from the Stepfamily's Perspective," *Marriage and Family Review* 26, nos. 1/2 (1997): 107–21.
5. Hetherington and Kelly, *For Better or for Worse,* pp. 192–93.
6. Constance R. Ahrons and L. Wallisch, "Parenting in the Binuclear Family: Relationships Between Biological and Stepparents," in *Remarriage and Stepparenting: Current Research and Theory,* ed. Kay Pasley and Marilyn Ihinger-Tallman, pp. 225–56 (New York: Guilford, 1987); F. Furstenberg and C. Nord, "Parenting Apart: Patterns of Childrearing After Marital Disruption," *Journal of Marriage and the Family* 47 (1985): 893–905; I. Levine, "The Stepparent Role from a Gender Perspective," *Marriage and Family Review* 26 (1997): 177–90; W. MacDonald and A. DeMaris, "Parenting Stepchildren and Biological Children," *Journal of Family Issues* 23 (1996): 5–25; Laurence E. Sauer and Mark A. Fine, "Parent-Child Relationships in Stepparent Families," *Journal of Family Psychology* 1 (1988): 434–51; Lynn White, D. Brinkerhoff, and A. Booth, "The Effect of Marital Disruption on Child's Attachment to Parents," *Journal of Family Issues* 6 (1985): 5–22.
7. Kay Pasley and Marilyn Ihinger-Tallman, eds., *Remarriage and Stepparenting: Current Research and Theory* (New York: Guilford, 1987), pp. 94–95; Francesca Adler-Baeder and Brian Higginbotham, "Implications of Remarriage and Stepfamily Formation for Marriage Education," *Family Relations* 53 (2004): 448–58.
8. James H. Bray and John Kelly, *Stepfamilies: Love, Marriage, and Parenting in the First Decade* (New York: Random House/ Broadway Books, 1998), p. 28.
9. Patricia Papernow, "The Stepfamily Cycle: An Experiential Model of Stepfamily Development," *Family Relations* 33 (1984): 355–63.

第一章　自己的高牆：成為繼母

1. Mary Peterson, "With Evelyn," in *Mercy Flights* (Columbia: University of Missouri Press, 1985), p. 34.
2. Patricia Papernow, interview, March 2008.
3. Marilyn Coleman and Lawrence Ganong, "Stepfamilies from the Stepfamily's Perspective," *Marriage and Family Review* 26, nos. 1/2 (1997): 107–21.

注解

前言

1. Larry L. Bumpass, R. Kelly Raley, and James A. Sweet, "The Changing Character of Stepfamilies: Implications of Cohabitation and Nonmarital Childbearing," *Demography* 32 (1995): 425–36; E. Mavis Hetherington, personal conversation, quoted by Dr. Ron L. Deal, "The Stepcouple Divorce Rate May Be Higher Than We Thought," Successful Stepfamilies, http://www .successfulstepfamilies.com/view/176.
2. Alan Booth and John N. Edwards, "Starting Over: Why Remarriages Are More Unstable," *Journal of Family Issues* 13, no. 2 (1992): 179–94. 亦見:Melvyn A. Berke and Joanne B. Grant, *Games Divorced People Play* (Englewood Cliffs, NJ: Prentice Hall, 1981); E. Mavis Hetherington and John Kelly, *For Better or for Worse: Divorce Reconsidered* (New York: Norton, 2002), p. 178.
3. Hetherington and Kelly, *For Better or for Worse,* pp. 197–99, 201. 亦見：University of Florida, Institute of Food and Agricultural Sciences, "Stepping Stones for Stepfamilies — Lesson 3: Building Step Relationships," http://edis.ifas.ufl.edu/FY034; Lawrence Ganong and Marilyn Coleman, "Adolescent Stepchild and Stepparent Relationships," in *Stepparenting: Issues in Theory, Research, and Practice,* ed. Kay Pasley and Marilyn Ihinger-Tallman, pp. 87–105 (Westport, CT: Praeger, 1995); Patricia Lutz, "The Stepfamily: An Adolescent Perspective," *Family Relations* 32 (1980): 367–75; C. S. Chillman, "Remarriage and Stepfamilies: Research Results and Implications," in *Contemporary Families and Alternative Lifestyles: Handbook on Research and Theory,* ed. Eleanor D. Macklin and Roger H. Rubin, pp. 147–63 (Beverly Hills, CA: Sage, 1983); E. Brand

PEOPLE 441

變身後媽：打破壞皇后詛咒，改寫伴侶關係與母親形象的新劇本

Stepmonster: A New Look at Why Real Stepmothers Think, Feel, and Act the Way We Do

作者　溫絲黛・馬汀 Wednesday Martin
譯者　許恬寧
副主編　許越智
責任編輯　石瑷寧
責任企畫　林進韋
美術設計　馮議徹
內文排版　薛美惠
發行人　趙政岷
出版者　時報文化出版企業股份有限公司
10803 台北市和平西路三段240號1-8樓
發行專線｜02-2306-6842
讀者服務專線｜0800-231-705｜02-2304-7103
讀者服務傳真｜02-2304-6858
郵撥｜1934-4724 時報文化出版公司
信箱｜10899臺北華江橋郵局第99信箱
時報悅讀網　www.readingtimes.com.tw
法律顧問　理律法律事務所｜陳長文律師、李念祖律師
印刷　勁達印刷有限公司
初版一刷　2020年1月
定價　新台幣450元

時報文化出版公司成立於一九七五年，並於一九九九年股票上櫃公開發行，於二〇〇八年脫離中時集團非屬旺中，以「尊重智慧與創意的文化事業」為信念。

ISBN 978-957-13-8067-4

變身後媽：打破壞皇后詛咒,改寫伴侶關係與母親形象的新劇本 / 溫絲黛.馬汀(Wednesday Martin)著；許恬寧譯. -- 初版. -- 臺北市：時報文化, 2020.01｜ 面； 公分. -- (People；441)｜譯自：Stepmonster : a new look at why real stepmothers think, feel, and act the way we do｜ISBN 978-957-13-8067-4(平裝)｜1.繼父母 2.繼父母子女｜544.148｜108021327

"I WAS NICE,

I WAS FUN,

STEP-HELL WAS FOR

STEPMONSTERS,

AND I WASN'T GOING THERE."

STEPMONSTER